MÁS BUENO QUE EL PAN

FRASES COMPARATIVAS
Y OTRAS

Jesús Macazaga Torcal

2012

ISBN 978-1-4716-9661-9

Edición, diseño y maquetación: Jesús Macazaga Torcal

Impreso por Editorial Lulu

Se puede adquirir a través de **www.lulu.com**

Cuando la vida te presente razones para llorar, demuéstrale que tienes
mil y una razones para reír.

Anónimo

Nadie es feliz sino por comparación.

Thomas Shadwell (1642-1692)
Dramaturgo inglés.

INTRODUCCION

La idea de este libro surgió a raíz de un acontecimiento previo, que no viene al caso. Hace ya muchos años, empecé a tener un interés específico por las frases que se utilizaban, de forma constante, en las conversaciones, dentro del lenguaje coloquial. Estas frases solían tener un componente de exageración y, en muchas ocasiones, de chiste o chascarrillo.

Como algo anecdótico, empecé a tomar nota de cuantas escuchaba, leía o me contaban que habían oído decir, consiguiendo una verdadera colección de frases de todo tipo; en alguna ocasión banales, en otra, realmente ingeniosas y también duras, machistas, racistas y auténticamente dañinas para el oído y formación del receptor. En mi ánimo ha estado únicamente dar fe de lo que se dice en la calle, y plasmar de la forma más fiel "el dicho", sin entrar a valorar el contenido, simplemente reproducir, de modo recopilado, una parte del habla que existe, que utilizamos todos.

Espero que el lector no se sienta ofendido y vea en estas páginas, un intento de ilustrar, y poner a su alcance, frases que le puedan servir para hacer más divertidas sus charlas informales.

En esta edición, la primera, y en este volumen, único, están todas las frases recogidas, desde no se sabe cuando, hasta el día 19 de diciembre de 1995.

¡¡¡A disfrutar!!!

Jesús Macazaga Torcal
Tres Cantos, 19 de diciembre de 1995

INTRODUCCION

Después de más de veinte años recopilando frases, por fin me decido a hacer una edición que pueda leer más gente. Hasta ahora había sido yo sólo el único que leía y releía lo que escribí en 1995. Además, las cientos de anotaciones que hacía y la multitud de nuevas frases que habían caído en mi poder, no permitían manejar el volumen, y mucho menos aclararse. Así que me puse manos a la obra y me propuse, no solo recomponer semejante galimatías, si no escribir todo como "Dios manda" y añadir las anotaciones que también había incluido.

El trabajo no ha sido poco y espero no haber incurrido en muchos errores, que los habrá y ausencias, que las hay. Pero estoy muy satisfecho del resultado. Creo que el lector podrá pasar un buen rato y descubrir nuevas frases que no había oído nunca; también detectará otras no incluidas, que no conozco, ya que se están inventando continuamente, y que podrá anotar, como hice en su momento. Hay que tomar nota de que no todas las frases son estrictamente comparativas, y eso no es un error, simplemente las he incluido por que me parecían interesantes, útiles, simpáticas, obvias o simplemente que han caído ahí por casualidad, de ahí el subtítulo del libro.

Sigo pensando, como en 1995, que hay algunas frases muy fuertes pero, como dije entonces, creo imprescindible que estén todas, se usen en el futuro o no, pero que se sepa que se dicen por ahí. Evidentemente no me identifico, ni acepto, las racistas, machistas o dañinas a otras formas de pensar distintas a las mías, simplemente considero que si están en el día a día del lenguaje colectivo mirar hacia otro lado no soluciona nada, es más, lo único que se consigue es que circulen con impunidad. Así, conociéndolas, podremos comprobar que hay personas que, aun sabiendo que existen, hacen un serio esfuerzo por no emplearlas. Lo cual es muy loable.

Una herramienta que me ha sido muy útil, ahora, ha sido Internet, y sobre todo Wikipedia, *"La Enciclopedia Libre"*, "...La autorización para el uso y reproducción está garantizada para todos sin necesidad de solicitud especial, en virtud de las licencias mencionadas en la sección anterior y las condiciones técnicas aplicables a Wikipedia..." (sic), que me ha ayudado a aportar muchas de las anotaciones a pie de página. No he transcrito los artículos en su totalidad, simplemente he incluido lo que me parecía más ilustrativo referente a lo que tratábamos. Por otro lado han sido multitud de libros, artículos, folletos, *flyers*, catálogos y demás escritos los que me han seguido aportando datos para los comentarios, aunque con el que más he disfrutado, una vez más, ha sido con *Don Quijote de la Mancha*. Apasionante. Otro libro muy importante ha sido el *Diccionario de refranes, adagios y locuciones proverbiales*, de José María Sbarbi y Osuna (Cádiz, 10 de julio de 1834 - Madrid, 24 de abril de 1910), sacerdote, filólogo y musicólogo. Enorme obra de este magnífico gaditano.

Desgraciadamente no he anotado muchas de las publicaciones y obras que he consultado, ya que muchas notas las he tomado "al robo" en algún momento, y han sido muchas… Por ejemplo, una minúscula muestra sería: *Lord Jim*, de Joseph Conrad (Berdyczów, entonces Polonia, actual Ucrania, 3 de diciembre de 1857 - Bishopsbourne, Inglaterra, 3 de agosto de 1924); *La colmena*, *Viaje Andaluz*, *Viaje a la Alcarria*, de Camilo José Cela Trulock (Iria Flavia, A Coruña, 11 de mayo de 1916 - Madrid, 17 de mayo de 2002); *El Lazarillo de Tormes*, Anónimo; y decenas más a lo largo de todos estos años. Al final del libro he recopilado las fuentes que he podido recordar o anotar.

Quizá dentro de otros veinte años pueda salir otra edición revisada, corregida y aumentada, aunque… no lo veo claro.

Jesús Macazaga Torcal
Madrid, 16 de julio de 2012

A

A GUSTO

Estar más a gusto que un cochino en un charco.

Estar más a gusto que un marica montado en un carro de pepinos.

ABIERTA

Estar tan abierta que le cabe hasta El Mani bailando, pero con hula hop[1].

Estar tan abierta que le cabe hasta el Titanic[2], pero de lado y patinando.

ABIERTO

Estar más abierto que las alforjas de un abogado.

ABOLENGO

Tener más abolengo que un *tintorro* de diez mil pesetas.

ABOLLADO

Estar más abollado que la escupidera de un loco.

ABRIRSE

Abrirse como alma que lleva el diablo.

Abrirse como si fuera una granada.

ABSURDO

Ser más absurdo que atar el rabo a una mosca.

Ser más absurdo que Espinete[3], que siempre va desnudo y para dormir se pone el pijama.

---

[1] El hula hoop o hula-hula es un juego que consiste en hacer girar un aro alrededor de la cintura o de otro miembro del cuerpo como brazos o piernas. Hoy se fabrica a menudo de plástico.

[2] El RMS *Titanic* (en inglés: Royal Mail Steamship *Titanic*, "Buque de vapor del Correo Real *Titanic*") era el segundo de un trío de transatlánticos conocidos como clase Olympic. El Titanic fue, en su tiempo, el barco de pasajeros más grande y lujoso del mundo, seguido por el *RMS Olympic*. El 10 de abril de 1912, el *Titanic* inició su viaje inaugural partiendo desde Southampton (Inglaterra) con destino a Cherburgo, Queenstown y finalmente a Nueva York. Cuatro días más tarde, a las 23:40 del 14 de abril, el buque chocó con un iceberg al sur de las costas de Terranova, y se hundió a las 2:20 de la mañana del 15 de abril. El siniestro se saldó con la muerte de 1.517 personas, y en esa época se convirtió en el peor desastre marítimo en tiempo de paz.

Ser más absurdo que un mueble de cocina.

ABULTADO
Estar más abultado que el sujetador de Lolo Ferrari[4].

ABURRIDO
Estar más aburrido que el Papa[5] cantando maitines[6].
Estar más aburrido que un cerdo en misa de doce.
Estar más aburrido que un hongo.
Estar más aburrido que un jubilado sin televisión.
Estar más aburrido que un pingüino en una bodega.
Estar más aburrido que una ostra.
Ser más aburrido que bailar con la hermana.
Ser más aburrido que chupar un clavo.
Ser más aburrido que el sumario del caso Filesa[7].
Ser más aburrido que hecho de encargo.

---

[3] *Espinete* fue un personaje televisivo, protagonista principal de la versión Española de *Barrio Sésamo* que se emitió durante los años 1980, interpretado por la actriz Chelo Vivares. Simbolizaba ser un erizo gigante (medía más de 1,80 m) de color rosa, que junto a su inseparable amigo Don Pimpón convivía en un barrio con varios personajes de la serie. Ver nota 108.

[4] *Lolo Ferrari* (9 de febrero de 1963 en Clermont-Ferrand, Francia - 5 de marzo de 2000 en Grasse), cuyo nombre real era Ève Valois, fue una bailarina, cantante y actriz de películas para adultos francesa. Su nombre artístico era Lolo (Teta en el *argot* francés) Ferrari (Por su abuelo materno). Ève, animada por su marido (que se hizo su manager), se hizo al menos 25 operaciones de cirugía estética: liftings, engrosamiento de labios, nariz, pómulos y sobre todo se operó las mamas (diseñadas especialmente por un ingeniero que trabajó en el Boeing 747), llegando a tener las mamas más grandes del mundo según el libro Guinness de los Récords de 2003. Cada mama pesaba 2,8 Kg. y su piel se estiraba al máximo. Un ingeniero tuvo que ayudar en la operación para que no se le desviara la columna, pero sufrió diversos trastornos por esta operación. El pecho le oprimía los pulmones y no podía respirar, le costaba andar y moverse y le aterrorizaba la idea de que se le fueran a explotar los pechos al montar en avión, lo que aumentó su fatiga y empeoró su depresión. El 5 de marzo de 2000, la encontraron muerta en su domicilio de Grasse.

[5] El Papa es el obispo de Roma, por lo que, como tal, se le considera la cabeza visible de la Iglesia católica, cabeza del Colegio episcopal; jefe de Estado y soberano del Estado de la Ciudad del Vaticano.

[6] Maitines es la hora más temprana del amanecer que servía de rezo en la Iglesia católica romana y en la Iglesia ortodoxa para la liturgia de las horas canónicas. Antiguamente dentro del contexto de la vida monástica o canonical se cantaban los maitines bien a media noche o bien en las primeras horas del día.

[7] El llamado caso Filesa fue un caso de corrupción consistente en la creación de una trama de empresas (Filesa, Malesa y Time-Export) cuyo fin era la financiación ilegal del Partido Socialista Obrero Español, para hacer frente a los gastos originados por las campañas electorales del año 1989, hechos todos ellos establecidos como probados por la Judicatura.

Ser más aburrido que las memorias de Chanquete[8].
Ser más aburrido que oír una partida de ajedrez por la radio.
Ser más aburrido que un capítulo de Bonanza[9].
Ser más aburrido que un entierro de tercera.
Ser más aburrido que una letanía.

ABURRIRSE
Aburrirse como un hongo.
Aburrirse como una ostra.
Aburrirse más que un tonto con un libro de Einstein[10].

ACABADO
Estar más acabado que Luis Aguilé[11].
Estar más acabado que Malcom X[12] en una reunión del Ku Klux Klan[13].

---

[8] *Chanquete* es un personaje de ficción de la serie de Televisión Española *Verano azul* (1981), interpretado por el actor Antonio Ferrandis. Chanquete es un viejo pescador, ya retirado, al que le gusta tocar el acordeón y que vive en su viejo barco *La Dorada*, un destartalado pesquero varado en lo alto de una cima en un pueblo indeterminado del Mediterráneo español (la serie, en realidad, se rodó en el término municipal de Nerja). Ver nota 196.

[9] *Bonanza* fue una serie de televisión norteamericana de tipo western/cowboy que fue emitida por la cadena de televisión NBC entre el 12 de septiembre de 1959 y el 16 de enero de 1973. El episodio piloto fue creado por David Dortort, quien también fue el productor de la serie. Dortort también creó *The Restless Gun*, *El gran Chaparral*, *The Cowboys* y la precuela de *Bonanza*, *Ponderosa*. Bonanza fue la primera serie de televisión de una hora de duración que fue filmada en color. Bonanza tomó su nombre del filón Comstock que era un "depósito mineral de plata excepcionalmente grande y rico". Virginia City fue fundada directamente sobre la veta, que fue explotada durante 19 años. *Ponderosa* era un título alternativo para la serie, a menudo utilizado para las re-emisiones de la serie durante las décadas de 1970 y 1980. Ver nota 788.

[10] Albert Einstein (Ulm, Alemania, 14 de marzo de 1879 – Princeton, Estados Unidos, 18 de abril de 1955) fue un físico alemán de origen judío, nacionalizado después suizo y estadounidense. Está considerado como el científico más importante del siglo XX.

[11] Luis María Aguilera Picca (Buenos Aires, Argentina, 24 de febrero de 1936 - Madrid, España, 10 de octubre de 2009), conocido artísticamente como *Luis Aguilé*, fue un cantante y autor de música pop. Activo desde los años cincuenta, y siendo ya famoso en toda Latinoamérica, se estableció en 1963 en España.

[12] *Malcolm X*, nacido como Malcolm Little; (19 de mayo de 1925 - 21 de febrero de 1965), también conocido como El-Hajj Malik El-Shabazz, fue un orador, ministro religioso y activista estadounidense. Fue un valiente defensor de los derechos de los afroestadounidenses, un hombre que acusó a los estadounidenses blancos, en los más duros términos, de sus crímenes contra sus compatriotas negros. En cambio, sus detractores lo acusaron de predicar el racismo y la violencia. Ha sido descrito como uno de los mayores y más influyentes afroestadounidenses en la historia.

ACABAR
Acabar como el rosario de la Aurora[14].
Acabar como el rosario de Espera[15].
Acabar como el rosario de Medina[16].
Acabar peor que el edredón de Espinete[17].

ACALORADO
Estar más acalorado que el Papa[18] en una sex shop.

ACEITE
Perder más aceite que el anuncio de La Masía[19].
Perder más aceite que la furgoneta de Locomía[20].
Perder más aceite que la moto de Paco Clavel[21].

ACHUCHADO
Estar más achuchado que el culo de una tonta.

---

[13] Ku Klux Klan (KKK) es el nombre que han adoptado varias organizaciones de extrema derecha en Estados Unidos, creadas en el siglo XIX, inmediatamente después de la Guerra de Secesión, y que promueven principalmente la xenofobia, así como la supremacía de la raza blanca, homofobia, el antisemitismo, racismo, anticomunismo, y anticatolicismo. Con frecuencia, estas organizaciones han recurrido al terrorismo, la violencia y actos intimidatorios como la quema de cruces, para oprimir a sus víctimas.

[14] Hay infinidad de explicaciones a este dicho, pero todas tienen el denominador común de acabar todo en un follón de órdago.

[15] Se decía en Andalucía de lo que concluye de mala manera, y alude al rosario de la villa de Espera, en la provincia de Cádiz, que acabó a farolazos, o a capazos, según dicen algunos. (G. M. Vergara, *Diccionario geográfico popular*).

[16] Medina-Sidonia es una población de la provincia de Cádiz.

[17] Ver nota 3.

[18] Ver nota 5.

[19] La Masía es una marca especializada en el aceite, con 8 categorías en el mercado, controla todos los procesos de la producción en instalaciones y factorías propias. Nace en Gandia, Valencia, en el seno de una familia dedicada al cultivo del olivar. Y como homenaje al lugar donde se reunían, trabajaban y disfrutaban, llamaron a su aceite La Masía.

[20] *Locomía*, también denominado *Loco Mía*, era un grupo de género glam español. creado en 1984.

[21] Francisco Miñarro López, conocido artísticamente como *Paco Clavel* (Iznatoraf, Jaén) es un artista y cantante pop español creador durante la Movida del *guarripop* y el *cutreLux*, siendo el principal impulsor de esta estética. Además de radio hace sesiones como pinchadiscos, principalmente en Madrid.

ACOMPASADO
Estar más acompasado que el canto de unos grillos gemelos.

ACORRALADO
Estar más acorralado que los gérmenes por el Pato WC[22].

ACOSAR
Acosar más que novia fea.

ACUDIR
Acudir como cerdos a la pitanza.
Acudir como moscas a la mierda.

ADELANTARSE
Adelantarse como los de Cuéllar[23].
Adelantarse como los de Embid, a Pascua[24].

ADORNOS
Tener más adornos que una fallera.

ADRENALINA
Subir más la adrenalina que un cuadro pintado a escobazos.

AFECTO
Faltarle más afecto que a la cabra del circo.

AFINAR
Afinar más que los de Burgos.

AGARRADO
Estar más agarrado que mugre al talón.

---

[22] Pato® es una marca de la empresa Johnson's Wax Española, S.L. Es un producto para mantener higiénicamente limpio el WC.

[23] Cuéllar es una población de la provincia de Segovia.

[24] Un cura de esta villa de Guadalajara, no sabía cuando era la Cuaresma, y se enteró, por el párroco de otro pueblo próximo a Embid, de que se estaba acabando; pero no se apuró por ello, porque en cuanto regresó, echó la Pascua en Semana Santa, con lo que sus feligreses, adelantaron a hacer la Pascua a todos los demás. (G. M. Vergara, Op. Cit.).

Estar más agarrado que puerta de submarino.
Estar más agarrado que un pasamanos.
Ser más agarrado que hecho de encargo.
Ser más agarrado que un chotis[25].
Ser más agarrado que un tango[26].
Ser más agarrado que una vieja en el autobús.

ÁGIL
Ser ágil como una ardilla.

AGOBIADO
Estar más agobiado que Espinete[27] concursando en Cifras y Letras[28].

AGOBIAR
Agobiar más que Darth Vader[29] con un megáfono.

---

[25] El chotis o schotis es una música y baile con origen en Bohemia. Su nombre deriva del término alemán Schottisch (escocés), una danza social centroeuropea a la que en Viena se quiso atribuir origen en un baile escocés. El chotis llegó a Madrid en 1850 y se bailó por primera vez, en el Palacio Real, la noche del 3 de noviembre de aquel año, bajo el nombre de Polca Alemana. A partir de ese momento, alcanzó gran popularidad y llegó a ser el baile más castizo del pueblo de Madrid, hasta convertirse en un símbolo del Madrid festivo. La forma de bailar un Chotis no es complicada; el hombre sujeta con una mano a la mujer y con la otra mano, metida en el bolsillo del chaleco y con los dos pies juntos, gira en redondo sobre las punteras de sus zapatos, mientras la mujer baila a su alrededor. Cuando la música lo indica, la pareja da tres pasos hacías atrás y tres hacia adelante y se reinician los giros. En un Chotis bien bailado, el hombre gira solamente en el espacio de superficie de un ladrillo o baldosa y mirando siempre al frente.

[26] El tango es un género musical tradicional de Argentina y Uruguay, nacido de la fusión cultural entre emigrantes europeos, descendientes de esclavos africanos y de los nativos de la región del Río de la Plata. El tango como baile nació en el arrabal, donde hombres y mujeres bailaban fuertemente y apasionadamente abrazados. Prohibido por incitación a la lujuria, la gente se vio obligada a practicarlo en lugares ocultos hasta principios del siglo XX.

[27] Ver nota 3.

[28] *Cifras y Letras* es un programa de televisión español de preguntas y respuestas, basado en el programa francés *Des chiffres et des lettres*.

[29] *Darth Vader* es un personaje de la saga de ciencia ficción de George Lucas, *Star Wars*. Es el principal antagonista en la trilogía original que pone en manifiesto que se trata del héroe trágico llamado Anakin Skywalker. Aparece originalmente en los episodios *IV*, *V* y *VI*; la transformación de Anakin en Darth Vader es retratada en el episodio *III*. La trilogía original representa al personaje como un temible cyborg, que utiliza un respirador artificial, y sith mano derecha del Emperador de la galaxia, *Darth Sidious*, que lleva adelante una brutal opresión en la galaxia cazando a los activistas de la Alianza Rebelde. La trilogía de precuela lo describe como un muchacho esclavo que se convierte en un heroico Caballero Jedi de las Guerras Clon. Es entonces cuando cae al Lado Oscuro de la fuerza luego de que *Palpatine* lo manipulara haciéndolo traicionar a los Jedi para derrocar a la República Galáctica. En *Return of the Jedi* (en el instante final de la serie

AGRANDADO
Estar más agrandado que preservativo de burro.

AGRIDULCE
Ser más agridulce que la salsa de los chinos.
Ser más agridulce que un vinagre de 200 años.

AGUA
Haber tan poca agua que hay que guisar con gaseosa.
Haber tan poca agua que hay que lavarse a escupitajos.
Haber tan poca agua que las ranas van con cantimplora.
Tener más agua que el Titanic[30].

AGUDO
Ser menos agudo que una pelota.

AGUJEROS
Tener más agujeros que la ventana de un bosnio[31]/yugoslavo/ afgano/
    iraquí.
Tener más agujeros que un cedazo[32].
Tener más agujeros que un colador.
Tener más agujeros que un fusilado.

AIRE
Tener menos aire que un globo pinchado.

---

cronológicamente), Vader, se redime (al ver a su hijo Luke Skywalker siendo torturado por el emperador) para ayudar a destruir al Imperio, sacrificándose en el proceso.

[30] Ver nota 2.

[31] Bosnia y Herzegovina, es un Estado soberano europeo, con capital en Sarajevo, situado en la Península de los Balcanes, en el sureste del continente. En 1992 proclamó su independencia, como República de Bosnia y Herzegovina, tras el referéndum del 1 de marzo de 1992. Los bosníacos y los bosniocroatas de Bosnia y Herzegovina apoyaron la independencia pero la mayoría de los serbobosnios apoyados por el resto de los serbios de la ex Yugoslavia se opusieron y comenzó la guerra de Bosnia en un intento de creación de la Gran Serbia. En los primeros años de esa guerra ocuparon un 70% del territorio bosnio de manera violenta, realizando una salvaje limpieza étnica.

[32] Se llama cedazo al utensilio que se emplea para separar, cribar, materiales de diferente grosor, como la harina del salvado.

ALCANCE
Tener menos alcance que los walkie talkie de los Airgam Boys[33].

ALEGRE
Estar más alegre que un pandero.
Estar más alegre que unas castañuelas.
Estar más alegre que unas Pascuas.

ALTA
Ser tan alta que hay que hacer noche en el ombligo.

ALTO
Estar más alto que el INRI[34].
Estar más alto que una picota[35].
Ser más alto que un mayo[36].
Ser más alto que un reñidero[37].

AMABLE
Ser amable como un erizo.

AMAGAR
Amagar menos que perro enyesado.

---

[33] *Airgam Boys* es una línea de figuras articuladas de 8,5 cm de alto aproximadamente producidas durante los años 70 y 80 por la compañía juguetera Airgam, S.A.

[34] INRI son las siglas de la frase latina IESVS NAZARENVS REX IVDAEORVM (pronúnciese la "I" como "J"), la cual se traduce al español como: «Jesús de Nazaret, Rey de los Judíos».

[35] Las picotas son columnas de piedra más o menos ornamentadas, sobre las que se exponían a los reos y las cabezas o cuerpos de los ajusticiados por la autoridad civil.

[36] En la península Ibérica se celebran Los Mayos en casi todas las regiones (tanto de España como de Portugal), siendo el principal hilo conductor el celebrarse a principios del mes de mayo o durante todo él. Generalmente suelen celebrarse la noche del 30 de abril al 1 de mayo en numerosos pueblos de la península Ibérica. La *maya* o el *mayo* es un tronco o palo alto (árbol de mayo) que se alza o se alzaba en algunas regiones de Europa, en la plaza o lugar público durante el mes de mayo y donde concurrían los mozos y mozas a divertirse con bailes y festejos. Los jóvenes competían por trepar por el árbol hasta llegar a la parte superior donde debían coger una bandera, mientras las muchachas les animan desde abajo bailando y cantando en torno al árbol.

[37] Lugar en donde se organizan peleas, riñas. Suelen tener un muro para separar a los espectadores del lugar de la pelea. Así se llaman a los espacios en donde se realizan peleas de gallos, entre otros.

AMARILLO

Estar más amarillo que la epidemia.
Estar más amarillo que un chino con hepatitis[38].
Estar más amarillo que Tito Livio[39].

AMIGOS

Ser más amigos que gorrinos.

ANCHO

Estar más ancho que en La Gloria.
Estar más ancho que largo.
Estar más ancho que una alcachofa.

ANDAR

Andar a saltos como gato cuando lo están baldeando.
Andar como gatos en febrero.
Andar como Pedro por su casa.
Andar como puta por rastrojo.
Andar como un duende[40].
Andar con pies de plomo.
Andar más que la perra de Calahorra[41].
Andar menos que un piojo en alquitrán.
Andar peor que un pato mareado.

ANIMADO

Estar más animado que el cumpleaños de mi sobrino.
Estar más animado que un encierro de vacas locas[42].

---

[38] La hepatitis es una afección o enfermedad inflamatoria que afecta al hígado. Su causa puede ser infecciosa (viral, bacteriana, etc.), inmunitaria (por autoanticuerpos, hepatitis autoinmune) o tóxica (por ejemplo por alcohol, venenos o fármacos). También es considerada, dependiendo de su etiología, una enfermedad de transmisión sexual. Produce ictericia (ponerse amarillo).

[39] Tito Livio (en latín *Titus Livius Patavinus, Patavium*, 59 a. C. – 17 d. C.), fue un famoso historiador romano. Ver nota 38.

[40] Aparecerse en los parajes donde no se le esperaba.

[41] Calahorra es una población de la provincia de Logroño, La Rioja.

[42] La encefalopatía espongiforme bovina (EEB) o *enfermedad de las vacas locas* es una enfermedad de reciente aparición, perteneciente a una misteriosa familia de enfermedades emparentadas, muy raras en su mayoría. Es una enfermedad degenerativa del sistema nervioso central de los bovinos,

Estar más animado que una ejecución en la Edad Media.
Estar más animado que una feria de barrio.
Ser más animado que el cumpleaños de San Vito[43].

ANTICUADO
Ser más anticuado que el contestador automático de Cleopatra[44].
Ser más anticuado que un dinosaurio.

ANTIGUO
Ser más antiguo que andar *p'alante*.
Ser más antiguo que el Diluvio[45].
Ser más antiguo que el charlestón[46].
Ser más antiguo que el hilo negro.
Ser más antiguo que el pinar de El Puerto[47].
Ser más antiguo que el rodapié de la cueva de Altamira[48].

---

que se caracteriza por la aparición de síntomas nerviosos en los animales adultos que, progresivamente, finaliza con la muerte del animal.

[43] San Vito fue, durante mucho tiempo, invocado contra el llamado *baile de San Vito* (síntoma tanto de la corea de Huntington como de la corea de Sydenham), convulsiones neurológicas. En la Edad Media los afectados por el baile de San Vito eran acusados de estar poseídos y eran quemados en la hoguera.

[44] Cleopatra Filopator Nea Thea, Cleopatra VII, fue la última reina del Antiguo Egipto de la dinastía Ptolemaica, también llamada Lágida, dinastía creada por Ptolomeo I Sóter, general de Alejandro Magno. Fue la última del llamado Periodo helenístico de Egipto. Cleopatra nació hacia el 69 a. C. y murió en el 30 a. C. Era hija de Cleopatra V Trifena y de Ptolomeo XII Auletes, de quien heredó el trono en el 51 a. C., cuando tenía 18 años, junto con su hermano Ptolomeo XIII, de sólo 12, quien sería además su esposo (hecho frecuente en los matrimonios regios ptolemaicos).

[45] Diluvio universal es el nombre de un mito sumerio, y posteriormente, con que se conoce un acontecimiento narrado en el Génesis, primer libro de la Biblia, sobre la historia de Noé y el castigo enviado por Dios. Por la cronología bíblica, este comenzó en el año 2370 a. C.

[46] El charlestón es una variedad del foxtrot, que hizo furor en Estados Unidos durante la década de los 20 del siglo XX.

[47] Hace referencia a un antiguo pinar en El Puerto de Santa María, provincia de Cádiz.

[48] La cueva de Altamira es una cavidad natural en la roca en la que se conserva uno de los ciclos pictóricos y artísticos más importantes de la Prehistoria. Está situada en el municipio español de Santillana del Mar, Cantabria, a unos dos kilómetros del centro urbano, en un prado del que tomó el nombre. Las pinturas y grabados de la cueva pertenecen a los períodos Magdaleniense y Solutrense principalmente, y alguno al Gravetiense, si bien las evidencias arqueológicas son únicamente solutrenses y magdalenienses, e incluso con dudas, todos dentro del Paleolítico superior. Su estilo artístico se enmarca en la denominada «escuela franco-cantábrica», caracterizada por el realismo de las figuras representadas. Contiene pinturas policromas, grabados, pinturas negras, rojas y ocres que representan animales, figuras antropomorfas, dibujos abstractos y no

Ser más antiguo que las camisas Suybalén[49].
Ser más antiguo que las pirámides de Egipto.
Ser más antiguo que los balcones de palos.
Ser más antiguo que los Beatles[50].
Ser más antiguo que los grifos amarillos.

ANTIHIGIÉNICO
Ser más antihigiénico que una compresa reversible.

AÑOS
Tener más años que el calendario juliano[51].
Tener más años que el prepucio de Cristo.
Tener más años que el reloj de pulsera de Viriato[52].

---

figurativos. Calificativos como: «Capilla Sixtina» del arte rupestre; «...la manifestación más extraordinaria de este arte paleolítico...», «... la primera cueva decorada que se descubrió y que continua siendo la más espléndida»; y «...si la pintura rupestre [paleolítica] es el ejemplo de una gran capacidad artística, la cueva de Altamira representa su obra más sobresaliente», nos indican la gran calidad y belleza del trabajo del hombre magdaleniense en este recinto. Fue declarada Patrimonio de la Humanidad en 1985.

[49] SUyBALEN fue una marca de camisas de caballero fundada en 1964. Las camisas estaban hechas con los nuevos géneros textiles sintéticos de la época, Tergal, que no había ni que almidonar ni que planchar

[50] The Beatles fue una banda de rock inglesa activa durante la década de 1960, y reconocida como la más comercialmente exitosa y críticamente aclamada en la historia de la música popular. Formada en Liverpool, estuvo constituida desde 1962 por John Lennon (guitarra rítmica, pianista vocalista), Paul McCartney (bajo, vocalista, pianista), George Harrison (guitarra solista, vocalista) y Ringo Starr (batería, pandero, vocalista). Enraizada en el skiffle y el rock and roll de los años cincuenta, la banda trabajó más tarde con distintos géneros musicales, que iban desde la balada pop hasta el rock psicodélico, incorporando a menudo elementos clásicos, entre otros, de forma innovadora en sus canciones. La naturaleza de su enorme popularidad, que había emergido primeramente con la moda de la «Beatlemanía», se transformó al tiempo que sus composiciones se volvieron más sofisticadas. Llegaron a ser percibidos como la encarnación de los ideales progresistas, extendiendo su influencia en las revoluciones sociales y culturales de la década de 1960.

[51] El calendario juliano es el antecesor del calendario gregoriano y se basa en el movimiento aparente del sol para medir el tiempo. Desde su implantación en el 46 a. C., se adoptó gradualmente en los países europeos y sus colonias hasta la implantación de la reforma gregoriana, del Papa Gregorio XIII, en 1582. Sin embargo, en los países de religión ortodoxa se mantuvo hasta principios del siglo XX: en Bulgaria hasta 1917, en Rusia hasta 1918, en Rumania hasta 1919 y en Grecia hasta 1923. A pesar de que en sus países el calendario gregoriano es el oficial, hoy en día las iglesias ortodoxas (excepto la de Finlandia) siguen utilizando el calendario juliano (o modificaciones de él diferentes al calendario gregoriano) para el cálculo de la fecha de Pascua.

[52] Viriato (muerto en 139 a. C.) fue el principal caudillo de la tribu lusitana que hizo frente a la expansión de Roma en el territorio comprendido entre el Duero y el Guadiana, incluyendo aproximadamente lo que hoy es parte de la provincia de Zamora, casi toda la provincia de

Tener más años que la orilla del río.
Tener más años que la puerta de una pirámide.
Tener más años que las columnas.
Tener más años que las cucharas de palo.
Tener más años que Matusalén[53].
Tener tantos años como para alicatar un cuarto de baño.

APRETADO
Estar más apretado que la compresa de Rafaella Carrà[54].
Estar más apretado que las sardinas en lata.
Estar más apretado que los muslos de una virgen.
Estar más apretado que los tornillos de un submarino.
Estar más apretado que piojos en costura.
Estar más apretado que un enjambre de abejas.
Estar más apretado que un moro en una patera[55].

ARDER
Arder como la estopa.
Arder como la gasolina.
Arder como la yesca[56].

ARISCO
Ser arisco como un gato.

Salamanca, el territorio occidental de la provincia de Ávila (incluyendo su capital), Extremadura, el occidente de la provincia de Toledo (hasta la zona de Talavera de la Reina, las llamadas Antiguas Tierras de Talavera) y, por último, y sobre todo Portugal (salvo la región entre el Miño y el Duero).

[53] Matusalén es la persona más longeva que se menciona en el Antiguo Testamento. En Génesis 5:27 se afirma que alcanzó la edad de 969 años: *Fueron, pues, los años de Matusalén, novecientos sesenta y nueve años; y murió.*

[54] Raffaella Roberta Pelloni (Bolonia, 18 de junio de 1943), conocida en el mundo artístico como *Raffaella Carrà*, es una famosa cantante, bailarina, actriz, presentadora y autora italiana de programas de televisión.

[55] Patera es una embarcación pequeña y de fondo plano. Erróneamente se suele llamar patera a cualquier tipo de embarcación utilizada por grupos de inmigrantes para acceder clandestinamente a las costas del sur de España.

[56] Se denomina yesca cualquier material muy seco, comúnmente de trapo quemado, cardo u hongos secos, y preparado para que cualquier chispa prenda fuego en él.

ARMONIOSO
Ser más armonioso que un conjunto de violinistas clónicos en un tejado.

ARRANCADO
Estar más arrancado que camisa de gitano en una boda.
Estar más arrancado que camisa de loco.

ARRIMARSE
Arrimarse como los de Torrico[57].
Arrimarse más que un perro en celo.
Arrimarse más que un torero.

ARRUGAS
Tener más arrugas que el culo de una gallina.
Tener más arrugas que la momia de Tutankamón[58].
Tener más arrugas que un camisón de lino.

ARRUGADO
Estar más arrugado que la barriga de una vieja.
Estar más arrugado que un churro mojado en café.
Estar más arrugado que una pasa.

ARTE
Tener más arte que Curro Romero[59].
Tener más arte que el curriculum de Leonardo da Vinci[60].

---

[57] Torrico es una población de la provincia de Toledo.

[58] Neb-jeperu-Ra Tut-anj-Amón, popularmente conocido como Tutankamón, fue un faraón perteneciente a la dinastía XVIII de Egipto, que reinó de 1336/5 a 1327/5 a. C. Su nombre original, Tut-anj-Atón, significa «imagen viva de Atón», mientras que Tut-anj-Amón significa «imagen viva de Amón». Es posible que Tutankamón sea el rey *Nibhurrereya* de las *cartas de Amarna*, y probablemente el monarca denominado *Ratotis*, *Ratos* o *Atoris*, que reinó nueve años, según los posteriores epítomes de la obra de Manetón.

[59] Francisco Romero López, más conocido como *Curro Romero* o *El Faraón de Camas* (1 de diciembre de 1933) es un torero español, natural de Camas, Sevilla. Comenzó su carrera profesional en el barrio de La Pañoleta (Camas, Sevilla), el 22 de agosto de 1954 junto a Limeño.

[60] Leonardo da Vinci (Leonardo di ser Piero da Vinci) fue un pintor italiano nativo de Florencia. Notable polímata del Renacimiento italiano (a la vez anatomista, arquitecto, artista, botánico, científico, escritor, escultor, filósofo, ingeniero, inventor, músico, poeta y urbanista) nació en Vinci el 15 de abril de 1452 y falleció en Amboise el 2 de mayo de 1519, a los 67 años,

Tener más arte que el felpudo de la Capilla Sixtina[61].
Tener más arte que El Prado[62].
Tener más arte que un paseíllo de Curro Romero[63].

ARTISTAS
Tener más artistas que Florencia durante el Renacimiento.

ASCO
Dar más asco que un pelo de polla en la sopa.

ÁSPERO
Ser más áspero y helado que los montes Pirineos.

ASQUEROSO
Ser tan asqueroso que espanta a las cucarachas.

ASUSTADO
Estar más asustado que un negro en la Semana Santa de Sevilla.

ATACADO
Estar más atacado que el niño de la Obregón[64].

---

acompañado de su fiel Francesco Melzi, a quien legó sus proyectos, diseños y pinturas. Tras pasar su infancia en su ciudad natal, Leonardo estudió con el célebre pintor florentino Andrea de Verrocchio. Sus primeros trabajos de importancia fueron creados en Milán al servicio del duque Ludovico Sforza. Trabajó a continuación en Roma, Bolonia y Venecia, y pasó los últimos años de su vida en Francia, por invitación del rey Francisco I.

[61] La Capilla Sixtina es la capilla más famosa del Palacio Apostólico de la Ciudad del Vaticano, la residencia oficial del Papa. Se encuentra a la derecha de la Basílica de San Pedro y originalmente servía como capilla de la fortaleza vaticana. Es famosa por su arquitectura, evocadora del Templo de Salomón del Antiguo Testamento, y su decoración al fresco, obra de los más grandes artistas del Renacimiento, incluyendo a Miguel Ángel, Rafael y Botticelli. Por orden del papa Julio II, Miguel Ángel decoró la bóveda (1.100 m²) entre 1508 y 1512. A Miguel Ángel no le agradó este encargo, y pensó que su trabajo era sólo para satisfacer la necesidad de grandeza del Papa. Sin embargo, hoy la bóveda, y especialmente *El Juicio Final*, son consideradas como los mayores logros de Miguel Ángel en la pintura. Fue construida entre 1477 y 1480, por orden del papa Sixto IV, de quien toma su nombre, para restaurar la antigua Capilla Magna.

[62] El Museo Nacional del Prado, en Madrid, España, es uno de los más importantes del mundo, así como uno de los más visitados (el undécimo en 2010).

[63] Ver nota 59.

[64] Ana Victoria García Obregón (Madrid, 18 de marzo de 1955), más conocida como Ana Obregón, es una actriz, presentadora, bailarina, bióloga, escritora y cantante española muy conocida en el ámbito de la televisión, tanto en series de ficción como en programas y concursos

Estar más atacado que la nave de Star Trek[65].

ATENCIÓN
Llamar más la atención que los Power Rangers[66] en un velatorio.

ATRACTIVO
Ser más atractivo que un billete de quinientos euros.
Ser más atractivo que un inspector de Hacienda amnésico.
Ser menos atractivo que la cuesta de enero.
Ser menos atractivo que una bolsa de papel mojada.

ATRANCARSE
Atrancarse más que Carrascal[67] leyendo el International Herald Tribune[68].

---

televisivos. Desde hace muchos años es uno de los rostros más populares de la prensa rosa española.

[65] *Star Trek* o *Viaje a las estrellas* es una franquicia de series de televisión y películas de ciencia ficción. El universo de ficción de *Star Trek* creado por Gene Roddenberry. La trama de las series y películas de *Star Trek* es bastante sobria en cuanto al futuro de la humanidad, consistente en cuanto a la calidad de la historia, coherente por la continuidad de la misma y congruente con la forma de ser de los humanos actuales (que intenta demostrar que el hombre no cambiará mucho en los próximos 400 años), siempre con la «continua misión de explorar extraños, nuevos mundos, y de buscar nuevas formas de vida y nuevas civilizaciones, viajando audazmente a donde nadie ha llegado antes». El universo de ficción de la producción está protagonizado por la historia de la Federación de Planetas Unidos, y los años previos a su fundación en la Tierra, abarcando desde el año 2063, cuando ocurre el primer contacto entre los humanos y una raza extraterrestre, los vulcanos, hasta el año 2379, cuando la Federación pasa por momentos gloriosos pero a la vez muy difíciles al presentarse la posibilidad de tener que enfrentarse a las dos mayores superpotencias de la galaxia: el Dominio y el Colectivo Borg. En esta Federación, la situación de la Tierra es bastante particular, ya que desde el Primer contacto en 2063, su desarrollo no ha conocido barreras, llegando a ser un planeta paradisíaco, donde los humanos viven en constante progreso; así mismo, desde el año 2161, la Tierra es la capital de la Federación, teniendo como sede de gobierno a la ciudad de París (Francia) y del Comando y de la Academia de la Flota Estelar en San Francisco, en la actual California y habiendo llevado su enorme desarrollo como civilización hasta los confines del espacio conocido, que suma casi la cuarta parte de la Vía Láctea. Ver nota 114.

[66] *Power Rangers* es una serie de televisión estadounidense, basada en la serie del género Tokusatsu, *Super Sentai*, un género de ciencia ficción televisivo de origen japonés, fue emitida ininterrumpidamente desde el año 1993. Desde 2003 hasta 2010, la franquicia fue prodad de The Walt Disney Company, pero fue readquirida en ese último año por Haim Saban, su creador.

[67] José María Carrascal Rodríguez (El Vellón, Madrid, 8 de diciembre de 1930) escritor y periodista español de línea conservadora. Además de periodismo militante, estudió náutica (marina mercante) y filosofía y letras.

ATRAVESADO

Ser atravesado como los de Bocigas[69].

ATURDIDO

Estar más aturdido que un boxeador *paquete* en el último asalto.
Estar más aturdido que un fundidor de campanas.

AVENTURAS

Pasar más aventuras que Barceló[70] por la mar.

AVERGONZADO

Estar más avergonzado que una abubilla[71] sin moño.

---

[68] El *International Herald Tribune* es un diario internacional de lengua inglesa. Se vende en más de 180 países. El *IHT* forma parte de The New York Times Company. Tiene su base en París desde que fue fundado en 1887.

[69] Bocigas, población de la provincia de Soria.

[70] Antonio Barceló fue un mallorquín que vivió en el S. XVII. Perteneció a la marina de guerra española y en 1770, después de destruir diecinueve buques enemigos y apresar a mil seiscientos corsarios, fue considerado como un héroe en la lucha contra la piratería musulmana. En 1770 dirigió las operaciones navales del bloqueo de Gibraltar donde utilizó unas lanchas de bombardeo inventadas por él. También había mandado una expedición contra Argel en 1783 y por sus méritos en tal empresa fue ascendido a teniente general de la Armada. Su lema era: *A la mar voy, mis hechos dirán quién soy*. Barceló, que había empezado como simple grumete, fue célebre por sus hazañas.

[71] La abubilla, *Upupa epops*, es una especie de ave coraciforme de la familia Upupidae; pertenece al mismo orden que los martines pescadores, los abejarucos, y las carracas.

B

BAJA/O

Estar más bajo que la tasa de natalidad del Vaticano[72].

Ser más bajo que la sombra de un gua[73].

Ser más bajo que un bache.

Ser más bajo que un gua[74].

Ser tan bajo como el servilismo.

Ser tan baja que en vez de dar a luz echa chispas.

Ser tan bajo que el culo le huele a pies.

Ser tan bajo que la cabeza le huele a pies.

Ser tan bajo que si se sienta en el borde de una peseta/euro le cuelgan los pies.

BARRIGA

Tener más barriga que una elefanta con mellizos.

BASTO

Ser más basto que la Bernarda, que se bajaba las bragas a pedos.

Ser más basto que el forro de los cojones de un carabinero.

Ser más basto que llevar un cerdo a la ópera.

Ser más basto que matar un cerdo a besos.

Ser más basto que pegar a un padre con un calcetín sudado.

Ser más basto que poner un potaje en un cumpleaños.

Ser más basto que un ataúd con pegatinas.

Ser más basto que un bocadillo de chapas/escombros/ garbanzos/ hostias/pinzas/ tachuelas/yeso/cemento.

---

[72] El Vaticano, oficialmente Estado de la Ciudad del Vaticano, es una ciudad-estado cuyo territorio consta de un enclave dentro de la ciudad de Roma. La Ciudad del Vaticano alberga la Santa Sede, máxima institución de la Iglesia católica. Aunque los dos nombres, «Ciudad del Vaticano» y «Santa Sede» se utilizan a menudo como si fueran equivalentes, el primero se refiere a la Ciudad y a su territorio, mientras que el segundo se refiere a la institución que dirige la Iglesia y que tiene personalidad jurídica propia (como sujeto de Derecho internacional). En rigor, es la Santa Sede, y no el Estado del Vaticano, la que mantiene relaciones diplomáticas con los demás países del mundo. Por otro lado, el Vaticano es quien da el soporte temporal y soberano (sustrato territorial) para la actividad de la Santa Sede.

[73] El gua es un agujero que se hace en el suelo para jugar a las canicas.

[74] Ver nota 73.

Ser más basto que un cóctel de esparto.
Ser más basto que un condón de esparto.
Ser más basto que un condón de esparto con la punta de Uralita[75].
Ser más basto que un rosario de melones.
Ser más basto que una bailarina con Chirucas[76].
Ser más basto que unas bragas de esparto/pana.
Ser más basto que unos calzoncillos de rocalla.
Ser más basto que unos sostenes con bisagras.
Ser más basto que unos sostenes de hojalata.

BEBER

¡Aquí se bebe menos que en misa!
Bebe tanto que cuando le hacen un análisis de sangre le da JB positivo.
Beber como camello enfermo
Beber como un animal/burro/cosaco[77]/saco.
Beber como una bestia/esponja.
Beber como una esponja griega.
Beber más agua que un mirlo.
Beber más que el chico del esquilador.
Beber más que los peces del villancico.
Beber más que un barbo[78].
Beber más que un camello.
Beber más que un cura.
Beber más que un fregadero.
Beber más que una esponja.

---

[75] Uralita es una multinacional española de materiales de construcción con 100 años de historia. Las áreas de negocio estratégicas de Uralita son aislantes, yesos, tejas y tuberías, ocupando posiciones de liderazgo en la Península Ibérica en el sector de materiales de construcción y siendo el tercer fabricante europeo de aislantes. El fibrocemento es un material utilizado en la construcción, constituido por una mezcla de cemento y fibra de amianto de refuerzo. Su uso ha venido marcado por problemas de salud asociado a las fibras de asbestos (a veces llamadas *uralita*).

[76] Chiruca es una marca de calzado de montaña. Son muy apreciadas las botas que fabrican.

[77] Cosaco se refiere a una persona perteneciente al antiguo pueblo nómada, guerrero por excelencia y gran amante de la libertad, que se estableció de forma permanente en las estepas del sur de lo que es actualmente Rusia y Ucrania aproximadamente en el siglo X. Los cosacos fueron conocidos por su destreza militar y la confianza que tenían en sí mismos. El nombre deriva posiblemente de la palabra turca *quzzaq*, «aventurero», «hombre libre».

[78] El barbo común, *Barbus barbus*, (del latín: *barbus*, de barba), es una especie de pez de río de la familia Cyprinidae. El nombre común barbo es compartido por numerosas especies del género *Barbus*.

Beber más que una garrapata[79].
Beber más que una sanguijuela[80].
Beber más vino que un mosquito.
Bebió tanto que cuando le incineraron se tiró una semana ardiendo.

BEBIDA
Gustar tanto la bebida que se bebe hasta el Mistol[81]/la lejía.

BELLO
Ser más bello que una puesta de sol de Venecia[82].

BIGOTES
Tener más bigotes que el frenazo de una Vespa[83].
Tener más bigotes que el Kaiser Guillermo[84].
Tener más bigotes que un Guardia Civil.
Tener más bigotes que una gamba.
Tener más bigotes que una portuguesa.

---

[79] Los ixodoideos (*Ixodoidea*) son una superfamilia de ácaros, conocidos vulgarmente como garrapatas. Son ectoparásitos hematófagos (se alimentan de sangre) y son vectores de numerosas enfermedades infecciosas entre las que destacan el tifus o la enfermedad de Lyme. Son los ácaros de mayor tamaño.

[80] La sanguijuela medicinal (*Hirudo medicinalis*) es una especie de anélido hirudíneo de la familia *Gnathobdellae* que habita en gran parte de Europa. Vive en agua dulce y se alimenta de sangre (hematófago).

[81] Mistol es una marca de la empresa Henkel Ibérica, S.A. Nace en 1950 bajo el slogan *Nacido para triunfar*. Mistol es un detergente multiusos para la limpieza del hogar.

[82] Venecia es una ciudad de Italia, capital de la región de Véneto. Conocida como *la ciudad de los canales*, está situada en el nordeste del país, sobre un conjunto de islas que se extiende por una laguna pantanosa en el mar Adriático, entre las desembocaduras de los ríos Po, al sur, y Piave, al norte. Venecia está compuesta por 120 pequeñas islas unidas entre sí por 455 puentes, si incluimos las islas de Murano y Burano. En sí, la ciudad la forman 118 islas unidas por 354 puentes y dividida por 177 ríos y canales.

[83] Empresa española de fabricación de motocicletas, ciclomotores y vehículos ligeros creada en 1952 por el INI y Enrico Piaggio. Fue muy importante en el sector de automoción en España principalmente por la fabricación de la popular VESPA y el ciclomotor Vespino. Después de 51 años de historia, cerró finalmente todas sus instalaciones productivas en 2003.

[84] Guillermo II (*Wilhelm II* en alemán), Friedrich Wilhelm Viktor Albrecht von Hohenzollern (Berlín, 27 de enero de 1859 – 4 de junio de 1941) fue el último emperador alemán (*Káiser*) y el último rey de Prusia. Gobernó entre 1888 y 1918. Hijo primogénito de Federico III y de la princesa Victoria, Princesa Real del Reino Unido, fue proclamado emperador tras el breve reinado de su padre.

BLANCO

Estar más blanco que el culo de un esquimal.
Estar más blanco que el pan de Alcalá[85].
Estar más blanco que el pecho de un pato.
Estar más blanco que el polo norte.
Estar más blanco que la cara de un comic.
Estar más blanco que la leche.
Estar más blanco que la pared.
Estar más blanco que la picha de un calamar.
Estar más blanco que la teta de una monja.
Estar más blanco que la teta de una novicia.
Estar más blanco que un yogur natural.
Estar más blanco que una pescadilla en harina.

BLANDO

Estar más blando que la mantequilla en verano.
Ser más blando que la diarrea de un niño.
Ser más blando que los nabos cocidos.
Ser más blando que un bollo en café.
Ser más blando que un guante.
Ser más blando que una mierda.

BOBO

Ser más bobo que perro de dos días.

BOCA

Abrir más la boca que un piano.
Tener la boca más grande que la cueva de Montesinos[86]
Tener más boca que un documental de peces.
Tener más boca que un pajar.
Tener una boca como para hacer viseras para el fútbol.
Tener una boca como para rebanar culos de sandía.

---

[85] Se refiere a Alcalá de Guadaira, provincia de Sevilla. Esta comparación era muy usada en Andalucía, la gran blancura del pan que fabrican en Alcalá de Guadaira o de los panaderos. (G. M. Vergara, Op. Cit.)

[86] Cueva citada en *Don Quijote de La Mancha*. Parte II, Capítulo XXIII

BOLSA

Estar hasta la bolsa de los cojones[87].
Estar hasta la bolsa de los huevos[88].

BONITA/O

Ser lo más bonito de la feria de ganado de Zafra[89].
Ser tan bonita como un millón de dólares.

BORRACHERA

Tener una borrachera como un piano de cola.
Tener una borrachera que no se lame.

BORRACHO

Estar más borracho que un cosaco[90].
Estar más borracho que un cuero.
Estar más borracho que un inglés.
Estar más borracho que una cepa.
Estar más borracho que una cuba.

BRAMAR

Bramar como un becerro.
Bramar como un toro.

BREVE

Ser más breve que la noche de bodas de Heidi[91].

---

[87] Estar harto.

[88] Ver nota 87.

[89] Zafra es una ciudad perteneciente a la provincia de Badajoz. Zafra siempre ha sido una ciudad industrial y comercial que servía como proveedora a todo su contorno, el cual se dedicaba mayoritariamente a la agricultura y la ganadería. Base del comercio son las ferias y mercados que se celebran por San Juan desde 1395 y por San Miguel desde 1453.

[90] Ver nota 77.

[91] *Heidi* es el nombre de un libro infantil de 1880 de la escritora suiza Johanna Spyri. Recibe el nombre del personaje protagonista de la historia, Heidi, una pequeña niña que vive en los Alpes suizos cercanos a la frontera con Austria. Heidi le ha dado fama internacional a Spyri, y es uno de los libros más leídos de la literatura suiza en el mundo. Es un libro lleno de inocencia, donde se resaltan los valores humanos y el amor hacia la naturaleza. Originalmente Spyri creó la obra en dos partes: *Heidi*, en 1880, y *De nuevo Heidi*, en 1881. A partir de 1885 las siguientes ediciones unieron las dos novelas en un solo tomo, y es así como se conoce la historia en todo el mundo, ya que las traducciones se basaron en la novela unificada.

BRILLANTE

Ser más brillante que el sol.
Ser más brillante que una joya cara.
Ser menos brillante que un agujero negro.

BRUTO

Ser más bruto que el cerro de la Pila[92].
Ser más bruto que el señor de Alfocea[93].
Ser más bruto que la pila de un pozo.
Ser más bruto que los de Bargas[94].
Ser más bruto que los del río[95].
Ser más bruto que rodar para arriba.
Ser más bruto que un arado.
Ser más bruto que un canto rodado.
Ser más bruto que un gallego[96].
Ser tan bruto que caga cuadrado.

BUENA/O

Estar más buena que el pan.
Estar más buena que el pan Bimbo[97].
Estar más bueno que el pan de pueblo.

---

[92] Dicho de Almadén, provincia de Ciudad Real. Se utiliza para indicar que alguien es torpe, haciendo alusión al cerro de la Pila, que está a la entrada de dicha localidad.

[93] Alfocea, provincia de Zaragoza. Se dice en Aragón del que es muy terco, recordando a un señor de la villa de Alfocea, que, en tiempos lejanos, se empeñó en volar imitando a los cuervos, a cuyo efecto se ató dos alas de cañas a los brazos y se arrojó desde un peñasco, quedando medio estrellado contra el suelo, y aunque le aconsejaron que no repitiese la prueba, replicó que la volvería a hacer en cuanto pudiera ponerse en pie. (G. M. Vergara, Op. Cit.)

[94] Bargas es un municipio de la provincia de Toledo perteneciente a la Comarca de la Sagra. Se encuentra en el área central de la provincia, enclavado en la zona superior del río Tajo, a 10 Km. al norte de la capital.

[95] Este dicho era referido por los habitantes de la sierra de Albarracín, aludiendo a los de Cella, provincia de Teruel.

[96] Dicho de Andalucía. Un cantar recuerda:

> ...para borrico, un gallego;
> para borracho, un francés. (G. M. Vergara, Op. Cit.)

[97] Pan de molde, también llamado pan en barra, muy esponjoso fabricado por el Grupo Bimbo, empresa global en panificación. En 2010, generó 9,481 millones de dólares. Produce más de 8,000 productos bajo más de 150 marcas, entre las que se encuentran *Bimbo, Marinela, Nutrella, Sara Lee, Fargo, Silueta, Ortiz, Eagle y Martínez.*

Estar más bueno que el pan de Vázquez[98], que el que lo comía reventaba.

Estar más buena que la casa de Hansel y Gretel[99].

Estar más buena que un jamón de once dedos.

Estar más buena que un queso.

Estar más bueno que una palmera de chocolate.

BULTOS

Tener más bultos que un calcetín lleno de bolas.

Tener más *burtos* que una bicha *jarta* castañas[100].

BURRO

Estar como un burro en una fabrica de sonajeros.

Ser más burro que un arado.

---

[98] Los Vázquez es una población de la provincia de Albacete.

[99] *Hansel y Gretel* (Alemán: *Hänsel und Gretel*) es un cuento de hadas alemán, recopilado por los hermanos Grimm. Según cuenta la historia de los hermanos Grimm, Hansel y Gretel eran los hijos de un pobre leñador. Eran una familia tan pobre que una noche la madre convence al padre de abandonar a los niños en el bosque, dado que ya no tenían con qué alimentarlos. Hansel oyó esto por lo que salió de su casa a buscar piedras con las cuales marcó un camino al día siguiente cuando se dirigían al bosque. Hansel y Gretel se durmieron y apenas salió la luna comenzaron a caminar siguiendo el camino que Hansel había marcado con las piedras anteriormente. Por la mañana llegaron a su casa. Su madre sorprendida por el hecho decide que la próxima vez llevarán a los niños aún más adentro en el bosque para que no puedan salir de allí y regresar. Hansel, que otra vez escuchó las discusiones de sus padres, decide salir a juntar piedras nuevamente, pero esta vez no pudo ya que la puerta estaba cerrada con llave. En la mañana que fueron al bosque Hansel marcó un camino tirando migas del pedazo de pan que su madre le había dado, solo que esta vez cuando salió la luna no pudieron volver porque los pájaros se habían comido el pan. Después de dos días perdidos en el bosque, cuando ya no sabían más que hacer, los niños se detienen a escuchar el canto de un pájaro blanco al cual luego siguen hasta llegar a una casita hecha de pan de jengibre, pastel y azúcar moreno. Hansel y Gretel empezaron a comer pero lo que no sabían era que esta casita era la trampa de una vieja bruja para encerrarlos y luego comérselos. Todas las mañanas la bruja hacía que Hansel sacara el dedo por entre los barrotes del establo para comprobar que había engordado pero este la engañaba sacando un hueso que había recogido del suelo. Un día la bruja decide comerse a Hansel y manda a Gretel a comprobar que el horno estuviese listo para cocinar. La niña se da cuenta de la trampa y logra que la bruja se meta en el horno. Al instante Gretel empuja a la bruja y cierra el horno. Tras la muerte de la bruja los niños toman de la casa perlas y piedras preciosas y parten a reencontrarse con su padre, cuya mujer había muerto. Su vida de miseria por fin había terminado, desde ese día la familia no sufrió más hambre y todos vivieron juntos y felices para siempre.

[100] *Burtos*: bultos. *Bicha*: culebra, serpiente. *Jarta*: harta.

C

CABEZA

Tener la cabeza como un bombo[101].

Tener la cabeza como un pisón[102].

Tener la cabeza como una piedra.

Tener la cabeza más dura que un picador.

Tener la cabeza más grande que el gorro de Pepe Navarro[103].

Tener la cabeza tan grande que si fuera rey tendrían que hacer las monedas con asas.

Tener la cabeza tan grande que si le hacen una boina los curas se tienen que vestir con camisas de flores.

Tener la cabeza tan pequeña que si le hacen agujeros para los pendientes la matan.

Tener más cabeza que el partido de Sigüenza[104].

Tener más cabeza que Naranjito[105] con paperas[106].

Tener más cabeza que un monográfico de gambas a la plancha.

Tener más cabeza que un saco de chinchetas con flemones.

---

[101] Retumbando.

[102] Instrumento pesado y grueso, de forma por lo común de cono truncado, que está provisto de un mango, y sirve para apretar tierra, piedras, etc.

[103] José Navarro Prieto, más conocido como *Pepe Navarro* (Palma del Río, Córdoba, España, 11 de noviembre de 1950) es un periodista español que ha trabajado tanto en radio como en televisión, además de como columnista en la prensa escrita. Alcanzó el pico de su fama como presentador del late show *Esta noche cruzamos el Mississippi* de 1995 a 1997.

[104] El partido judicial nº 3 de Guadalajara o partido judicial de Sigüenza es uno de los tres partidos judiciales (junto con el Partido judicial de Guadalajara y el Partido Judicial de Molina de Aragón) en los que se divide la provincia de Guadalajara, España, y que tiene como cabeza la localidad de Sigüenza. Engloba a setenta y un municipios del norte de la provincia.

[105] *Naranjito* fue la mascota de la Copa Mundial de Fútbol organizada por España en el año 1982. El personaje representaba una naranja, fruto típico de la zona de Valencia y Murcia, vestida con el uniforme de la selección de fútbol de España y con un balón de este deporte bajo el brazo izquierdo.

[106] La parotiditis, más popularmente conocida con el nombre de paperas, es una enfermedad contagiosa que puede ser aguda o crónica, localizado fundamentalmente en una o ambas glándulas parótidas, que son glándulas salivales mayores ubicadas detrás de las ramas ascendentes de la mandíbula. Es causado por un virus, los *Paramyxoviridae*, causando una enfermedad clásicamente de los niños y adolescentes, aunque puede también causar infecciones en adultos sensibles. Por lo general, la enfermedad produce inmunidad de por vida, por lo que puede ser prevenida por la administración de una vacuna, la vacuna triple vírica SPR.

Tener más cabeza que un saco de clavos.

Tener más cabeza que una fábrica de cerillas.

Tener tanta cabeza que para peinarse necesita un rastrillo.

CABEZÓN

Ser tan cabezón que hay que pelarlo con la máquina cortacésped.

CABREADO

Andar más cabreado que un chino.

Estar más cabreado que Moisés[107] cuando bajó de la montaña.

Estar más cabreado que un cartero buscando Barrio Sésamo[108].

Estar más cabreado que un mono loco.

Estar más cabreado que un tiburón con dolor de muelas.

Estar más cabreado que una jirafa con tortícolis[109].

Estar más cabreado que una mona.

---

[107] Moisés es un personaje del judaísmo, el cristianismo, el Islam y la fe bahá'í. La *Torá* narra como Moisés lideró junto a su hermano Aarón la salida de los hebreos de Egipto y recibió la Torá de manos de Dios-Yahvé —tras haberle sido dictada por inspiración divina— en el monte Sinaí. Moisés suele ser representado con las tablas de los Diez mandamientos. Yahvé le dio estos mandamientos directamente a Moisés en el monte Sinaí. Moisés subió al monte a recibir las tablas del pacto, y estuvo ahí 40 días. Yahvé le dio dos tablas de piedra escritas con Su dedo. (Deuteronomio 9:9-10, Éxodo 31:18). Aunque en Éxodo 20, parece como si fuera Yahvé quien le dicta. Estas tablas de la ley recogían los diez mandamientos, unas leyes básicas de obligado cumplimiento para todo el pueblo hebreo. Además de ello, le dio una serie de leyes menores que deberían ser también observadas. Cuando Moisés bajó a notificar a su pueblo, descubrió que en su ausencia habían fundido todo el oro y habían construido un becerro de oro, representación del dios egipcio Apis y le veneraban. Moisés montó en cólera, arrojó a su pueblo las tablas de la ley (que se rompieron) y quemó la estatua de oro. La Torá comprende la historia de la vida de Moisés y de su pueblo hasta su muerte a la edad de 120 años, que según algunos *cálculos* exegéticos tuvo lugar en el año judío de 2488, que equivale a 1272 a. C.

[108] *Barrio Sésamo* era un programa infantil que vio la luz en el año 1979 emitido por la primera cadena de la Radio Televisión Española, TVE 1, en horario de tarde, coincidiendo con la salida del colegio de los niños. Se trataba de un magacín infantil que contenía a su vez las actuaciones de actores españoles disfrazados y de guiñoletistas, que interaccionaban en principio con actores caracterizados. En la dinámica del programa se incluían también los sketches del programa en el que se había basado, el exitoso programa infantil *Sesame Street*, producido por el creador estadounidense de marionetas Jim Henson creado en 1969, en el que se intercalan actuaciones de marionetas de mano con personajes que acabarían por convertirse en todo un referente mundial y animaciones educativas.

[109] La tortícolis es un tipo de distonía (contracciones musculares prolongadas) en que los músculos del cuello, particularmente el músculo esternocleidomastoideo, se contraen involuntariamente y hacen que se incline la cabeza.

CABRÓN
Ser más cabrón que Montoro, que era monte y era toro.

CABRONES
Haber más cabrones que botellines en el mundo.

CADUCADO
Estar más caducado que el huevo de Colón[110].

CAER
Caer como un gorrión[111].
Caer como un guante.
Caer como un jarro de agua fría.
Caer como una bomba.
Caer como una langosta.
Caer como una patada en los cojones.

CALIENTE
Estar más caliente que el cenicero de un paritorio.
Estar más caliente que el farolillo de un club de carretera.
Estar más caliente que el mango de un cazo.
Estar más caliente que el mediodía en el Sahara[112].
Estar más caliente que el palo de churrero.
Estar más caliente que el pico de una plancha.

---

[110] Estando Cristóbal Colón a la mesa con muchos nobles españoles, uno de ellos le dijo: "*Sr. Colón, incluso si vuestra merced no hubiera encontrado las Indias, no nos habría faltado una persona que hubiese emprendido una aventura similar a la suya, aquí, en España que es tierra pródiga en grandes hombres muy entendidos en cosmografía y literatura*". Colón no respondió a estas palabras pero, habiendo solicitado que le trajeran un huevo, lo colocó sobre la mesa y dijo: "*Señores, apuesto con cualquiera de ustedes a que no serán capaces de poner este huevo de pie como yo lo haré, desnudo y sin ayuda ninguna*". Todos lo intentaron sin éxito y cuando el huevo volvió a Colón éste al golpearlo contra la mesa, colocándolo sutilmente lo dejó de pie. Todos los presentes quedaron confundidos y entendieron lo que quería decirles: que después de hecha y vista la hazaña, cualquiera sabe cómo hacerla. "Una vez visto, todo el mundo es listo"

[111] Ver nota 118.

[112] El desierto del Sahara o también conocido cómo Sáhara (formas igualmente válidas, pero con distinta acentuación), es el desierto cálido más grande del mundo, con unos 9.065.000 km² de superficie. Está localizado en el norte de África, separándola en dos zonas: el África mediterránea al norte y el África subsahariana al sur. Limita por el este con el mar Rojo, y por el oeste con el océano Atlántico; en el norte con las montañas Atlas y el mar Mediterráneo. Tiene más de 2,5 millones de años.

34

Estar más caliente que la alpargata un calero[113].
Estar más caliente que la culata del Enterprise[114].
Estar más caliente que las barandillas del infierno.
Estar más caliente que las gallinas.
Estar más caliente que las pistolas de El Coyote[115].
Estar más caliente que los empastes del dragón de San Jorge[116].
Estar más caliente que un recluta.
Estar más caliente que un soldado en Ibiza[117].
Estar más caliente que una china en el baile.
Estar más caliente que una lata de colillas.
Estar más caliente que una piedra puesta al sol.
Ser más caliente que un gorrión[118].

CALLADO

Estar callado como una puta.
Estar más callado que un muerto.

---

[113] Hombre que saca la piedra y la calcina en la calera. Vendedor de cal.

[114] *Enterprise* es el nombre de la nave insignia de la Flota Estelar de la Federación Unida de Planetas de la serie televisiva *Star Trek* (*Viaje a las Estrellas* o *La conquista del espacio*). Ver nota 65.

[115] *El Coyote* es un personaje de ficción creado por el novelista español José Mallorquí Figuerola en 1943, basándose en el personaje de Johnston McCulley El Zorro. Es el personaje de novelas populares (*pulp* en inglés) más popular de España, dando lugar además al tebeo homónimo y adaptaciones cinematográficas y radiofónicas.

[116] Jorge de Capadocia es el nombre de un hipotético soldado romano de Capadocia (en la actual Turquía), mártir y más tarde santo cristiano. Se le atribuye haber nacido el 275 y morir el 23 de abril de 303. Es considerado un pariente de Santa Nina. Su popularidad en la Edad Media le ha llevado a ser uno de los santos más venerados en las diferentes creencias cristianas e incluso —en un fenómeno de sincretismo— en las religiones afroamericanas. La leyenda occidental medieval comienza con un dragón que hace un nido en la fuente que provee de agua a una ciudad. Como consecuencia, los ciudadanos debían apartar diariamente el dragón de la fuente para conseguir agua. Así que ofrecían diariamente un sacrificio humano que se decidía al azar entre los habitantes. Un día resultó seleccionada la princesa local. En algunas historias aparece el rey, su padre, pidiendo por la vida de su hija, pero sin éxito. Cuando estaba a punto de ser devorada por el dragón, aparece Jorge en uno de sus viajes (a menudo a caballo), se enfrenta con el dragón, lo mata y salva a la princesa. Los agradecidos ciudadanos abandonan el paganismo y abrazan el cristianismo.

[117] Ibiza es una isla situada en el mar Mediterráneo y que forma parte de la Comunidad Autónoma de las Islas Baleares. La isla tiene gran fama en todo el mundo por sus fiestas y discotecas, que atraen a numerosos turistas.

[118] Según Aristóteles, de los muchos males que acarrea el abuso de los placeres libidinosos, cita, entre otros, la circunstancia de los que abrevian la vida, y pone por ejemplo a los gorriones, *los cuales*, dice, *no viven más de un año, por efecto de lo lujuriosos que son. Por eso*, añade, *son muy pocos los gorriones que tienen negro el vientre, pues la tal negrura es señal de vejez en ellos.*

Estar más callado que una puta en Semana Santa.

CALOR
Hacer más calor que arreglando estufas.
Hacer más calor que asfaltando el Sahara[119].
Hacer más calor que cazando camellos.
Hacer más calor que en el cumpleaños de Cleopatra[120].
Hacer más calor que en misa.
Hacer más calor que enfoscando una pirámide.
Hacer más calor que quemando rastrojos.
Hacer más calor que robando estufas.
Hacer un calor que se asan las moscas.
Hacer un calor que se torran las moscas.
Hacer tanto calor que sales a la calle con una rebanada de pan y te caen los pájaros fritos.

CALUROSO
Ser más caluroso que una manta zamorana.

CALVO
Estar más calvo que el sobaco de la rana Gustavo[121].
Ser tan calvo que cuando va al cine no le hacen falta las entradas.
Ser más calvo que el Chupa Chups[122] de Kojak[123].

CAMPO
Ser más de campo que la abeja Maya[124].

---

[119] Ver nota 112.

[120] Ver nota 44.

[121] *Kermit the Frog* es un personaje ficticio creado por el titiritero y productor de televisión Jim Henson en 1955. Kermit (identificado con diferentes nombres en algunos países) es el personaje central y presentador del show británico-americano *The Muppet Show*, también cuenta con apariciones frecuentes en *Sesame Street* (Barrio Sésamo). Ver nota 108.

[122] Chupa Chups es una compañía española dedicada a la fabricación y venta de caramelos con palo. Fue fundada por el español Enric Bernat en 1958 en Villamayor (Asturias). La compañía pertenece al grupo italiano Perfetti Van Melle desde 2006.

[123] Serie popular de 1973 de la televisión de Estados Unidos, protagonizada por Telly Savalas como el Teniente Teo Kojak de la Policía de la Ciudad de Nueva York (distrito de Manhattan Sur). Era calvo y solía aparecer en la serie con un Chupa Chups.

Ser más de campo que las amapolas.
Ser más de campo que las bellotas.

CANSADO

Estar más cansado que burro viejo.
Estar más cansado que un camello cargado de muebles.
Estar más cansado que un perro.
Estar más cansado que un rano.

CANTADO

Estar más cantado que la Macarena[125].

CANTAR

Cantar más que Montserrat Caballé[126].
Cantar más que un borracho.
Cantar más que un gitano en una boda.
Cantar peor que el Pato Donald[127] comiendo polvorones.
Cantar peor que un sordo.

CANTE

Dar más el *cante* que un caballito de mar en un hipódromo.

CARA

Tener la cara como el hormigón.

---

[124] *Las aventuras de la abeja Maya* es una serie animada de televisión japonesa producida por Nippon Animation Company en 1975, recrea las aventuras de una abeja llamada Maya, está basada en el libro del escritor alemán Waldemar Bonsels, publicado en 1912.

[125] *Macarena* es una canción del dúo *Los del Río*, sobre una mujer del mismo nombre de vida desenfadada y con una moralidad peculiar. Tuvo mucho éxito entre 1995 y 1997, aunque fue editada en el verano de 1993 en su versión original. Posteriormente, en 1996, Los del Río le encargan la remezcla de esta canción al dúo español de *electropop* Fangoria. Tal remezcla obtuvo tal éxito que éste se prolongó durante años.

[126] María de Montserrat Viviana Concepción Caballé i Folch (Barcelona, España, 12 de abril de 1933) es una cantante lírica española con tesitura de soprano. Es reconocida por su técnica vocal y sus interpretaciones del repertorio verista y belcantista. Es una de las más admiradas cantantes de ópera de la historia.

[127] *Pato Donald* (*Donald Duck* en el original inglés) es un personaje de Disney, caracterizado como un pato antropomórfico de color blanco y con el pico, las piernas y las patas anaranjadas. Generalmente viste una camisa de estilo marinero y un sombrero, sin pantalones, excepto cuando va a nadar. Su forma de hablar es difícil de comprender. Ver nota 192.

Tener la cara como un mapa.

Tener la cara más dura que un saco de cemento.

Tener más cara que culo.

Tener más cara que espalda.

Tener más cara que Nerón[128], que le pillaron encima de una esclava y dijo que se estaba pesando.

Tener más cara que Pedro Macía[129] en un telediario.

Tener más cara que un buey con flemones.

Tener más cara que un buey con paperas[130].

Tener más cara que un camión con muñecas

Tener más cara que un elefante con flemones.

Tener más cara que un elefante con paperas[131].

Tener más cara que un pavo por Navidad.

Tener más cara que un saco de monedas.

Tener más cara que un saco de *perras*[132].

Tener más cara que un saco de sellos.

Tener más cara que una manada de elefantes.

Tener más mala cara que la novia de Drácula[133].

Tener más mala cara que un pollo de Simago[134].

Tener peor cara que Marco[135] el día de la madre.

---

[128] Nerón Claudio César Augusto Germánico (en latín: *Nero Claudius Cæsar Augustus Germanicus*, 15 de diciembre de 37 – 9 de junio de 68), fue emperador del Imperio Romano entre el 13 de octubre de 54 y el 9 de junio de 68, último emperador de la dinastía Julio-Claudia. Nacido del matrimonio entre Cneo Domicio Ahenobarbo y Agripinila, accedió al trono tras la muerte de su tío Claudio, quien anteriormente lo había adoptado y nombrado como sucesor en detrimento de su propio hijo, Británico.

[129] Pedro Macía (Madrid, 19 de febrero de 1944 - Madrid, 14 de abril de 2012) fue un periodista español, director de la primera edición del *Telediario*, y vinculado a TVE desde la primavera de 1963 hasta 1979, fecha de su cese.

[130] Ver nota 106.

[131] Ver nota 106.

[132] Perras: Monedas.

[133] *Drácula* es una novela publicada en 1897 por el irlandés Bram Stoker. La novela de terror ha convertido a su protagonista en el vampiro humano más famoso. Se dice que el escritor se basó en las conversaciones que mantuvo con un erudito húngaro llamado Arminius Vámbéry y que éste fue quién le habló de Vlad Draculea. La novela, escrita a modo epistolar, presenta otros temas como el papel de la mujer en la época victoriana, la sexualidad, la inmigración, el colonialismo o el folklore. Como curiosidad, cabe destacar que Bram Stoker no inventó la leyenda vampírica, pero la influencia de la novela ha logrado llegar al teatro, el cine y la televisión.

[134] Simago son unos almacenes populares de los años 60 a 90 del siglo XX.

CARÁCTER
Tener peor carácter que Stoichkov[136] en ayunas.

CARDENALES
Tener más cardenales que la discoteca del Vaticano[137].

CARGADO
Estar más cargado que la escopeta de Daniel Boone[138].
Estar más cargado que la fiambrera de Pavarotti[139].
Estar más cargado que la furgoneta del Equipo A[140].
Estar más cargado que la pistola de John Wayne[141].
Ir más cargado que Camacho en día de colada.
Ir más cargado que el cartero de Elena Francis[142].

---

[135] *Marco, de los Apeninos a los Andes* es un relato breve de ficción incluido por Edmundo de Amicis en su novela *Corazón*, publicada en 1886. Narra la historia del extenso y complicado viaje de un niño de trece años, Marco, desde Italia hasta Argentina, en busca de su madre, que había emigrado a aquel país sudamericano dos años antes. El relato aporta una cruda visión de la emigración italiana que tuvo lugar durante el siglo XIX, teniendo que dejar el desarrollado norte italiano, por un país del continente americano.

[136] Hristo Stoichkov, (Plovdiv, Bulgaria, 8 de febrero de 1966), es un exfutbolista internacional búlgaro. Jugó en el F.C. Barcelona entre 1990 y 1995. Una vez retirado inició una carrera como entrenador de fútbol.

[137] Ver nota 72.

[138] Daniel Boone (2 de noviembre de 1734 – 26 de septiembre de 1820) fue un pionero y colonizador estadounidense que abrió el camino conocido como *Wilderness Road* y fundó Boonesborough, en Kentucky (también conocido como Boonesboro), uno de los primeros asentamientos de habla inglesa en la región.

[139] Luciano Pavarotti (Módena, 12 de octubre de 1935 - 6 de septiembre de 2007) fue un tenor italiano, uno de los cantantes contemporáneos más famosos, tanto en el mundo de la ópera como en otros múltiples géneros musicales.

[140] *The A-team* (*El equipo A* en España y *Los magníficos* o *Brigada A* en Latinoamérica) es una serie de televisión, protagonizada por George Peppard, Dwight Schultz, Dirk Benedict y Mr.T, que fue emitida por primera vez en la NBC (23 de enero de 1983 - 8 de marzo de 1987). Al inicio de cada capítulo una voz en off narraba su historia: "En 1972 cuatro de los mejores hombres del ejército estadounidense fueron encarcelados por un delito «que no cometieron»: el coronel John *Hannibal* Smith (George Peppard), el sargento Bosco A. M.A. Baracus (Mr.T), el capitán H. M. *Loco Aullador* Murdock (Dwight Schultz) y el teniente Templeton *Face o Faceman* Peck (Dirk Benedict). Ahora, buscados por la policía y el Gobierno estadounidense, los fugitivos se ven obligados a convertirse en mercenarios para poder sobrevivir económicamente".

[141] Marion Robert Morrison, de nombre artístico John Wayne (Winterset, Iowa, Estados Unidos, 26 de mayo de 1907 – Victoria de Durango, Durango, México, 11 de junio de 1979), conocido popularmente como *The Duke* (El Duque), fue un actor estadounidense que comenzó su carrera en el cine mudo en la década de 1920. Fue el símbolo de lo rudo y masculino, y fue un icono.

Ir más cargado que el macuto de Orzowey[143].
Ir más cargado que la bolsa de Sport Billy[144].
Ir más cargado que los burros de Mijas[145].

CARGAR
Cargar una *cachilada*[146].

CARIES
Tener una caries que parece un túnel infinito.
Tener tantas caries que habla con eco.

CARITA
Tener la misma carita que el que mató a Manolete[147].

CARNE
Tener menos carne que el tobillo de un canario/jilguero.
Tener menos carne que un bocadillo de yeso.
Tener menos carne que un lapicero.
Tener menos carne que un libro de bricolage.
Tener menos carne que un litro de vino.
Tener menos carne que un teléfono.
Tener menos carne que un telegrama.

---

[142] *El Consultorio de Elena Francis* fue un programa de radio emitido en España entre los años 1947 y 1984. El objetivo era dar respuesta a múltiples consultas de los oyentes, que realizaban por correo.

[143] *Orzowei* es el título de una novela escrita por Alberto Manzi publicada en el año 1955 y que en la década de 1970 dio origen a una serie televisiva y una película con el mismo título.

[144] Serie de TVE que se estrenó en 1979. La serie trata de un joven estudiante llamado *Sport Billy*, del planeta Olimpo, un planeta gemelo a la Tierra en el lado opuesto del Sol habitado por seres atléticos.

[145] En Mijas, a comienzos de los 60, algunos trabajadores que regresaban a sus casas en burro, eran requeridos por los visitantes para fotografiarse o dar una vuelta. Casi siempre, las propinas superaban a sus salarios. Surgió, así, un oficio más. Hoy, los Burros-Taxis, toda una institución mijeña y uno de sus principales atractivos turísticos, ascienden a 60 y han obligado al Ayuntamiento a construir un aparcamiento especial para ellos.

[146] Riojanismo: Montón. Conjunto amplio de objetos, animales o niños

[147] Manuel Laureano Rodríguez Sánchez, más conocido como *Manolete* (Córdoba; 4 de julio de 1917 - Linares, Jaén; 29 de agosto de 1947), fue uno de los grandes toreros de España en la década de 1940. Su muerte en la plaza de toros de Linares, causada por la profunda cornada que le asestó el miura *Islero* al entrar a matar, lo convirtió en un mito de la España de la posguerra.

Tener menos carne que una alabarda[148].
Tener menos carne que una bicicleta.
Tener menos carne que una cerilla de madera.

CARO

Ser más caro que enmoquetar el Sahara[149].
Ser más caro que la muela de oro de Mazinger Z[150].
Ser más caro que un hijo tonto.

CATÓLICO

Ser más católico que el Papa[151].
Ser más católico que el Rey de España.
Ser más católico que una beata loca.

CELOS

Tener más celos que la madre de Otelo[152].

CELOSO

Ser más celoso que un sarraceno[153].

---

[148] La alabarda es un arma enastada de astil de madera de unos dos metros de longitud y que tiene en su "cabeza de armas" una punta de lanza como peto superior, una cuchilla transversal con forma de hoja de hacha por un lado, y otro peto de punta o de enganchar más pequeño por su opuesto.

[149] Ver nota 112.

[150] *Mazinger Z* es un manga y anime creado por Gō Nagai sobre un epónimo robot gigante que lucha contra las fuerzas malignas de su enemigo, el Dr. Hell (también conocido como Dr. Infierno en algunos países de habla hispana).

[151] Ver nota 5.

[152] *Otelo* (título original en italiano, *Otello*) es una ópera en cuatro actos con música de Giuseppe Verdi y libreto en italiano de Arrigo Boito, a partir de la obra de Shakespeare, *Otelo*. Fue la penúltima ópera de Verdi, y se estrenó en el Teatro alla Scala de Milán, el 5 de febrero de 1887. El personaje principal, Otelo, se presenta piadosamente a pesar de su raza. Esto era poco habitual en la literatura inglesa en tiempos de Shakespeare, que describía a los moros y otros pueblos de piel oscura como villanos. Shakespeare evita cualquier discusión respecto del Islam en la obra.

[153] Sarraceno es uno de los nombres con los que la cristiandad medieval denominaba genéricamente a los árabes o a los musulmanes. Las palabras "Islam" o "musulmán" no se introdujeron en las lenguas europeas hasta el siglo XVII, utilizándose expresiones como "ley de Mahoma", mahometanos, ismaelitas, agarenos, moros, etc.

CEREBRO

Tener menos cerebro que un mosquito.
Tener menos cerebro que un protozoo unicelular.
Tener menos cerebro que una ameba[154].
Tener menos cerebro que una ración de gambas al ajillo.

CERRADO

Estar más cerrado que el coño de una muñeca.
Estar más cerrado que la cueva de Alí Babá[155].

CHAFADO

Estar más chafado que el hombro de un butanero.
Estar más chafado que una rana en una autopista.

CHAPUZA

Ser más chapuza que la ITV[156] de las carabelas de Colón[157].
Ser más chapuza que Pepe Gotera y Otilio[158].

CHIRRIAR

Chirriar más que golondrina en abril.
Chirriar como unos botos nuevos.

CHIVATO

Ser más chivato que el perro de un cortijo.
Ser más chivato que una *manada* de ocas.

---

[154] Ameba (o Amiba) es un protista unicelular del género *Amoeba*. Es un protozoo caracterizado por su forma cambiante, puesto que carece de pared celular, y por su movimiento ameboide a base de pseudópodos, que también usa para capturar alimentos a través del proceso llamado fagocitosis. Las especies de este género viven libres en agua o tierra, mientras que las de otros géneros relacionados parasitan el intestino del hombre o de los animales.

[155] *Alí Babá* es un personaje de ficción descrito en el cuento de aventuras *Alí Babá y los cuarenta ladrones*, perteneciente a *Las mil y una noches*.

[156] La Inspección Técnica de Vehículos, ITV, es un tipo de mantenimiento legal preventivo en que un vehículo es inspeccionado periódicamente por un ente certificador, el cual verifica el cumplimiento de las normas de seguridad y emisiones contaminantes que le sean aplicables.

[157] Ver nota 110.

[158] *Pepe Gotera y Otilio*, cuyo nombre completo es *Pepe Gotera y Otilio, chapuzas a domicilio* es una serie de historietas creada en 1966 por Francisco Ibáñez que muestra las cómicas aventuras de dos obreros chapuceros y desastrosos.

CHULO
Ser más chulo que el mecánico de El Coche Fantástico[159].
Ser más chulo que un obrero en verano.
Ser más chulo que un ocho[160].
Ser más chulo que un perro de agua.
Ser tan chulo que se cortaría la polla porque le toca los cojones.

CHUNGO
Llevarlo más chungo que Garfield[161] en Melmac[162].

CHUPAR
Chupar como ternero huérfano.
Chupar como un oso hormiguero.
Chupar como una esponja.
Chupar más que Drácula[163] con una esponja.
Chupar más que una ventosa.

CHUPADO
Estar más chupado que la pipa de un indio.
Estar más chupado que la punta de un lápiz.

CIEGO
Estar más ciego que un gato de escayola.

---

[159] *Knight Rider* (conocido como *El Coche Fantástico* en España, *El Auto Increíble* en Paraguay y México, y *El Auto Fantástico* en el resto de Latinoamérica) fue una serie de televisión estadounidense de los años 80. En ella el protagonista era el actor David Hasselhoff interpretando a Michael Knight, un defensor de los pobres y desamparados que conduce un coche inteligente llamado KITT (*Knight Industries Two Thousand*).

[160] La castiza frase *más chulo que un ocho*, nació en el madrileño barrio de la ribera del Manzanares, aludiendo a un tranvía número 8 que, a principios del siglo XX, hacía el servicio entre la Puerta del Sol y San Antonio de la Florida y que iba cargado de "chulapos" que lo utilizaban para acudir a la tradicional verbena de San Antonio.

[161] *Garfield* es el nombre de la historieta creada por Jim Davis, que tiene como protagonistas al gato Garfield, al no muy brillante perro Odie, y a su dueño, el inepto Jon Arbuckle (Jon Bonachón en el doblaje latinoamericano). El protagonista se llama así por el abuelo de Davis, James Garfield Davis, que fue bautizado en honor al presidente estadounidense James A. Garfield.

[162] *Melmac* es un planeta ficticio de la serie *ALF* y su universo. Es el planeta natal de Gordon Shumway (ALF). Sus residentes son conocidos como "Melmaquianos". Su alimento preferido son los gatos. Ver nota 643.

[163] Ver nota 133.

Ir más ciego que un murciélago con unas Ray-Ban[164].
Estar más ciego que un topo.

CIFRAS
Tener más cifras que el tío de la tiza[165].

CINTURA
Tener menos cintura que un armario.
Tener menos cintura que un tonel.
Tener una cintura como una avispa.

CLARO
Estar más claro que el agua.
Estar más claro que el caldo de un asilo.
Estar más claro que la luz del mediodía.
Estar más claro que un clarinete.

COBARDE
Ser más cobarde que el que se cagó en las patas.
Ser más cobarde que una liebre.

COBRAR
Cobrar más que el Ministerio de Hacienda.

COJONES
Tener más cojones que boca.
Tener más cojones que dos cuadrillas de tíos.
Tener más cojones que el caballo de El Cid[166].
Tener más cojones que el caballo de Espartero[167].

---

[164] Ray-Ban es una compañía estadounidense manufacturera fabricante de gafas de sol, fundada en 1937 por Bausch & Lomb, usadas por primera vez por el Cuerpo Aéreo del Ejército de los Estados Unidos. En 1999 Bausch & Lomb vendió la marca a la compañía italiana Luxottica.

[165] En Andalucía, en muchos bares, se anotan los importes de las consumiciones sobre la barra con una tiza.

[166] Rodrigo Díaz (¿Vivar del Cid, provincia de Burgos? c. 1048 – Valencia, 1099) fue un caballero castellano que llegó a dominar, al frente de su propia mesnada, el Levante de la península ibérica a finales del siglo XI de forma autónoma respecto de la autoridad de rey alguno. Consiguió conquistar Valencia y estableció en esta ciudad un señorío independiente desde el 17 de junio de 1094 hasta su muerte; su esposa Jimena Díaz lo heredó y mantuvo hasta 1102.

Tener más cojones que el caballo de Santiago[168].
Tener más cojones que El Guerra[169].
Tener más cojones que el Santo Job[170].
Tener más cojones que Leónidas en las Termópilas[171].
Tener más cojones que los trescientos en las Termópilas[172].

---

[167] Joaquín Baldomero Fernández-Espartero Álvarez de Toro (Granátula de Calatrava, Ciudad Real, 27 de febrero de 1793 - Logroño, 8 de enero de 1879) fue un general español, que ostentó los títulos de príncipe de Vergara, duque de la Victoria, duque de Morella, conde de Luchana y vizconde de Banderas, todos ellos en recompensa por su labor en el campo de batalla, en especial en la Primera Guerra Carlista, donde su dirección del ejército isabelino o cristino fue de vital importancia para la victoria final. Además, ejerció el cargo de virrey de Navarra (1836). La expresión hace referencia a una estatua ecuestre del General Baldomero Espartero ubicada en la confluencia de las calles de Alcalá y O'Donnell, frente a la puerta de Hernani que da acceso al Parque del Retiro madrileño. Esta obra, del tarraconense Pablo Gibert Roig, llamó la atención de los madrileños, entre otras cosas, por el enorme tamaño de los testículos del caballo.

[168] ¡Santiago y cierra, España! es una tradición cultural española basada en un grito de guerra y autoafirmación pronunciado por las tropas españolas de la Reconquista, y las españolas del Imperio y de época moderna antes de cada carga ofensiva. La primera vez que se utilizó fue en la batalla de Las Navas de Tolosa, por el rey Alfonso VIII de Castilla, Pedro II de Aragón y Sancho VII de Navarra, y posteriormente fue utilizado en cada ocasión que se enfrentaban tropas españolas cristianas contra musulmanas. El significado de la frase es, por una parte, invocar al apóstol Santiago, patrón de España, y por otro, la orden militar *cierra*, que en términos militares significa trabar combate, embestir o acometer. El vocativo España, al final, hace referencia al destinatario de la frase: las tropas españolas. Una vez acabada la Reconquista, la frase no dejó de utilizarse, especialmente por las brigadas de caballería española, en cuyo himno está incluida la expresión que nos trata, como cierre del mismo.

[169] Rafael Guerra Bejarano más conocido como *Guerrita*, fue un famoso torero español, llamado también el *segundo Califa del Toreo*. Nació en Córdoba el 6 de marzo de 1862 y falleció el 21 de febrero de 1941 en esta misma ciudad. Si se le considera como un gran torero, también es reconocida su particular personalidad, la cual acentuaba con frases coloquiales y populares. Algunas de estas conocidas frases que se le atribuyen son: *ca uno es ca uno* (cada uno es cada uno), *Lo que no pue sé no pue sé y ademá es imposible* (lo que no puede ser, no puede ser y además es imposible) o *Hay gente pa tó* (hay gente para todo).

[170] El santo Job es un personaje bíblico sometido a una opresiva prueba por Satanás con autorización de Dios y cuya dignidad y temple para salvar la adversidad es usado por muchos credos religiosos como un ejemplo de santidad, integridad de espíritu y fortaleza ante las dificultades. Su historia se narra en el Libro de Job en el Antiguo Testamento.

[171] Del latín *Thermopylae, -arum* (pl. tant.), en griego demótico: «Puertas Calientes» A veces, simplemente *Pylae, -arum*. Las Termópilas es un desfiladero de Grecia. Su nombre quiere decir: «fuentes calientes», debido a sus numerosos manantiales naturales de aguas termales. Según el mito, las aguas de las Termópilas se calentaron cuando Heracles se sumergió en ellas mientras moría abrasado. Leónidas I (en griego: *Leónidas*, "hijo de león") (Esparta, hacia el año 540 a. C. – Termópilas, 11 de agosto de 480 a. C.) fue el 17º rey agíada de Esparta. Encontró la muerte en el 480 a. C., durante la Segunda Guerra Médica, en la defensa de las Termópilas, bloqueando el avance del ejército persa de Jerjes I.

[172] Ver nota 171.

Tener más cojones que los toros de mi pueblo.

Tener más cojones que nadie.

Tener más cojones que pelos.

Tener más cojones que Tejero[173] en las Cortes.

Tener más cojones que un toro.

Tener más cojones que una monja misionera.

Tener más cojones que Supermán[174].

Tener más cojones que veinte frailes juntos.

COLA

Tener más cola que una Capilla pública.

COLGADO

Estar más colgado que el abuelo de Heidi[175] fumando marihuana.

Estar más colgado que el lagarto de la Catedral de Sevilla[176].

Estar más colgado que la casa del alcalde de Cuenca.

Estar más colgado que las botas de Puskas.[177]

---

[173] Antonio Tejero Molina (Alhaurín el Grande, Málaga, 30 de abril de 1932) es un ex teniente coronel de la Guardia Civil. Fue uno de los principales cabecillas del golpe de Estado fallido del 23 de febrero de 1981 en España, popularmente conocido como 23-F.

[174] *Supermán* es un personaje ficticio, un superhéroe de cómics que aparece en las publicaciones de *DC Comics*, considerado ampliamente como un icono de los Estados Unidos. Fue creado por el escritor estadounidense Jerry Siegel y el dibujante estadounidense nacido en Canadá Joe Shuster en 1932, cuando ambos se encontraban viviendo en Cleveland, Ohio; lo vendieron a *Detective Comics, Inc.* en 1938 por 130 dólares y la primera aventura del personaje fue publicada en *Action Comics 1* (junio de 1938) para luego aparecer en varios seriales de radio, programas de televisión, películas, tiras periódicas, y videojuegos. Con el éxito de sus aventuras, Supermán ayudó a crear el género del superhéroe y estableció su primacía dentro del cómic estadounidense. La apariencia del personaje es distintiva e icónica: un traje azul, rojo y amarillo, con una capa y un escudo de "S" estilizado en su pecho, escudo que se ha convertido en un símbolo del personaje en todo tipo de medios de comunicación.

[175] Ver nota 91.

[176] Parece ser que el soberano de Egipto, Al-Malec, tenía gran interés en que el rey castellano Alfonso X el Sabio le concediera la mano de su hija, doña Berenguela. De esta manera, Al-Malec envió a Sevilla un lujoso cortejo en 1261 con grandes y exóticos regalos para convencer al rey español. De entre los animales que ese lujoso séquito traía como regalo se incluía un cocodrilo vivo, es decir, un enorme lagarto a los ojos de los españoles, que al poco murió y fue disecado y puesto donde ahora sigue estando su copia en madera, dando nombre a una puerta y una zona de la catedral hispalense.

[177] Ferenc Puskás Biro, (Budapest, 2 de abril de 1927- *id.* 17 de noviembre de 2006) Su verdadero apellido era Purczfeld, de origen alemán (lo cambió por Puskás, *escopetero* en húngaro, tras la Segunda Guerra Mundial). Figura legendaria del fútbol mundial, es considerado uno de los mejores futbolistas de la historia. Apodado *Cañoncito Pum Pum* debido a su infalible disparo de

Estar más colgado que un paquete de patatas fritas.
Estar más colgado que un paraguas.
Estar más colgado que un paraguas en verano.
Estar más colgado que un pino.
Estar más colgado que una araña con un *tripi*[178].
Estar más colgado que una chaqueta en un perchero.
Estar más colgado que una paraguaya.

COLORADO
Estar más colorado que el cañón[179].
Estar más colorado que la nariz de un payaso.
Estar más colorado que un pimiento.
Estar más colorado que un tomate.
Estar más colorado que un salmonete.

COLORES
Tener más colores que el arco iris de un millonario.
Tener más colores que un caleidoscopio[180].

COMER
Comer como un cerdo.
Comer como un cetáceo.
Comer como un cura
Comer como un emperador.
Comer como un general.

---

zurda y a sus goles, fue elegido por FIFA el Máximo goleador del siglo en el 2004 y ocupa el 6º lugar en el ranking del mejor futbolista del siglo publicada por IFFHS en el 2004.

[178] La dietilamida de ácido lisérgico, LSD-25 o simplemente LSD, también llamada *lisérgida* y comúnmente conocida como *ácido*, es una droga semisintética de efectos psicodélicos que se obtiene de la ergolina y de la familia de las triptaminas

[179] El Gran Cañón, también conocido en español como el *Cañón del Colorado*, es una vistosa y escarpada garganta excavada por el Río Colorado en el norte de Arizona, Estados Unidos. El Cañón fue creado por el río Colorado, cuyo cauce socavó el terreno durante millones de años. Tiene unos 446 Km. de longitud, cuenta con cordilleras de entre 6 a 29 Km. de anchura y alcanza profundidades de más de 1.600 m.

[180] Un caleidoscopio (del griego *kalós* bella *éidos* imagen *scopéo* observar) es un tubo que contiene tres espejos, que forman un prisma triangular con su parte reflectante hacia el interior, al extremo de los cuales se encuentran dos láminas traslúcidas entre las cuales hay varios objetos de colores y formas diferentes, cuyas imágenes se ven multiplicadas simétricamente al ir girando el tubo mientras se mira por el extremo opuesto.

Comer como un Heliogábalo[181].
Comer como un lobo.
Comer como un maharajá[182].
Comer como un obispo
Comer como un pachá[183].
Comer como un pajarito.
Comer como un príncipe.
Comer como un regimiento.
Comer como un rey.
Comer como un saco.
Comer como una escofina[184].
Comer como una lija.
Comer como una lima.
Comer más que el Ebro.
Comer más que la orilla de un río.
Comer más que un sabañón[185].
Comer más que una lima sorda.

CÓMODO
Ser más cómodo que la vuelta ciclista a España en taxi.

---

[181] Alude al emperador romano de este nombre, cuya memoria se ha hecho execrable a la posteridad por sus crímenes, excesos y torpezas. Heliogábalo (Emesa, Siria, c. 203 - Roma, 11 de marzo de 222) fue un emperador romano de la dinastía Severa que reinó desde el año 218 hasta el 222. Su nombre de nacimiento era Vario Avito Bassiano, hijo de Julia Soemia Basiana y Sexto Vario Marcelo, y en su juventud sirvió como sacerdote del dios El-Gabal en su ciudad natal, Emesa. Al convertirse en emperador tomó el nombre de Marco Aurelio Antonino Augusto, y sólo fue conocido como *Heliogábalo* mucho tiempo después de su muerte.

[182] Maharajá es un término en varios idiomas de la India, que significa 'gran rey' (de *mahā*: 'grande' y *rāya*: 'rey').

[183] Bajá o pachá (frecuentemente escrito también como pasha) es un título originalmente usado en el Imperio otomano y se aplica a hombres que ostentan algún mando superior en el ejército o en alguna demarcación territorial. Habitualmente equivale a gobernador, general o almirante, según el contexto. También se utiliza como título honorífico, en cuyo caso equivaldría al título inglés *Sir* u otros análogos.

[184] La escofina es una herramienta de carpintería usada para perfilar la madera. Consiste de una punta o espiga, una larga barra de acero o vientre, un talón o base y una lengüeta. Con las escofinas se obtienen rebajes más toscos que con las limas. Son útiles para eliminar con rapidez la madera saliente de las superficies curvas. Existen varios tipos y formas como la semi-circular, la redonda y la plana.

[185] Un sabañón es una inflamación bajo la piel, acompañada de prurito y dolor, producida por el efecto repetido o prolongado del frío o la humedad.

COMPAÑERO
Tener menos compañeros que Indurain[186].
COMPLETO
Estar más completo que Benidorm[187] en verano.

COMPLICACIONES
Tener más complicaciones que hacerle el cambio de sexo a un berberecho.

COMPLICADO
Ser más complicado que el ADN[188].
Ser más complicado que el cuadro de mandos de Star Trek[189].
Ser más complicado que Falcon Crest[190].
Ser más complicado que instalar aire acondicionado en una moto.

COMPROMETIDO
Ser más comprometido que la prueba del algodón en un petrolero.

CONCHAS
Tener más conchas que un galápago.

---

[186] Miguel Indurain Larraya (Villava, Navarra, 16 de julio de 1964) es un ex ciclista español, profesional entre 1985 y 1996. Fue ganador del Tour de Francia durante cinco años consecutivos (de 1991 a 1995) y del Giro de Italia en dos ocasiones consecutivas (1992 y 1993); fue además campeón del mundo contrarreloj (1995), campeón olímpico contrarreloj (1996) y poseedor del récord de la hora (1994) durante dos meses.

[187] Benidorm es una ciudad de la provincia de Alicante, en la Comunidad Valenciana. Está situada en la comarca de la Marina Baja, a orillas del mar Mediterráneo, a 49 kilómetros de Alicante y 140 Km. de Valencia. Se trata de uno de los destinos turísticos más importantes y conocidos de todo el Mediterráneo gracias a sus playas y su vida nocturna.

[188] El ácido desoxirribonucleico, frecuentemente abreviado como ADN (y también DNA, del inglés *deoxyribonucleic acid*), es un tipo de ácido nucleico, una macromolécula que forma parte de todas las células. Contiene la información genética usada en el desarrollo y el funcionamiento de los organismos vivos conocidos y de algunos virus, y es responsable de su transmisión hereditaria.

[189] Ver notas 65 y 114.

[190] *Falcon Crest* es el nombre de una serie de televisión estadounidense de los años 80, obra de la productora Lorimar. En algunos países hispanohablantes fue conocida como *Viñas de odio*. Fue uno de los grandes *soap opera* de la televisión de dicho país de la década de los 80. Narraba las vicisitudes de dos familias de viticultores californianos enfrentados (los Channing, de la finca de Falcon Crest, y los Gioberti) en el inventado Valle de Tuscany, trasunto ficticio del real Valle de Napa, próximo a San Francisco.

Tener más conchas que un peregrino.

CONCISO
Ser más conciso que una radiografía del hombre invisible.

CONEXIONES
Tener más conexiones que la mafia[191].
Tener más conexiones que un transbordador espacial.

CONFIANZA
Dar más confianza que una madre de película de Walt Disney[192].
Dar menos confianza que un abogado.
Dar menos confianza que un banco somalí[193].
Dar menos confianza que un escalador borracho.
Dar menos confianza que un cirujano manco.
Dar menos confianza que un tasador ciego.
Tener más confianza que si fuera de la familia.

CONFUNDIDO
Estar más confundido que un borracho bebiendo champú.
Estar más confundido que un sherpa[194] rodeado de payasos.

---

[191] Mafia es un término utilizado a nivel mundial que se refiere a una clase especial de crimen organizado, extendido, desde su origen en Italia meridional, a cualquier grupo del crimen organizado con similares características independientemente de su origen o lugar de acción.

[192] The Walt Disney Company (también conocida como *Disney Enterprises, Inc.*, simplemente *Disney* o *Grupo Disney S.A.*) es la compañía de medios de comunicación y entretenimiento más grande del mundo. Fundada el 16 de octubre de 1923 por Walt Disney y Roy Disney, con el paso del tiempo se convertiría en uno de los estudios más lucrativos de Hollywood. Es operador y licenciatario de parques temáticos y diversos canales de televisión en abierto y por cable, como ABC, ESPN y los variados canales infantiles marca Disney (Disney Channel, Disney XD, Disney Junior, Disney Cinemagic). Las oficinas corporativas se encuentran concentradas principalmente en The Walt Disney Studios en Burbank, California.

[193] Somalia o Somalía, formalmente conocida como República Somalí, es un país ubicado en el llamado Cuerno de África, al este del continente africano. Al oeste y noroeste limita con Etiopía y Yibuti, al sur con Kenia, al norte con el golfo de Adén, y al este con el océano Índico. Tras una larga guerra civil, el país se encuentra de facto dividido en pequeños estados y facciones independientes, sin un poder que lo gobierne en su totalidad. Es considerada un Estado fallido por diversos medios de comunicación. Su ciudad capital y más poblada es Mogadiscio.

[194] Los sherpa o sherpas son pobladores del Himalaya, que probablemente en los últimos 500 años migraron de la provincia china central Sichuan a la región central y sur del Himalaya. Hoy en día hay aproximadamente 180.000 sherpas. El gentilicio tiene origen en el tibetano *shar*, que significa *Este*, y el sufijo *pa*, que significa *pueblo, gente, hombre*.

CONOCER
Conocer a uno como los dedos de su mano.

CONOCERSE
Conocerse menos que los muñecos del semáforo, que cuando aparece uno desaparece el otro.

CONOCIDO
Ser más conocido que Barceló[195] por la mar.
Ser más conocido que el final de Verano Azul[196].
Ser más conocido que el Pupas.
Ser más conocido que el mecanismo del abrelatas.
Ser más conocido que la era de mi pueblo.
Ser más conocido que la ruda[197].
Ser más conocido que llanto de burro.

CONSERVADO
Estar mejor conservado que una lata de berberechos en almíbar.

---

[195] Ver nota 70.

[196] *Verano azul* es una serie de Televisión Española producida en 1981 y dirigida por Antonio Mercero con música de Carmelo Bernaola. Fue rodada durante 16 meses, entre finales de agosto de 1979 y diciembre de 1980, en la localidad malagueña de Nerja. La emisión original tuvo lugar en la primera cadena de RTVE entre el 11 de octubre de 1981 y el 14 de febrero de 1982. El horario de emisión era desde las 16.05 h en la tarde del domingo. Consta de 19 episodios de aproximadamente una hora de duración cada uno. Fue una serie costosa en tiempo y dinero. Entre escritura del guion, localizaciones, rodaje y montaje tardó aproximadamente tres años en estar lista para ser mostrada al público.

[197] La ruda fue muy importante en la antigüedad. Según el Evangelio de San Lucas 11:42, se usaba en ceremonias y rituales. Los romanos tenían a esta planta en gran estima, y Plinio el Viejo la recomendaba para preservar la vista. En la Edad Media la gente de buena posición no salía a la calle sin llevar en la mano un ramito de ruda para que no se le subieran los piojos de los mendigos; a su vez, los herbolarios de los siglos XVI y XVII la usaban como antídoto contra el veneno de hongos, serpientes y otros animales ponzoñosos, y por su fuerte olor tenía fama de mantener a raya las plagas y las pestilencias. En el siglo XVIII se ponían ramos de ruda en las salas de justicia con el fin de ahuyentar los gérmenes y parásitos de los reos, y durante un tiempo los ramos de ruda se usaban en las iglesias para rociar el agua bendita. La ruda fue llamada *la planta del perdón*, porque decían que quien la toma perdona las traiciones y los malos sentimientos. Popularmente, se usa con otras plantas para prevenir el *mal de ojo* y en las *limpias espirituales*. Asimismo, en algunos lugares todavía se acostumbra bañar a las mujeres con ruda dos o tres días después del parto para quitar los *aires*, fortalecer los músculos y tranquilizarlas.

CONSERVANTES
Tener más conservantes que la momia de Tutankamón[198].
Tener más conservantes que la momia de Lenin[199].

CONSTANTE
Ser más constante que una gotera.

CONTADO
Estar más contado que las uvas de Fin de Año.

CONTENIDO
Estar más contenido que un refresco agitado dentro de una lata.

CONTENTO
Estar más contento que el rey de copas.
Estar más contento que MacGyver[200] de invitado en Bricomanía[201].
Estar más contento que MacGyver[202] en un desguace.
Estar más contento que perro con dos colas.
Estar más contento que un enano en los toboganes.
Estar más contento que un enano en una capea.
Estar más contento que un maricón con lombrices.
Estar más contento que un maricón en un campo de nabos.
Estar más contento que un niño con patines nuevos.
Estar más contento que un niño con zapatos nuevos.

---

[198] Ver nota 58.

[199] Vladimir Ilich Lenin (Simbirsk, Rusia, 10 de abril[jul.] / 22 de abril de 1870[greg.] – Gorki Léninskiye, 21 de enero de 1924), nacido Vladimir Ilich Ulianov y comúnmente conocido como V. I. Lenin, Nikolai Lenin o simplemente Lenin, fue un revolucionario ruso, líder bolchevique, político comunista, principal dirigente de la Revolución de Octubre y primer dirigente de la Unión Soviética. El alias *Lenin* significa «el que pertenece al río Lena». Fue autor de un conjunto teórico y práctico basado en el marxismo para la situación política, económica y social de Rusia de principios del siglo XX conocido como leninismo y posteriormente denominado marxismo-leninismo.

[200] *MacGyver* es una serie de televisión estadounidense cuyo protagonista es el personaje homónimo interpretado por Richard Dean Anderson, un curioso personaje al servicio de la *Fundación Phoenix* que siempre trata de ayudar a los buenos y acabar con los malos sólo usando su inteligencia y su habilidad para hacer cualquier artilugio con lo primero que tiene a mano.

[201] *Bricomanía* es un programa de televisión española dedicado al bricolaje y a la jardinería. También da nombre a su propia revista, página web y a diversos libros.

[202] Ver nota 200.

Estar más contento que un panadero.

Estar más contento que un perro con pulgas.

Estar más contento que un tonto con una tiza[203].

Estar más contento que unas castañuelas.

Estar más contento que unas pascuas.

CONTRADECIRSE

Contradecirse más que los políticos, antes y después de las elecciones.

CONTROLADO

Estar más controlado que un cangrejo en un cubo.

COÑO

Tener el coño como el campo del Valencia.

Tener el coño como la catedral de Logroño.

Tener el coño como la oreja de un burro.

Tener el coño como la oreja de un mulo.

Tener el coño como la puerta del Metro.

Tener el coño como las cataratas del Niágara[204].

Tener el coño como un agujero negro, no escapa ni la luz.

Tener el coño como un almirez[205].

Tener el coño como un bebedero de patos.

Tener el coño como un horno.

Tener un coño como la puerta de mi colegio.

COQUETO

Ser más coqueto que una modelo.

---

[203] Ver nota 446.

[204] Las cataratas del Niágara (en inglés: *Niagara Falls*) son un pequeño grupo de cascadas situadas en el río Niágara en la zona oriental de América del Norte, en la frontera entre los Estados Unidos y Canadá. Situadas a unos 236 metros sobre el nivel del mar, su caída es de aproximadamente 52 metros.

[205] El almirez (del árabe hispánico *al-mirhãs*, instrumento para machacar, y este del árabe clásico mihrãs) es un mortero o utensilio pequeño y portátil, que sirve para machacar y triturar sustancias, utilizado en la cocina para moler en él especias, semillas, ajos u otros ingredientes gastronómicos, consistente en un recipiente en forma de cuenco y un mazo que se coge con una sola mano y a base de golpear la base y los laterales internos del cuenco muele el producto contenido en él.

CORRER

Correr como alma que lleva el diablo.

Correr como si le siguiese un toro.

Correr como un conejo.

Correr como una liebre.

Correr más que Cardona. (Ver nota 546).

Correr más que un descosido.

Correr más que un famoso cuando ve a un paparazzi[206].

Correr más que un galgo.

Correr más que un gitano con alpargatas nuevas.

Correr menos que el caballo del malo.

Correr menos que una tortuga/caracol.

Correr para atrás, como los potros de Gaeta[207].

CORRIDO

Estar corrido como manto sevillano.

Estar más corrido que un novillo embolado.

Estar más corrido que un toro.

Estar más corrido que una mona.

Estar más corrido que una vaquilla de pueblo.

CORTANTE

Ser más cortante que una navaja barbera.

CORTO

Ser más corto que el día de Navidad.

Ser más corto que el rabo de un conejo.

Ser más corto que la picha de un virus.

Ser más corto que la risa de un negro.

Ser más corto que las mangas de un chaleco.

Ser más corto que patada de cerdo.

Ser más corto que un combate de Mike Tyson[208].

---

[206] *Paparazzi* (en plural, o su voz italiana *paparazzo*), es una palabra de origen italiano, que se usa para denominar al que tiene una conducta de fisgón, entrometido y sin escrúpulos mientras ejerce su oficio de fotógrafo.

[207] Según Correas, parece ser que la villa de Belalcázar, en la provincia de Córdoba, se llamó en época de los romanos Gaeta, y que debió su actual nombre a su primer señor, que en la Edad Media levantó un magnífico y fuerte palacio que dominaba aquel terreno. (G. M. Vergara, Op. Cit.)

Ser tan corto que es incapaz de andar y mascar chicle a la vez.

COSTAR
Costar más que el salmón de Alagón[209].
Costar más que un hijo tonto.
Costar más que un político.
Costar más que una obra pública.

CRECER
Crecer más que la leche en el fuego.

CUADROS
Tener más cuadros que la falda de un escocés.

CUARTO
Tener más cuarto que una yegua[210].

CUARTOS
Tener más cuartos[211] que pesa.

---

[208] Michael Gerard *Mike* Tyson es un ex boxeador estadounidense nacido el 30 de junio de 1966. Ganó dos veces el título mundial de los pesos pesados en la década de los 80 y es el boxeador más joven de la historia en conseguir un título mundial de los pesos pesados cuando el 22 de noviembre de 1986 ganó el título de la WBC ante Trevor Berbick, con tan sólo 20 años, 4 meses y 22 días. Más tarde conseguiría unificar todas las coronas ante los campeones James Smith (WBA) y Tony Tucker (IBF) hasta que fue derrotado, después de varias defensas, por James *Buster* Douglas en 1990.

[209] Dícese entre aragoneses, para ponderar el precio exorbitante a que se ha adquirido un objeto, aludiendo a que varios vecinos de Alagón, consiguieron de un arriero, amenazándole con quitarle la vida, que les vendiese una arroba de salmón, a lo que accedió el amenazado, a condición de que se lo habían de pagar al mismo precio que el primero que despachase en Zaragoza. El regidor de esta ciudad tasó el valor del género, y dio al arriero testimonio de habérselo comprado a razón de onza de oro por onza de pescado; con lo cual, tuvieron que pagar aquellos villanos, por arroba de salmón secuestrada, la friolera de 138.240 reales. (G. M. Vergara, Op. Cit.)

[210] El Cuarto de Milla o Quarter Horse es una raza caballo de caballería ligera desarrollada en los Estados Unidos a partir del Purasangre, el Morgan, el Saddlebred americano y otros rocines para ser un caballo de carreras de 402 metros.

[211] Coloquialmente significa dinero. Cuarto era el nombre de una antigua moneda fraccionaria española, de cobre (vellón pobre, es decir, con muy poca adición de plata), con valor de cuatro maravedís. Un real equivalía a ocho cuartos y medio.

CUELLO

Tener menos cuello que un muñeco de nieve.
Tener menos cuello que un toro.
Tener menos cuello que una faja.
Tener menos cuello que una pelota.

CUENTA

Tener más cuentas que una camándula[212].

CUENTO

Tener más cuento que Calleja[213].
Tener más cuento que un futbolista.
Tener más cuento que una/siete/once viejas.

CUERDAS

Tener más cuerdas que un barco pirata.
Tener más cuerdas que un saco de relojes.
Tener más cuerdas que una morcilla de Burgos.

CUERNOS

No tener más cuernos porque no le caben.
Tener más cuernos que el toro de Osborne[214].

---

[212] La corona del rosario (o camándula, como se le conoce en algunos países) está formada por 50 cuentas en grupos de 10 (conocidos como *decenas*), con un grano más grueso entre cada década. Cinco cuentas más forman un colgante que une la cruz a las décadas mediante una medalla. Estas cinco cuentas pudieran simbolizar las Llagas de Cristo y se utilizan para las oraciones adicionales rezadas antes y/o después de los misterios. Se conocen rosarios de 150 cuentas que corresponden con su origen del salterio monacal. Para fabricar las cuentas se utilizaban semillas de caoba o incluso perlas reales, pero en la actualidad se fabrican de materiales artificiales. En el pasado eran comunes los rosarios hechos con huesos de olivo, algunos de los cuales se creía que eran fabricados con los olivos del huerto de Getsemaní. Tradicionalmente se recitaban 15 decenas, número que fue aumentado a 20 con la inclusión en el año 2002 de los *misterios* luminosos. Cada una corresponde a uno de los *misterios* de la Redención.

[213] Saturnino Calleja Fernández (Burgos 1853 - Madrid, 9 de julio de 1915) editor, pedagogo y escritor español, fundador de la Editorial Calleja, autor de libros de educación primaria y de leturas infantiles.

[214] El toro de Osborne es una enorme silueta de toro de lidia, de aproximadamente 14 metros de altura, concebida originalmente como gran valla publicitaria de carretera para promocionar el brandy de Jerez *Veterano* del Grupo Osborne. Las vallas se encuentran repartidas a lo largo de la geografía española, de forma general junto a carreteras y sobre cerros para cortar el horizonte y favorecer de ese modo su visión. Aunque la función inicial era publicitaria, con el paso del tiempo

Tener más cuernos que la comunión de Vickie el vikingo [215].
Tener más cuernos que un saco de caracoles.

CUEROS
Estar más en cueros que un cerrojo.

CULO
Dar más por el culo que un supositorio de repetición.
Dejar el culo como un bebedero de patos.
Ir más de culo que San Patrás.
Tener el culo como un campo de fútbol.
Tener el culo como una mesa camilla.
Tener el culo más bajo que la matrícula de una Vespa[216].
Tener un culo tan grande que si se tira un pedo en una carbonería, viste
   España de luto.
Tener el culo tan grande que si se va a cagar a un campo se caga fuera.

CULTURA
Tener menos cultura que un tapacubos.
Tener menos cultura que una piedra.

CUMPLIDO
Ser más cumplido que un luto.
Ser más cumplido que un pésame.

CURRAR
Currar menos que un funcionario a la hora del café.
Currar menos que una comadrona en un asilo.

---

y el arraigo cultural se ha convertido, además de marca comercial de esta empresa, en un símbolo cultural español.

[215] *Vickie el vikingo* es una serie de animación germano/japonesa realizada en 1974, producida por la compañía japonesa Nippon Animation y emitida en España alrededor del año siguiente, haciéndose bastante popular entre los pequeños y adultos. Muestra entre otras cosas, cómo eran los vikingos (de manera superficial, aunque suficiente para saber sobre su cultura), sus barcos, aldeas, y sobre todo, destacaba la importancia que tiene utilizar la inteligencia antes que la fuerza bruta en cualquier situación.

[216] Ver nota 83.

CURRICULUM
Tener el curriculum[217] más liberal que una drag queen[218].

CURSI
Ser más cursi que la Barbie[219].
Ser más cursi que un cerdo con monóculo.
Ser más cursi que un fideo con lacitos.
Ser más cursi que un perrito *marilín*[220].
Ser más cursi que un repollo con lazos.
Ser más cursi que un Seiscientos[221] con cortinas.
Ser más cursi que una coliflor con un lazo rosa.
Ser más cursi que una mula con minifalda.

CURVAS
Tener más curvas que Despeñaperros[222] antes de que hicieran la autovía.

---

[217] *Currículum vítae*, término de origen latino que en español significa *carrera de la vida*, es por analogía y contraposición a *cursus honorum*, la carrera profesional de los magistrados romanos. Por simplificación se usa el término *currículum*, mientras que en ocasiones se puede encontrar *curriculum vitae et studiorum* (carrera de vida y estudios). Estos términos se refieren al conjunto de experiencias (educacionales, laborales, vivenciales) de una persona. Se aplica comúnmente en la búsqueda de empleo, siendo requisito indispensable su presentación para solicitar empleo en la mayoría de los puestos.

[218] Drag queen o drag-queen es el término utilizado para describir a un hombre que se viste y actúa como una mujer de rasgos exagerados, con una intención cómica, dramática o satírica. Es una forma de transformismo con fines primordialmente actorales o de entretenimiento en espectáculos públicos.

[219] *Barbie* es una muñeca fabricada por la compañía estadounidense Mattel. Fue lanzada al mercado el 9 de marzo de 1959 en la *American International Toy Fair* en Nueva York. Fue creada por Ruth Handler esposa de Elliot Handler, cofundador de la empresa Mattel. El nombre Barbie fue puesto en honor a la hija de Ruth, Bárbara. Su creación se inspiró en una muñeca alemana llamada *Bild Lilli*.

[220] Es una de las razas más controvertidas de perro, las *marilyn*, siempre han sido animales con unos dueños muy especiales y excéntricos, pequeños perros domésticos realizando las funciones de muñecos.

[221] El SEAT 600 (también conocido popularmente como *Seiscientos, Pelotilla, Seílla* o *Seíta*) es un automóvil de turismo del segmento A producido por el fabricante español SEAT entre los años 1957 y 1973. Fue construido bajo licencia de la Fiat sobre el original Fiat 600 diseñado por el italiano Dante Giacosa, que trabajaba para la casa Fiat. El Fiat 600 original fue presentado en el Salón del Automóvil de Ginebra de 1955.

[222] Despeñaperros es un desfiladero excavado por el río Despeñaperros situado en el municipio de Santa Elena, al norte de la provincia de Jaén (España). Se trata de un desfiladero de paredes abruptas, con desniveles de más de 500 m de altura y muy utilizado por el hombre a lo largo de la

Tener más curvas que el circuito de Mónaco[223].
Tener más curvas que el Gil y Gil[224] en traje de neopreno[225].
Tener más curvas que la subida a los lagos de Covadonga[226].
Tener más curvas que un circuito hecho sólo de chicanes.
Tener menos curvas que una pista de aterrizaje.

CUTRE
Ser más cutre que poner la lista de bodas en Simago[227].

historia, al ser paso natural de la Sierra Morena y punto de conexión principal entre Andalucía y la Meseta, Castilla-La Mancha, o lo que es lo mismo, con el resto de España. Así, por Despeñaperros han pasado siempre importantes vías de comunicación tanto por carretera, (la autovía radial A-4), como por ferrocarril. El acceso ferroviario era el más importante a toda Andalucía (a excepción de la línea Mérida–Sevilla) hasta 1992, con la construcción de la línea de alta velocidad Puertollano–Córdoba (90 Km. al oeste).

[223] El Circuito de Mónaco, conocido también como Circuito de Montecarlo, es un circuito de carreras urbano ubicado en el Principado de Mónaco que alberga el Gran Premio de Mónaco de Fórmula 1. Fue fundado en 1920 por Anthony Noghès. Debido a su especial configuración con curvas cerradas y rectas cortas, lo que prima en él es la habilidad de los pilotos frente a la potencia de los motores.

[224] Gregorio Jesús Gil y Gil (El Burgo de Osma, Soria, 12 de marzo de 1933 - Madrid, 14 de mayo de 2004) fue un empresario y político español. Fue presidente y máximo accionista del Club Atlético de Madrid y alcalde de Marbella, Málaga.

[225] *Neopreno* es la marca comercial de DuPont para una familia de cauchos sintéticos basadas en el policloropreno (polímero del cloropreno). El neopreno, conocido originalmente como dupreno (duprene en inglés), fue la primera goma sintética producida a escala industrial. Se usa en gran cantidad de entornos, como trajes húmedos de submarinismo, aislamiento eléctrico y correas para ventiladores de automóviles.

[226] El conjunto de los lagos de Covadonga (llamados *Llagos de Cuadonga* o *Llagos d'Enol* en asturiano) está formado por dos pequeños lagos, el Enol y el Ercina de origen glacial situados en la parte asturiana del *Parque Nacional de los Picos de Europa*, en el macizo occidental de dicha cadena montañosa.

[227] Ver nota 134.

59

D

DAÑO
Hacer más daño que las moscas de San Narciso[228].
Hacer más daño que un buey en un tejado.

DAR
Darse con un canto en los dientes.

DEDOS
Tener unos dedos como berenjenas.
Tener unos dedos como butifarras.
Tener unos dedos como morcillas.
Tener unos dedos como pollas.

DEJAR
Dejar hecho un guiñapo[229].

DELGADO
Estar más delgado que un lenguado.
Estar más delgado que un palillo.
Estar más delgado que una espátula.
Estar tan delgado que parece un suspiro.
Estar tan delgado que parece una radiografía.
Estar tan delgado que si se pone un traje de mil rayas le sobran novecientas noventa y nueve.

---

[228] Frase proverbial que se suele aplicar a aquel o aquello que causa grandes estragos. Su origen es como sigue: Refiérese en la vida de este santo, obispo y mártir, natural y patrono de Gerona, que cuando Felipe III, rey de Francia, declaró la guerra al monarca de Aragón Pedro III y tomó aquella ciudad, en ocasión de estar robando los soldados enemigos el sepulcro del santo, salió de este lugar un número tan considerable de moscas y tábanos de color azul y verde con listas rojas, que embistiendo a los jinetes y caballos del rey francés los envenenó de tal suerte, que murieron a los pocos instantes cuantos habían sido picados. Semejante estrago puso en precipitada fuga a los enemigos que quedaron ilesos, los cuales apenas compondrían un tercio del ejército derrotado, según consta en el libro intitulado *Crónica de los reyes de Aragón*, que se conserva en el archivo de Barcelona. Este suceso se consigna allí que tuvo lugar en el mes de septiembre de 1286. (J. M. Sbarbi, Op. Cit.)

[229] Andrajo (pedazo o jirón de tela). Persona que anda con vestido roto y andrajoso. Persona envilecida, degradada. Persona moralmente abatida, o muy débil y enfermiza.

DELICADO
Ser más delicado que la cebada.
Ser más delicado que el pellejo de una mierda.
Ser más delicado que un pastelito.

DEPRIMIDO
Estar más deprimido que un alpinista en el desierto.
Estar más deprimido que un pesimista en un funeral.

DERECHAS
Ser más de derechas que San Ignacio[230].

DERECHO
Estar más derecho que una vela.
Ir más derecho que un palo.
Ir más derecho que una vela
Ser más derecho que un huso[231].
Ser más derecho que una lanza.

DESAFINAR
Desafinar más que Caminero[232] cantando las natillas.

DESAGRADABLE
Ser más desagradable que el cepillo de dientes de Drácula[233].
Ser más desagradable que el escaparate de una ortopedia.
Ser más desagradable que Frankenstein[234] comiendo alitas de pollo.

---

[230] Ignacio de Loyola (Azpeitia, 24 de octubre de 1491 – Roma, 31 de julio de 1556) fue un religioso español, fundador de la Compañía de Jesús. Declarado Santo por la Iglesia Católica, fue también militar español, poeta, y se convirtió en el primer general de la orden.

[231] Un huso es un objeto que sirve para hilar fibras textiles. En su forma más simple es un trozo de madera largo y redondeado, que se aguza en sus extremos y que en uno de ellos, normalmente el inferior, lleva una pieza redonda de contrapeso y tope, llamada malacate, nuez, tortera o volante.

[232] José Luis Pérez Caminero (8 de noviembre de 1967 en Madrid), más conocido como *Caminero*, es un ex futbolista español. En los 90 hizo un anuncio de natillas en donde cantaba la canción del mismo.

[233] Ver nota 133.

[234] *Frankenstein* (título completo: *Frankenstein o el moderno Prometeo*) es una obra literaria de la escritora inglesa Mary Wollstonecraft Shelley. Publicado en 1818 y enmarcado en la tradición de la novela gótica, el texto explora temas tales como la moral científica, la creación y destrucción de

Ser más desagradable que la niña de El Exorcista[235].
Ser más desagradable que una infusión de salfumán[236].

DESAGRADECIDO
Ser más desagradecido que la tierra de guijo[237].

DESAPARECER
Desaparecer como por ensalmo[238].

DESAPERCIBIDO
Pasar más desapercibido que Agatha Ruiz de la Prada[239] en carnaval.

DESCANSAR
Descansar más que un icono sobre un difunto.
Descansar menos que Bruce Willis[240] en La Jungla de Cristal[241].

---

vida y la audacia de la humanidad en su relación con Dios. De ahí, el subtítulo de la obra: el protagonista intenta rivalizar en poder con Dios, como una suerte de Prometeo moderno que arrebata el fuego sagrado de la vida a la divinidad. Es considerado como el primer texto del género Ciencia Ficción.

[235] *The Exorcist* (titulada *El Exorcista* en español) es una película de terror norteamericana de 1973 dirigida por el realizador William Friedkin, sobre un guión escrito por William Peter Blatty basado en la novela homónima del propio Blatty, publicada en 1972, y que solo en Estados Unidos llegó a vender cerca de trece millones de ejemplares. La cinta relata los fatídicos hechos de la posesión diabólica de Regan MacNeil, una niña de doce años, y todos los exorcismos a los que más tarde fue sometida.

[236] El ácido clorhídrico, ácido muriático, espíritu de sal, ácido marino, ácido de sal o todavía ocasionalmente llamado, ácido hidroclórico (por su extracción a partir de sal marina en América), agua fuerte o salfumán (en España), es una disolución acuosa del gas cloruro de hidrógeno (HCl). Es muy corrosivo y ácido.

[237] Se dice del que no agradece los favores que recibe, comparándole con el terreno donde abundan los guijarros, que por mucho que se le abone, es casi improductivo. (J. M. Sbarbi, Op. Cit.)

[238] Modo supersticioso de curar con palabras mágicas y aplicación empírica de medicinas. Hacer una cosa como por ensalmo, hacerla con mucha prontitud y por arte de magia.

[239] Agatha Ruiz de la Prada y Sentmenat (Madrid; 1960), XII marquesa de Castelldosríus, XXIX baronesa de Santa Pau y Grande de España, es una aristócrata, empresaria, diseñadora de modas y activista española.

[240] Walter Bruce Willis (Idar-Oberstein, Alemania, 19 de marzo de 1955), más conocido como Bruce Willis, es un actor y productor estadounidense, cuya trayectoria comenzó en la industria televisiva durante los años 1980, y desde entonces ha aparecido en películas donde interpreta roles cómicos, dramáticos y de acción.

DESGRACIADO

Ser lo más desgraciado que ha podido poner Dios en este mundo.

Ser más desgraciado que el Postigo de San Rafael, que todos se cagan en él[242].

Ser más desgraciado que el Pupas, que cayó de espaldas y se rompió la picha/las narices/la polla.

Ser más desgraciado que Marco[243].

Ser más desgraciado que puta por rastrojo.

Ser más desgraciado que un caballo de plaza de toros.

Ser más desgraciado que un pájaro con vértigo.

Ser tan desgraciado que hace llorar a las cebollas.

Ser tan desgraciado que si pone un circo le crecen los enanos.

DESNUDO/S

Estar tan desnudo como cuando le parió su madre.

Tener más desnudos que las películas de Russ Meyer[244].

DESORDENADO

Estar más desordenado que los juguetes de la niña de El Exorcista[245].

DESORIENTADO

Estar más desorientado que una brújula en una lavadora.

---

[241] *Die Hard* (titulada *La Jungla de Cristal* en España) es la primera entrega de una serie de películas con el mismo nombre, protagonizada por Bruce Willis. John McClane (Bruce Willis) es un policía de Nueva York que visita a su esposa en Los Ángeles. Ella se encuentra en un fiesta navideña de su empresa con numerosos invitados, y McClane va a verla allí. Mientras él se está cambiando de ropa, llega al edificio un grupo de terroristas que toman a los invitados como rehenes. McClane es la única persona cuya presencia los terroristas desconocen. Comienza una lucha a muerte entre los terroristas y el solitario policía. Ver nota 240.

[242] Esta frase era muy usada en Córdoba, en cuya ciudad se halla el citado Postigo. (G. M. Vergara, Op. Cit.)

[243] Ver nota 135.

[244] Russell Albion *Russ* Meyer (San Leandro, California, 21 de marzo de 1922 – Los Ángeles, 18 de septiembre de 2004), fue un camarógrafo, fotógrafo, guionista y director de cine estadounidense. Es principalmente conocido por escribir y dirigir una serie de exitosas películas de bajo presupuesto de tipo porno *softcore* o *sexploitation*, con una carga de humor y estética *Camp*, soslayada sátira y actrices de bustos generosos.

[245] Ver nota 235.

DESPACIO
Ir más despacio que las muñecas de Famosa[246].

DESPEINARSE
Despeinarse menos que Cindy Crawford[247] en un vídeo de aerobic.

DESPERDICIO
Tener menos desperdicio que una ración de calamares.
Tener menos desperdicio que una ración de gominolas.

DESPIERTO
Estar más despierto que el hijo de Freddy Krueger[248].
Estar más despierto que un sacerdote en domingo.
Estar más despierto y alerta que un gato cuando trae avistado un ratón.

DESPISTADO
Estar más despistado que Adán[249] el día de la madre.
Estar más despistado que un cerdo en misa de doce.
Estar más despistado que un chivo en un garaje.
Estar más despistado que un ciego en un cineclub.
Estar más despistado que un ciego/cojo en una discoteca.
Estar más despistado que un negro en el Polo Norte.
Estar más despistado que un perro en misa.

---

[246] FAMOSA es el acrónimo de Fábricas Agrupadas de Muñecas de Onil Sociedad Anónima. Es una empresa valenciana de juguetería ubicada en el pueblo de Onil (Provincia de Alicante, Comunidad Valenciana, España).

[247] Cynthia Ann *Cindy* Crawford es una *supermodelo* estadounidense nacida el 20 de febrero de 1966 en la localidad de DeKalb en el estado de Illinois.

[248] Frederick Charles Krueger, o simplemente *Fred* o *Freddy Krueger*, es el personaje principal de la saga de películas de terror *A Nightmare on Elm Street*, título original en Estados Unidos (*Pesadilla en Elm Street* en España, *Pesadilla en la calle del Infierno* en México, *Pesadilla en la calle Elm* en Hispanoamérica y *Pesadilla en lo profundo de la noche* en Argentina). Fue creado por Wes Craven y ha sido interpretado por Robert Englund en todas las películas hasta el 2003, así como en una serie de televisión; y por Jackie Earle Haley en la película de 2010.

[249] Adán: (en hebreo: *hombre, rojizo, rojo-rojito, sangre*) En las escrituras judías, cristianas y musulmanas, Adán fue el primer hombre creado por Dios sobre la Tierra; según las dos primeras, hecho de barro, sobre el cual insufló el aliento de la vida. Al igual que estos, en las creencias islámicas Dios también lo hizo de barro y le insufló su espíritu, y el Corán lo nombra cronológicamente primero de los Profetas. La Fe Bahá'í considera a Adán como el primer *Mensajero de Dios*, conocido de la Antigüedad, y el que comenzó el ciclo religioso de la profecía, posteriormente concluido por Mahoma, el *Sello de los profetas*.

Estar más despistado que un pulpo en un garaje.

DESPLEGAR
Desplegarse como un abanico.
Desplegarse como un acordeón.

DETALLE
Tener menos detalle que un SEAT Panda[250].

DEUDAS
Tener unas deudas como niños, que cuanto más pequeños, más chillan.

DÍAS
Haber más días que longanizas.
Haber más días que ollas.

DIENTES
Tener más dientes que la caja de cambios de un tanque.
Tener más dientes que un camión de ajos.
Tener más dientes que una carrera de caballos.
Tener más dientes que una feria de mulas.

DIFÍCIL
Ser más difícil de entender que la Declaración de la Renta[251].
Ser más difícil que arrancar un pedo a un asno muerto.
Ser más difícil que cagar a pulso.
Ser más difícil que cagar de pie.
Ser más difícil que cagar para arriba.
Ser más difícil que dar por el culo a un caballo a galope.
Ser más difícil que doblar el culo.
Ser más difícil que encontrar a Wally[252] en una reunión del Frente Atlético[253].

---

[250] El SEAT Panda es un automóvil utilitario (segmento A) diseñado por Giorgetto Giugiaro, y producido bajo licencia Fiat por el fabricante de automóviles SEAT, quien introdujo ligeras modificaciones respecto al Fiat Panda original en alguna de las variantes del modelo, y diseñó una versión furgoneta, la SEAT Trans (que más tarde sería renombrada como SEAT Terra).

[251] Ver nota 261.

[252] *¿Dónde está Wally?* (*Where's Wally?*) es una serie de libros creada por el británico Martin Handford en 1987. Sin embargo, no se trata de libros de lectura, sino de un juego, consistente en

Ser más difícil que encontrar leche de gallina.

Ser más difícil que encontrar una aguja en un pajar.

Ser más difícil que extraer aceite de un ladrillo.

Ser más difícil que hacer la permanente a un calvo.

Ser más difícil que hacer un fuera de juego en un futbolín[254].

Ser más difícil que la cara de El Fary[255].

Ser más difícil que pasar un camello por el ojo de una aguja.

Ser más difícil que pisársela meando.

Ser más difícil que quitarle la pelota a Oliver y Benji[256].

Ser más difícil que ver a un repartidor de Telepizza[257] en un semáforo.

Tenerlo más difícil que Paco Lobatón[258] buscando al Equipo A[259].

---

encontrar a Wally en una imagen con decenas de detalles que despistan al lector. Para facilitar su labor, Wally siempre va vestido del mismo modo: jersey de rayas horizontales rojo y blanco, gafas, pantalón vaquero y un gorro de lana, también de rayas. Además, suele llevar complementos como cámaras de fotos, enseres de camping o libros, su bastón, que acaba perdiendo, por lo que también deben ser buscados por el jugador.

[253] El Frente Atlético es el grupo ultra del club de fútbol Atlético de Madrid, fundado en 1982.

[254] El futbolín, futbol de mesa, metegol, futbolo, futbolito, fuchín, futío, o taca-taca es un juego de mesa basado en el fútbol. Se juega sobre una mesa especial sobre la cual ejes transversales con palancas con forma de jugador son girados por los jugadores para golpear una pelota. Existen dos tipos y sus orígenes son: *Futbolín de 2 piernas:* El futbolín con las piernas separadas lo inventó un gallego, conocido gracias a la leyenda difundida por el mismo creador: Alexandre de Fisterra, quien dijo ser herido durante uno de los bombardeos de Madrid durante la Guerra Civil Española. Viendo a muchos niños heridos como él en el hospital (por ejemplo, incapaces de poder jugar al fútbol), pensó en la idea, inspirándose en el tenis de mesa. Aunque la invención fue patentada en 1937, Fisterra tuvo que exiliarse a Francia a causa del triunfo franquista en la guerra, perdiendo los papeles de la patente en una tormenta, con lo cual no hay forma de saber cómo era este diseño original ni su forma o medidas. *Futbolín de 1 pierna:* Este Futbolín fue inventado en algún lugar de Francia o Alemania en 1890, anterior al español, que según se indica fue en 1937. En Suiza la primera patente fue en 1933, al igual que en EE. UU.; en Inglaterra fue en 1913. Este futbolín se introdujo en España por Madrid, y evolucionó al futbolín de madera de una pierna, característico de esta ciudad.

[255] José Luis Cantero Rada, más conocido por su nombre artístico *El Fary* (Madrid, 20 de agosto de 1937 - Madrid, 19 de junio de 2007), fue un famoso cantante de copla y pop español.

[256] *Captain Tsubasa* es un manga y una serie de *anime* conocida en el mundo hispanohablante como *Oliver y Benji* y *Los Súper Campeones* que, teniendo como tema central el fútbol, narra las aventuras de Tsubasa Ozora (Oliver Atom en el *anime* en español) y sus amigos desde la infancia hasta que son profesionales y llegan a formar parte de la selección nacional de Japón.

[257] Telepizza es una cadena multinacional de origen español de pizzerías con presencia en varios países.

[258] Francisco de Asís Lobatón Sánchez de Medina, más conocido como Paco Lobatón (Jerez de la Frontera, Cádiz, 6 de diciembre de 1951) es un periodista español. *Quién sabe dónde* fue un programa de telerrealidad presentado por Paco Lobatón y emitido por Televisión Española entre 1992 y 1998, cuya finalidad era encontrar personas desaparecidas.

DINERO

Tener más dinero que el Banco de España.
Tener más dinero que el Marqués de Domecq[260].
Tener más dinero que pesa.
Tener más dinero que un torero.
Tener menos dinero que el que se va a bañar.
Tener menos dinero que un bañista.

DIPLOMÁTICO

Ser menos diplomático que el portero de una discoteca.
Ser menos diplomático que una ametralladora.

DISFRUTAR

Disfrutar como un burro.
Disfrutar más que un cerdo en un lodazal.
Disfrutar más que un masoquista rellenando el IRPF[261].
Disfrutar más que un maricón con lombrices.
Disfrutar más que un maricón en un campo de nabos.
Disfrutar más que una cabra en un campo de berzas.

DISPARAR

Disparar más que Lucky Luke[262].
Disparar más que los personajes de Marcial Lafuente[263].

---

[259] Ver nota 140.

[260] El Marquesado de Casa Domecq es un título nobiliario *pontificio* creado por el papa Pío X, a favor de Pedro de Domecq Núñez de Villavicencio, bodeguero y filántropo jerezano.

[261] El Impuesto sobre la Renta de las Personas Físicas o IRPF, es un impuesto personal, progresivo y directo que grava la renta obtenida en un año natural por las personas físicas residentes en España. Así pues, es una figura impositiva perteneciente al sistema tributario español.

[262] *Lucky Luke* es una serie de historietas franco-belga, parte parodia y parte tributo al mítico lejano oeste, protagonizada por el vaquero homónimo. Creada por el dibujante belga Morris para el *Almanach 47* de *Spirou* en 1946, contó con múltiples guionistas, entre los que se cuenta René Goscinny. Después de *Tintín* y de *Astérix*, Lucky Luke es el cómic más popular de Europa continental.

[263] Marcial Antonio Lafuente Estefanía (Toledo, 1903 - Madrid, 7 de agosto de 1984), escritor español, autor de populares novelas del Oeste.

DIVERTIDO

Ser más divertido que arrancarle los pedos a un bebé saltándole encima.
Ser más divertido que jugar al escondite con Stevie Wonder[264].

DIVERTIRSE

Divertirse como un enano.
Divertirse como un camello.

DOLER

Doler más que un dolor de muelas.
Doler más que un pellizco de monja.
Doler más que una patada en los huevos.
Doler más que saltar sobre una bicicleta sin sillín.

DORMIR

Dormir como un leño.
Dormir como un lirón.
Dormir como un tronco.
Dormir como una marmota.

DORMIDO

Estar más dormido que un leño.

DOTADO

Estar más dotado que el Premio Planeta[265].

---

[264] Stevland Hardaway Judkins (nacido el 13 de mayo de 1950) es un cantante, compositor, productor discográfico, músico, activista social estadounidense afroamericano y ciego. Wonder ha grabado más de 30 éxitos de ventas, ha recibido 24 premios Grammy (un récord para un artista vivo), entre ellos uno por logros en su vida, y ha sido incluido en el Salón de la Fama del Rock and Roll de los compositores famosos.

[265] El Premio Planeta de novela es un premio literario comercial (los concedidos por editoriales) que se concede en Barcelona (España) desde 1952 a la mejor obra inédita elegida por Editorial Planeta (perteneciente al Grupo Planeta). Fue creado por José Manuel Lara Hernández. No debe confundirse este premio con las versiones que dan las filiales de la editorial en algunos países hispanoamericanos, como, por ejemplo, el Premio Planeta Argentina. Es el segundo premio literario mejor dotado del mundo después del Premio Nobel de Literatura, con 601.000 € para el ganador y 150.250 € para el finalista. Se falla cada 15 de octubre, festividad de Santa Teresa (onomástica de la esposa del fundador, María Teresa Bosch).

DOTE
Tener mejor dote que la hija de Onasis[266].

DRIBBLING[267]
Tener menos *dribbling* que el Taj-Mahal[268].

DUDAR
Dudar más que un disco de Los Panchos[269].

DULCE
Ser más dulce que un Chupa Chups[270] untado de merengue.
Ser más dulce que la miel de la Alcarria[271].

DURAR
Durar más que las obras de El Escorial[272].

---

[266] Aristóteles Sócrates Onasis (Esmirna, 15 de enero de 1906 – Neuilly-sur-Seine, 15 de marzo de 1975) fue el magnate griego más famoso de la industria naviera del siglo XX y el hombre más rico del mundo en su época, tanto es así, que se decía que *de vender todos sus activos, Wall Street temblaría*.

[267] *Dribbling.* Regate.

[268] El Taj Mahal; pronunciado tazh majál, es un complejo de edificios construido entre 1631 y 1654 en la ciudad de Agra, estado de Uttar Pradesh, India, a orillas del Yamuna, por el emperador musulmán Shah Jahan de la dinastía mogol. El imponente conjunto se erigió en honor de su esposa favorita, Arjumand Bano Begum, más conocida como Mumtaz Mahal, quien murió dando a luz a su 14ª hija, y se estima que la construcción necesitó el esfuerzo de unos 20.000 obreros.

[269] *Los Panchos* (conocidos además como *Trío Los Panchos*) es el nombre de un afamado trío musical internacional formado en la década de 1940. Los boleros fueron la principal producción musical del grupo.

[270] Ver nota 122.

[271] La Alcarria es una comarca natural española situada en la Submeseta Sur, que comprende la mayor parte del centro y sur de la provincia de Guadalajara, el noroeste de la provincia de Cuenca (ambas en Castilla-La Mancha) y el sureste de la Comunidad de Madrid. La miel de la Alcarria es la primera denominación de origen apícola constituida en España.

[272] El Real Sitio de San Lorenzo de El Escorial, conocido comúnmente como el *Monasterio de El Escorial*, es un complejo de palacio, basílica y monasterio. El palacio fue residencia de la Familia Real Española, la basílica es lugar de sepultura de los reyes de España y el monasterio, fundado por monjes jerónimos, está ocupado actualmente por frailes de la Orden de San Agustín. Es una de las más singulares arquitecturas renacentistas de España y de Europa. Situado en San Lorenzo de El Escorial (Comunidad de Madrid), ocupa una superficie de 33.327 m², sobre la ladera meridional del monte Abantos, a 1.028 m de altitud, en la Sierra de Guadarrama. Está gestionado por Patrimonio Nacional. Fue ideado en la segunda mitad del siglo XVI por el rey Felipe II y su arquitecto Juan Bautista de Toledo, aunque posteriormente intervinieron Juan de Herrera, Juan de Mijares, Giovanni Battista Castello *El Bergamasco* y Francisco de Mora. El rey concibió un gran complejo multifuncional, monacal y palaciego que, plasmado por Juan Bautista de Toledo según el

Durar más que las estrellas.

Durar más que un martillo en manteca.

Durar más que un traje de pana.

Durar menos que un Bollycao[273] a la puerta de un colegio.

Durar menos que un caramelo a la puerta de un colegio.

Durar menos que un polvo en el AVE[274].

Durar menos que un suspiro.

Durar menos que una saliva en una plancha.

DURO

Estar más duro que el rabo de un novio.

Estar más duro que el turrón de la Feria[275].

Estar más duro que la pata de Perico.

Ser duro como acero de barco.

Ser más duro que el caparazón de las Tortugas Ninja[276].

Ser más duro que el sujetador de la Dama de Elche[277].

---

paradigma de la Traza Universal, dio origen al estilo herreriano. Fue considerado, desde finales del siglo XVI, la Octava Maravilla del Mundo, tanto por su tamaño y complejidad funcional como por su enorme valor simbólico. Su arquitectura marcó el paso del plateresco renacentista al clasicismo desornamentado. Obra ingente, de gran monumentalidad, no sólo es un edificio de perfecta traza, sino también un enorme receptáculo de las demás artes.

[273] Producto de bollería del Grupo Panrico, también conocido como Panrico Donuts, es un grupo de alimentación español fundado en 1962, que se dedica a la elaboración y distribución de pan de molde y bollería industrial.

[274] AVE (*Alta Velocidad Española*) es la marca comercial utilizada por la compañía ferroviaria española Renfe Operadora para sus trenes de alta velocidad de mayor gama. Son trenes que circulan a una velocidad máxima de 310 Km./h, por líneas de ancho internacional (1.435 mm) electrificadas a 25 kV 50 Hz en recorridos de larga distancia.

[275] En la Feria de Sevilla se consumía el turrón duro sobrante de Navidad.

[276] *Las Tortugas Ninja* o formalmente las *Tortugas Ninja Mutantes Adolescentes* (TNMA) y en algunos países de Latinoamérica *Tortugas Ninja Adolescentes Mutantes* o *Ninja Tortugas Adolescentes Mutantes* son un grupo ficticio de cuatro hermanos tortugas antropomorfos, que, como uno puede deducir del nombre, son también adolescentes, mutantes y ninjas. Cada una de las tortugas está nombrada en honor de artistas famosos del Renacimiento italiano: *Leonardo* (de Leonardo da Vinci), *Raphael* (Rafael Sanzio), *Michelangelo* (Miguel Ángel), *Donatello* (Donatello) incluso su maestro, *Splinter* o *Maestro Astilla*, lleva el apodo de un importante pintor del Quattrocento, (Giovanni di Ser Giovanni, llamado *Scheggia*, es decir *el Astilla*).

[277] La Dama de Elche es un busto íbero tallado en piedra caliza que se data entre los siglos V y IV a. C. Mide 56 cm de altura y tiene en su espalda una cavidad casi esférica de 18 cm de diámetro y 16 de profundidad, que posiblemente servía, para introducir reliquias, objetos sagrados o cenizas como ofrendas al difunto. Otras muchas figuras ibéricas de carácter religioso, halladas en otros lugares, tienen también en su espalda un hueco y, como la Dama, sus hombros se muestran ligeramente curvados hacia delante.

Ser más duro que un diamante.
Ser más duro que un coco helado.
Ser más duro que una paella de tuercas.
Ser tan duro que para secarse la polla la golpeaba en el retrete.

E

EJEMPLOS
Haber más ejemplos que días de fiesta hay en España.

ELEGANTE
Ser más elegante que los guantes de Gilda[278].

EMBUSTERO
Ser más embustero que el discurso de un político.
Ser más embustero que un sacamuelas.

EMOCIÓN
Haber más emoción que en Las Ventas[279].

EMOCIONANTE
Ser más emocionante que la llegada a la luna del hombre en un Seiscientos[280].

EMPACHADO
Estar más empachado que gallina con dos pollos.

---

[278] Margarita Carmen Cansino (Nueva York, 17 de octubre de 1918 — Nueva York, 14 de mayo de 1987), mejor conocida por su nombre artístico de Rita Hayworth, fue una de las actrices más emblemáticas de la época dorada del cine estadounidense. Además de ser símbolo sexual indiscutible de la década de 1940, es considerada como una de las grandes estrellas del Séptimo Arte. Su fama como mito erótico se consolidó con *Gilda* (1946), de Charles Vidor, una de las grandes películas del cine negro, en la que con una sugerente interpretación musical (*Put the blame on mame)*, y la recepción de una bofetada consiguió récords de taquilla en todo el mundo. Dicha bofetada se convertiría en la más famosa de la historia del cine estadounidense, y fue propinada por su pareja en el film, Glenn Ford, en respuesta a la que Hayworth le había dado momentos antes. La película fue un escándalo, y en países como España fue considerada *gravemente peligrosa* por la Iglesia Católica, debido a la famosa escena musical donde se quita un guante.

[279] La Plaza de Toros de Las Ventas es la mayor plaza de toros de España y la tercera con más aforo del mundo tras las de México y Valencia (Venezuela), no obstante es la segunda más grande en cuanto al diámetro de su ruedo tras la plaza de Ronda. Está situada en Madrid, en el barrio de La Guindalera en el distrito de Salamanca, y suele estar considerada por profesionales, aficionados y críticos como la más importante del mundo.

[280] Ver nota 221.

EMPINADO
Estar más empinado que la cuesta del bingo[281].

EMPLEOS
Tener más empleos que las obras completas del Segunda Mano[282].

EMPUJAR
Empujar menos que la secretaria de Loyola del Palacio[283].

ENAMORADO
Estar enamorado como un borrico/burro.
Estar más enamorado que Macías.
Estar más enamorado que un cadete.
Estar más enamorado que un portugués.

ENCANTO
Tener más encanto que la flauta de El Flautista de Hamelín[284].

---

[281] El bingo es un juego de azar bastante antiguo. Consiste en un bombo con un número determinado de bolas numeradas en su interior. Los jugadores juegan con cartones con números aleatorios escritos en ellos, dentro del rango correspondiente. Un locutor o *cantor* va sacando bolas del bombo, cantando los números en voz alta. Si un jugador tiene dicho número en su cartón lo tacha, y el juego continua así hasta que alguien consigue marcar todos los números de su cartón. Existen varias teorías sobre cuando se empezó a jugar bingo, pero la mayoría de ellas lo datan del siglo XVI. Se trata de un juego muy popular en todo el mundo del que existen dos variedades típicas, que son el bingo de 90 bolas y el bingo de 75 bolas. Fue muy popular en los años 70 y 80 en España, cuando se permitía fumar en los locales.

[282] *Segunda Mano* es una publicación de anuncios por palabras en la que se incluye una amplia sección de empleo.

[283] Ignacia de Loyola de Palacio y del Valle Lersundi (Madrid, 16 de septiembre de 1950 - Madrid, 13 de diciembre de 2006) fue una política conservadora española.

[284] *El flautista de Hamelín* es una fábula o leyenda, documentada por los Hermanos Grimm. En 1284 la ciudad de Hamelín estaba infestada de ratas. Un buen día apareció un desconocido que ofreció sus servicios a los habitantes del pueblo. A cambio de una recompensa, él les libraría de todas las ratas, a lo que los aldeanos se comprometieron. Entonces el desconocido flautista empezó a tocar su flauta, y todas las ratas salieron de sus cubiles y agujeros y empezaron a caminar hacia donde la música sonaba. Una vez que todas las ratas estuvieron reunidas en torno al flautista, éste empezó a caminar y todas las ratas le siguieron al son de la música. El flautista se dirigió hacia el río Weser y las ratas, que iban tras él, perecieron ahogadas. Cumplida su misión, el hombre volvió al pueblo a reclamar su recompensa, pero los aldeanos se negaron a pagarle. El cazador de ratas, muy enfadado, abandonaría el pueblo para volver poco después, el 26 de junio, fiesta de los santos Pedro y Pablo, en busca de venganza. Mientras los habitantes del pueblo estaban en la iglesia, el hombre volvió a tocar con la flauta su extraña música. Esta vez fueron los niños, ciento treinta niños y niñas, los que le siguieron al compás de la música, y abandonando el pueblo los llevó hasta una cueva. Nunca más se les volvió a ver. Según algunas versiones, algunos

ENCOGIDO

Andar encogido como un garabato.

ENERGÍA

Tener menos energía que el consolador de la Cicciolina[285].

ENFADADO

Estar más enfadado que el casero de El Fugitivo[286].

Estar más enfadado que las señoritas de Avignon[287] con Picasso[288] después de pintar el cuadro.

ENGANCHADO

Estar más enganchado que una garrapata[289].

---

de los niños se quedan atrás, un niño cojo que no los pudo seguir por no poder caminar bien, uno sordo, que solo los siguió por curiosidad, y otro ciego, que no podía ver hacia donde los llevaban y se perdió, y estos les informan a los aldeanos. En otras versiones, el flautista retorna a los niños una vez que los aldeanos le pagan lo que le prometieron, o en ocasiones hasta más.

[285] Ilona Staller, más conocida como *Cicciolina* (el apodo significa en el lenguaje coloquial italiano *Cariñosita* o *Dulzurita*) , es una actriz pornográfica, cantante y política húngara que ha trabajado principalmente en Italia. Nació el 26 de noviembre de 1951 en Budapest, Hungría, y su vida profesional se ha desarrollado en Italia, donde se convirtió en una renombrada actriz de cine pornográfico con fama internacional. Fue parlamentaria por el Partido Radical italiano.

[286] *El Fugitivo* (*The Fugitive*) es una serie de televisión estadounidense que fue ideada por Roy Huggins y emitida entre los años 1963 y 1967, en cuatro temporadas de treinta capítulos cada una. Fue una de las series más populares en todo el mundo, convirtiéndose su protagonista David Janssen en una estrella conocida en todo el mundo gracias a su personaje de *Richard Kimble*.

[287] *Las señoritas de Avignon*, *Las señoritas de Aviñón* o de Avinyó es un cuadro del pintor español Pablo Picasso pintado en 1907. Está hecho mediante la técnica del óleo sobre lienzo y sus medidas son 243,9 x 233,7 cm. Se conserva en el Museo de Arte Moderno de Nueva York. Este cuadro, que marcó el comienzo de su Periodo africano o *Protocubismo*, es la referencia clave para hablar de cubismo, del cual el artista español es el máximo exponente. Imprime un nuevo punto de partida donde Picasso elimina todo lo sublime de la tradición rompiendo con el Realismo, los cánones de profundidad espacial y el ideal existente hasta entonces del cuerpo femenino, reducida toda la obra a un conjunto de planos angulares sin fondo ni perspectiva espacial, en el que las formas están marcadas por líneas claro-oscuras.

[288] Pablo Ruiz Picasso (Málaga, España; 25 de octubre de 1881 - Mougins, Francia; 8 de abril de 1973), conocido como Pablo Picasso, fue un pintor y escultor español, creador, junto con Georges Braque y Juan Gris, del movimiento cubista. Considerado uno de los mayores artistas del siglo XX, participó desde la génesis en muchos movimientos artísticos que se propagaron por el mundo y ejercieron una gran influencia en otros grandes artistas de su tiempo. Incansable y prolífico, pintó más de dos mil obras, presentes en museos y colecciones de toda Europa y del mundo. Además, abordó otros géneros como el dibujo, el grabado, la ilustración de libros, la escultura, la cerámica y el diseño de escenografía y vestuario para montajes teatrales.

[289] Ver nota 79.

Estar más enganchado que un vencejo[290] a unas cortinas.

ENGREÍDO
Ser engreído como gallo de cortijo.

ENGAÑAR
Engañar como a un chino.
Engañar más que un torero.

ENIGMÁTICO
Ser más enigmático que el asalto al tren de Glasgow[291].

ENJUTO
Ser enjuto como un cable.

ENREDADO
Estar más enredado que el moño de una borracha.
Estar más enredado que los pollos de Pastrana[292].
Estar más enredado que un laberinto.
Estar más enredado que un pulpo a la gallega haciendo nudos marineros.

ENROLLAR/SE
Estar más enrollado que la pata de un romano.
Estar más enrollado que un perro con tres cojones.
Estar más enrollado que una persiana vieja.

---

[290] El vencejo común (*Apus apus*) es un ave apodiforme de la familia de los apódidos, especialmente adaptada para el vuelo, con alas falciformes, cola corta de horquilla poco profunda, boca muy ancha y grande rematada con un pico pequeño, plumaje negruzco con una pequeña porción blanca o gris bajo el pico, patas muy cortas y garras diminutas pero de presa extraordinariamente fuertes que le permiten asirse a sitios elevados ya que si cae al suelo experimenta gran dificultad en remontar el vuelo. Para que el animal pueda remontar el vuelo se le puede coger y soltarlo desde un sitio elevado. La etimología de *Apus apus* viene del antiguo Griego donde *apus* significa "sin pies".

[291] El 8 de agosto de 1963, quince hombres robaron el tren postal Glasgow-Londres. Lo detuvieron, desengancharon la locomotora y se llevaron 120 bolsas con 2.631.784 libras esterlinas, el equivalente actual a 40 millones de dólares. Casi toda la banda cayó en poco tiempo. El "cerebro" del plan, Ronald Biggs, se fugó de la cárcel y se convirtió en leyenda. A los 72 años se entregó a la policía de su país.

[292] Pastrana es una población de la provincia de Guadalajara.

Enrollarse más que la pata de un romano.
Enrollarse más que los fideos chinos.
Enrollarse más que una persiana.
Enrollarse más que una persiana vieja.
Enrollarse menos que el perrito de Scottex[293].

ENTENDER

Entenderse menos que a Darth Vader[294] comiendo polvorones.
Entenderse menos que una psicofonía de Chewbacca[295].

ENTRADAS

Tener más entradas que Gordillo[296] por las bandas.
Tener más entradas que el Metro de Madrid.
Tener más entradas que la Mezquita de Córdoba[297].
Tener más entradas que un partido de Argentina[298].

---

[293] Kimberly-Clark, líder en productos de higiene y salud y protario de la marca Scottex. A principios de los años setenta, Scottex se propuso encontrar un símbolo que combinase las características de suavidad y consistencia. Tras varios estudios, se llegó a la conclusión de que la utilización de un cachorrito de perro de raza labrador como símbolo, además de transmitir la buscada imagen de consistencia y suavidad, añadía a la marca una imagen entrañable, cercana y hogareña. De esta manera, en 1972 apareció por primera vez en las pantallas del Reino Unido la campaña protagonizada por el perrito.

[294] Ver nota 29.

[295] *Chewbacca* es un personaje ficticio del universo de *La Guerra de las Galaxias,*. *Chewbacca* tenía excepcionales habilidades como piloto y en la reparación de naves espaciales. Tiene todo el cuerpo cubierto de pelo y se comunica por gruñidos.

[296] Rafael Gordillo Vázquez (Almendralejo, 24 de febrero de 1957) es un exfutbolista español. Gordillo militó en las filas del *Real Betis Balompie*, equipo del que también fue Presidente durante unos meses en 2011, y del Real Madrid en los años 1980, volviendo al Betis y retirándose en el Écija. Carrilero izquierdo de gran recorrido, enorme entrega, técnica y dominio de su pierna izquierda.

[297] La Catedral de la Asunción de Nuestra Señora, antes *Santa María Madre de Dios*, es el nombre eclesiástico de la Catedral de Córdoba, o antigua Mezquita de Córdoba. El edificio, declarado Patrimonio Cultural de la Humanidad junto con el centro histórico de Córdoba, se comenzó a construir en 786 en el lugar que ocupaba la basílica visigótica de San Vicente Mártir. La mezquita fue objeto de ampliaciones durante el Emirato de Córdoba y el Califato de Córdoba. En 1238, tras la Reconquista, se llevó a cabo la conversión de la mezquita en una catedral cristiana con la ordenación episcopal de su primer obispo, Lope de Fitero. En 1523 se empezó la construcción de una basílica renacentista de estilo plateresco en el centro del edificio musulmán. Hoy constituye el monumento más importante de Córdoba, y también de toda la arquitectura andalusí, junto con la Alhambra.

[298] La Selección de fútbol de Argentina es el equipo más representativo del país en las competiciones oficiales. Su organización está a cargo de la Asociación del Fútbol Argentino

ENTRAR

Entrar como Pedro por su casa.

Entrar como Pedro por Huesca[299].

ENTRETENIDO

Ser más entretenido que contar los tics de Jordi Pujol[300] en una partida de mus[301].

Ser más entretenido que un puzzle de un millón de piezas.

Ser más entretenido que una manifestación de payasos.

ERÓTICO

Ser menos erótico que las memorias del Oso Yogui[302].

ERRORES

Tener errores como setas después de lluvia.

(AFA), perteneciente a la Conmebol. Jugó el primer partido internacional fuera de Argentina, el 16 de mayo de 1901 en Montevideo. La selección argentina es uno de los equipos más exitosos del fútbol mundial. Fue campeona en dos oportunidades de la Copa Mundial de Fútbol (1978 y 1986) y finalista en otras dos ocasiones (1930 y 1990).

[299] Hace referencia a la entrada en Huesca de Pedro I de Aragón en 1094.

[300] Jordi Pujol i Soley (Barcelona, 9 de junio de 1930) es un político español, de orientación nacionalista catalana. Fue, durante 23 años, presidente de la Generalitat de Cataluña.

[301] El mus es un juego de naipes, originario del País Vasco, que en la actualidad se encuentra muy extendido por toda España. Lo juegan cuatro personas agrupadas en dos parejas. Las reglas pueden variar mucho dependiendo de dónde se juegue, pero cada mano siempre consistirá de las siguientes jugadas llamadas *lances*. *Grande*: la combinación es mejor cuanto mayor sea el valor de las cartas. *Chica*: la combinación es mejor cuanto menor sea el valor de las cartas. *Pares*: la combinación es mejor cuantas más cartas iguales haya y mayor sea su valor. *Juego*: consiste en igualar o superar la cifra de 31 sumando el valor de cada carta. Si nadie alcanza esta cifra, se jugará al *punto* y la mejor combinación será la que más se aproxime a 30. En cada una de las jugadas se puede *envidar* (apostar) el número de tantos que se quiera (el mínimo es dos) o incluso jugarse todo un juego en lo que se conoce como un *órdago* (del euskera *hor dago*, "ahí está"). La pareja ganadora será la que primero gane una partida, dicha partida estará formada por lo que se llama en la jerga del mus *una vaca*. Cada vaca estará compuesta por un número determinado de juegos (chicos o pequeños), pueden ser 3, 4 ó 5 juegos y, a su vez, cada juego estará formado por un número determinado de tantos. Este juego se llama mus porque en euskera, "muxu" significa beso, una de las señas del juego.

[302] *El Oso Yogi*, en español se pronuncia Oso Yogui, es un personaje ficticio de dibujos animados. Un oso antropomorfo y parlante, creado por los estudios de animación de Hanna-Barbera, Los episodios de sus aventuras comenzaron a emitirse en 1958 en Estados Unidos.

ESABORÍA/O

Ser más *esaboría* que la señorita Rottenmeier[303].

Ser más *esaborío* que un plato de habas.

ESCANDALOSO

Ser más escandaloso que el claxon de un portaaviones.

ESCASEAR

Escasear más que el agua en el sur.

ESCONDIDA/O

Estar más escondido que el rey en Botsuana[304].

Estar más escondido que el tesoro de Oak Island[305].

Estar más escondida que las llaves del fondo del mar, matarile.

ESCRIBIR

Escribir más que el Tostado[306].

ESCRÚPULOS

Tener menos escrúpulos que una inspección fiscal a los Reyes Magos[307].

---

[303] Ver nota 91.

[304] El día 14 de abril de 2012, día de la República, la Casa del Rey de España informaba, a través de un comunicado, de que D. Juan Carlos de Borbón había sido intervenido quirúrgicamente de su cadera. Según la institución, el monarca *se dañó la cadera* durante un viaje privado a Botsuana, adonde había ido a cazar elefantes, tras sufrir *una caída accidental en la madrugada del jueves al viernes*. Este suceso creó una fuerte polémica en un momento en el que el país atravesaba una crisis en la que había más de cinco millones de personas sin trabajo.

[305] En la isla de Oak (Nueva Escocia, Canadá) existe un enorme laberinto de túneles donde se esconde el pozo de un tesoro que aún no se ha conseguido descubrir, pese a las numerosas excavaciones realizadas desde su descubrimiento en 1795.

[306] Según Luis Montoto, alude a la persona de Alonso de Madrigal, obispo de Ávila, autor de numerosas obras. Vivió sólo cuarenta años y parece ser que de su pluma salieron escritos cerca de 43.800 pliegos. Dice Cervantes en la segunda parte del Quijote: *Pues en verdad que en sólo manifestar mis pensamientos, mis sospiros, mis lágrimas, mis buenos deseos y mis acometimientos pudiera hacer un volumen mayor o tan grande, que el que pueden hacer todas las obras del Tostado.* Fue enterrado en la catedral de Ávila.

[307] Los Reyes Magos de Oriente (o simplemente Reyes Magos) es el nombre por el que la tradición denomina a los visitantes que, tras el nacimiento de Jesús de Nazaret, habrían acudido desde países extranjeros para rendirle homenaje y entregarle regalos de gran riqueza simbólica: oro, incienso y mirra. En España, frente a la reciente introducción de Papá Noel en las costumbres navideñas debido a la influencia de la cultura estadounidense y otros países extranjeros, es

ESCURRIRSE

Escurrirse como un recién nacido.
Escurrirse como una anguila.
Escurrirse más que una anguila.

ESPACIO

Haber más espacio que en La Gloria.
Haber más espacio que en una película de Star Trek[308].

ESPAÑOL

Ser más español que el abanico.
Ser más español que el jamón de Jabugo[309].
Ser más español que el palo de la bandera.
Ser más español que el rey.
Ser más español que la tuna[310].
Ser más español que un toro de felpa.

ESPERAR

Esperar más que un saharaui[311] a que llueva.
Esperar como agua de mayo.
Esperar como gato de tripera.

---

tradicional que los regalos de Navidad a los niños los traigan los Reyes Magos la noche del 5 al 6 de enero.

[308] Ver nota 65.

[309] *Jamón de Huelva* es una Denominación de Origen protegida de conformidad con el Reglamento (CE) nº 510/2006 del Consejo de la Unión Europea. Es un jamón muy conocido por su textura, aroma y sabor singulares y distinguibles. Jamón elaborado en la Sierra de Huelva en condiciones microclimáticas únicas procedente de cerdo de raza ibérica criado en libertad dentro de la dehesa y alimentados durante la montanera con bellotas y pastos naturales. La zona de elaboración comprende 31 municipios, entre los que está Jabugo.

[310] Una tuna es una hermandad de estudiantes universitarios que portan una combinación de vestimentas antiguas y que interpretan temas musicales del folclore europeo e hispanoamericano, haciendo uso generalmente, de instrumentos de cuerda. Los orígenes de estas agrupaciones no están claramente determinados. Para algunos sus raíces se encuentran en los antiguos Sopistas y pícaros de antaño (siglos XV o XVI), para otros se encuentran en los propios continuadores de la tradición goliarda: Los estudiantes pobres (siglos XIII), que se valían de sus habilidades musicales para cubrirse sus estudios y sus necesidades. De carácter alegre y pícaro, las tunas nacieron en España y en el último siglo aparecieron tunas en diferentes partes de Europa e Hispanoamérica, debido al carácter viajero de estas agrupaciones.

[311] Ver nota 112.

ESPINAS

Tener más espinas que un pez.
Tener más espinas que un zarzal.

ESPOLONES

Tener más espolones que un gallo.

ESTAR

Estar como Dios.
Estar como Dios, en todas partes.
Estar como Dios lo trajo al mundo.
Estar como el jaspe[312].
Estar como el tejado de Laguna[313].
Estar como gallina en corral ajeno.
Estar como la canela[314].
Estar como la lámpara de Polentinos[315].
Estar como los chorros del oro[316].
Estar como mandado hacer de encargo.
Estar como para parar un carro.
Estar como para parar un tren.
Estar como pez en el agua.
Estar como piojos en costura.

---

[312] El jaspe es una roca sedimentaria. Posee una superficie suave y se utiliza para ornamentación o como gema. Se puede pulir y utilizar en floreros, sellos y tiempo atrás se la utilizó para cajas de tabaco. Los colores son rojos o violáceos, grises a negros, a veces verdes, amarillos, pardos, en ocasiones combinados. La jaspilita es una variedad de jaspe veteado con niveles ferruginosos y manganesíferos muy distintivos. De esta piedra hablan en sus escritos Alejandro Magno, Plinio y los alquimistas medievales; el poeta Dante la menciona en *La Divina Comedia* y encontramos numerosas referencias, junto a otras piedras, tanto en el Antiguo Testamento como en el Nuevo Testamento.

[313] Esta frase se utiliza en Valladolid, provincia donde está Laguna de Duero; indica que uno está calado a consecuencia de haber sufrido una gran lluvia, y alude al tejado de la iglesia de este pueblo, que está a tres aguas. (G.M. Vergara, Op. Cit.).

[314] El árbol de la canela (*Cinnamomum zeylanicum* o *Cinnamomum verum*) es un árbol de hoja perenne, de unos 10-15 m, procedente de Sri Lanka. Se aprovecha como especia su corteza interna, extraída pelando y frotando las ramas y se utiliza en rama y molida. Molida se utiliza ampliamente en postres, pasteles, dulces, etc., y entera se utiliza para adornar y sazonar.

[315] A la lámpara de la iglesia de Polentinos no le ponía aceite el sacristán. Polentinos es una población de la provincia de Palencia.

[316] Según el DRAE, muy limpio, adjetivo coloquial.

Estar como San Alejo[317], debajo de la escalera.
Estar como tres con un zapato.
Estar como un camión.
Estar como un cencerro.
Estar como un clavo.
Estar como un jamón.
Estar como un jínjol[318].
Estar como un reloj.
Estar como un tanque.
Estar como un tonel.
Estar como un zombi[319].
Estar como una cabra.
Estar como una cepa.
Estar como una chota.
Estar como una foca monje.
Estar como una moto.
Estar como una regadera.
Estar como una seda.
Estar como una uva.
Estar como unas castañuelas.
Estar hecho un becerro.
Estar hecho un Cristo.
Estar hecho un eccehomo[320].
Estar hecho un Lázaro.
Estar hecho un toro de fuego.

---

[317] A principios del siglo V, vivía en Edesa, Siria, un mendigo, que vivía debajo de una escalera, a quien el pueblo veneraba como un santo.

[318] Muy gallardo y alegre, como el azufaifo cuando empieza a florecer. Jínjol es una voz anticuada, significa el azufaifo, y también su fruto. (Sbarbi, Op. Cit.)

[319] Un *zombi* (en ocasiones escrito erróneamente con la grafía inglesa *zombie*) es, originalmente, una figura legendaria propia de las regiones donde se practica el culto vudú. Se trataría de un muerto resucitado por medios mágicos por un hechicero para convertirlo en su esclavo. Por extensión, ha pasado a la literatura fantástica como sinónimo de muerto viviente y al lenguaje común para designar en sentido figurado a quien hace las cosas mecánicamente como si estuviera privado de voluntad.

[320] Ecce Homo es la frase Latina, que se traduce como: *este es el hombre* o *he aquí el hombre*, traducción que aparece en la Vulgata. Se trata, según el Evangelio de Juan (19.5), de las palabras pronunciadas por el gobernador romano Poncio Pilato cuando presentó a Jesús de Nazaret (flagelado, atado y con la corona de espinas) ante la muchedumbre hostil con el objeto de conocer su veredicto final sobre su persona, pues por su parte no veía claro un motivo de condena.

Estar hecho una equis[321].
Estar hecho una facha.
Estar hecho una sopa.
Estar mirando a las Batuecas[322].

ESTIRADO

Ser estirado como el pergamino[323].
Ser más alto estirado que de pie.
Ser más estirado que el cuello de la Mazagatos[324].

ESTIRARSE

Estirarse más que el lomo de un gato.
Estirarse menos que el portero de un futbolín[325].
Estirarse menos que un chicle de madera.

ESTRELLAS

Haber más estrellas que en el firmamento.
Haber más estrellas que en oriente.

ESTRESADO

Estar más estresado que Paco Lobatón[326] buscando al hombre invisible.

---

[321] Borracho. Por la posición de piernas y brazos al salir de la taberna.

[322] Dícese del que se queda mirando a un punto indeterminado, pensativo. El valle de Las Batuecas se encuentra situado entre las provincias de Salamanca y Cáceres. La mayor parte del territorio pertenece al término municipal de La Alberca, si bien la parte baja forma parte del municipio de Ladrillar. La alquería hurdana de Las Mestas está enclavada en la confluencia del río Batuecas y el río Ladrillar. (G. M. Vergara, Op. Cit.).

[323] Pergamino es un material hecho a partir de la piel de una res u otros animales, especialmente fabricado para poder escribir sobre él. La piel sigue un proceso de eliminación del vellón, adobado y estiramiento al final del cual se consiguen las láminas con las que se elabora un libro, una filacteria o los rollos que se conocían de la Antigüedad. El origen de su nombre es la ciudad de Pérgamo, donde existía una gran productividad de gran calidad de este material, pero realmente su existencia se remonta a 1500 años antes de Cristo, es decir, mucho antes de que la ciudad de Pérgamo existiera.

[324] Sofía Mazagatos (Madrid; 5 de octubre de 1974) es una modelo y actriz española.

[325] Ver nota 254.

[326] Ver nota 258.

ESTÚPIDO
Ser tan estúpido que si le leen la mano le cobran la mitad.

ETCÉTERA
Andar como un etcétera[327].

EXAGERADO
Ser más exagerado que la tasa de natalidad de Con Ocho Basta[328].

EXCITANTE
Ser más excitante que una sobredosis de cine porno.

EXCLUSIVA
Ser más exclusiva que la fórmula de la Coca Cola[329].
Ser más exclusiva que la fórmula de la leche frita.

EXCLUSIVO
Ser más exclusivo que el autógrafo del hombre invisible.

ÉXITO
Tener más éxito que una mierda en una convención de moscas verdes.

---

[327] Andar encorvado.

[328] *Eight is enough* (traducido en España como *Con ocho basta*) es una serie de televisión estadounidense, emitida por la cadena ABC entre el 15 de marzo de 1977 y el 29 de agosto de 1981. La serie se basa en la vida real del periodista Tom Braden, padre de ocho niños, que escribió un libro con el mismo título. Fue una de las pocas series de una hora de duración que utilizaba la técnica de risas enlatadas.

[329] Coca-Cola es un refresco efervescente vendido en tiendas, restaurantes y máquinas expendedoras en más de 200 países. Es producido por The Coca-Cola Company. En un principio, cuando la inventó el farmacéutico John Pemberton, fue una medicina patentada, aunque fue adquirida posteriormente por el empresario Asa Griggs Candler, cuyas tácticas de marketing hicieron a la bebida una de las más consumidas del siglo XX. La Coca-Cola fue creada en 1886 por John Pemberton en la farmacia Jacobs de la ciudad de Atlanta, Georgia. Con una mezcla de hojas de coca y semillas de cola quiso crear un remedio, que comenzó siendo comercializado como una medicina que aliviaba el dolor de cabeza y disimulaba las náuseas; luego fue vendida en su farmacia como un remedio que calmaba la sed, a 5 centavos el vaso. Frank Robinson le puso el nombre de Coca-Cola, y con su caligrafía diseñó el logotipo actual de la marca. Al hacerse famosa, en 1886, se le ofreció a su creador venderla en todo Estados Unidos. Pemberton aceptó la oferta (vendió la fórmula y su empresa en 23.300 dólares) y se abrieron varias envasadoras en Estados Unidos. Más tarde un grupo de abogados compró la empresa e hizo que Coca-Cola llegara a todo el mundo. Desde ahí la empresa se convirtió en The Coca-Cola Company.

EXPERIENCIA
Tener más experiencia que Papá Noel[330] en chimeneas.

EXPLICARSE
Explicarse como un libro abierto.
Explicarse como un libro sin hojas.

EXPUESTO
Estar más expuesto que una muñeca en un escaparate.

---

[330] Papá Noel, Santa Claus, San Nicolás, Viejito (o Viejo) Pascuero o Colacho son algunos nombres con los cuales se conoce universalmente al personaje legendario que según la cultura occidental trae regalos a los niños por Navidad. Es un personaje inspirado en un obispo cristiano de origen griego llamado Nicolás, que vivió en el siglo IV en Anatolia, en los valles de Licia (en la actual Turquía). Era una de las personas más veneradas por los cristianos de la Edad Media, del que aún hoy se conservan sus reliquias en la basílica de San Nicolás, Bari, Italia.

F

FACHADA
Tener una fachada como una casa grande.

FÁCIL
Ser más fácil que la tabla del cero.
Ser más fácil que pegarle al aire.
Ser más fácil que respirar.

FALDA
Tener una falda tan corta que parece un cinturón ancho.

FALLAR
Fallar más que un arquero con Parkinson[331].
Fallar más que un francotirador ciego.
Fallar más que una escopeta de caña.
Fallar más que una escopeta de feria.
Fallar más que una escopeta de perdigones.
Fallar menos que Michael Knight[332] en el examen de conducir.

FALLOS
Tener más fallos que Windows 2000[333].

FALSO
Ser falso como mulo murciano.
Ser más falso que el alma de Judas[334].

---

[331] La enfermedad de Parkinson (EP), también denominada Parkinsonismo idiopático o parálisis agitante, es un trastorno neurodegenerativo crónico que conduce con el tiempo a una incapacidad progresiva, producido a consecuencia de la destrucción, por causas que todavía se desconocen, de las neuronas pigmentadas de la sustancia negra. Frecuentemente clasificada como un trastorno del movimiento, la enfermedad de Parkinson también desencadena alteraciones en la función cognitiva, en la expresión de las emociones y en la función autónoma.

[332] Ver nota 159.

[333] *Windows 2000* es un sistema operativo de Microsoft que se puso en circulación el 17 de febrero de 2000 con un cambio de nomenclatura para su sistema NT. Así, *Windows NT 5.0* pasó a llamarse *Windows 2000*. Fue sucedido por *Windows XP* para equipos de escritorio en octubre de 2001 y *Windows Server 2003* para servidores en abril de 2003.

Ser más falso que el beso de Judas[335].
Ser más falso que el dado de un gangster.
Ser más falso que el flequillo de El Dioni[336].
Ser más falso que Judas[337].
Ser más falso que la sonrisa de Aznar[338] en la oposición.
Ser más falso que la Teletienda[339].
Ser más falso que los dientes de mi abuelo.
Ser más falso que un billete de treinta euros.
Ser más falso que un billete de tres mil pesetas/euros.
Ser más falso que un diamante de duro[340].
Ser más falso que un dólar rojo.
Ser más falso que un duro/euro de madera.
Ser más falso que un duro de seis pesetas.
Ser más falso que un euro con la cara de Popeye[341].
Ser más falso que un Judas[342] de plástico.

---

[334] Judas Iscariote (nacido en Keriot? — Jerusalén, 27-33 d.C?), fue uno de los apóstoles de Jesús de Nazaret. Siguió a su maestro durante su predicación por Judea y Galilea y, según los Evangelios, fue el apóstol traidor que reveló a los miembros del Sanedrín el lugar donde podían capturar a su Maestro sin que sus seguidores interfiriesen, tal como había anunciado el propio Jesús durante la Última Cena. (*Mateo* 26:14-75 y *Lucas* 22:20).

[335] Ver nota 334.

[336] Dionisio Rodríguez Martín (Madrid, el 31 de octubre de 1949), más conocido como *El Dioni*, es un famoso personaje público y ex-vigilante de seguridad español que robó un furgón blindado de la empresa Candi S.A., en la que trabajaba, con 298 millones de pesetas. Su peluquín es muy conocido por quitárselo y ponérselo intermitentemente.

[337] Ver nota 334.

[338] José María Alfredo Aznar López (Madrid, 25 de febrero de 1953), conocido como José María Aznar, es un político español. Casado y con tres hijos, es licenciado en Derecho por la Universidad Complutense de Madrid. Fue el cuarto presidente del Gobierno de España del periodo democrático iniciado con la Constitución de 1978, en las legislaturas comprendidas entre el 5 de mayo de 1996 y el 17 de abril de 2004, por el Partido Popular (PP).

[339] Los infocomerciales, también conocidos como *teletiendas* o programación pagada, son comerciales televisivos que pueden tener una duración igual a la de un típico programa de televisión de media hora. Se emiten normalmente fuera de las horas pico, durante el día o la madrugada, generalmente entre las 2 y 6 de la mañana.

[340] Duro: sobrenombre que se daba a la moneda de cinco pesetas.

[341] *Popeye* el marino es un famoso personaje de tiras cómicas y de cortometrajes de dibujos animados. Fue creado por Elzie Crisler Segar y apareció por primera vez en la tira cómica *Timble Theatre* de King Features Syndicate, en la edición del *The New York Evening Journal* del 17 de enero de 1929. Su nombre proviene del inglés Pop-eye que literalmente significa *Ojo saltón*, pero que se refiere a su ojo tuerto, término común en los marineros.

[342] Ver nota 334.

Ser más falso que una sudadera de *Adidos*[343].

FALTA
Hacer menos falta que los perros en misa.

FALTAS
Tener más faltas que el caballo de Gonela.
Tener más faltas que un juego de pelota.
Tener más faltas que una pelota.

FAROLES
Tener más faroles que el fino de la feria.

FEA/O
Ser más fea que la que lleva el desayuno al hombre lobo[344].
Ser más feo que el himno de La Rioja.
Ser más feo que un choque con muerto.

---

[343] *Adidos* es la marca falsificada de Adidas, compañía multinacional de artículos deportivos, cuya sede central se encuentra en Herzogenaurach, Alemania. La empresa originalmente llamada Gebrüder Dassler Schuhfabrik fue fundada por Adolf *Adi* Dassler, en los comienzos de la década de 1920 junto con la ayuda de su hermano Rudolf Dassler. Confeccionaban zapatillas y pantuflas sin marca, y también calzado con clavos para deportistas. Adi era el artista introvertido y Rudi el encargado de relaciones públicas. Ambos lograron colocar sus productos en el equipo alemán de atletismo. Pero el golpe maestro fue fichar a Jesse Owens, el atleta que deslumbró en los Juegos Olímpicos de Berlín en 1936. Durante la Guerra la fábrica se transformó, como muchas otras, en proveedora de la Wehrmacht. Aparte de botos militares, produjeron el famoso Panzerschreck, la bazuca alemana. Rudi fue movilizado, mientras que Adi permaneció en Alemania. Y ahí comenzaron los problemas. Durante la ocupación estadounidense el negocio volvió a prosperar, gracias a la devoción de estos por el deporte. Pero Rudi fue llamado a explicar sus conexiones con el Partido Nazi y las Waffen SS, y se convenció de que su hermano lo había delatado. Rudi Dassler fundó su propia fábrica, PUMA AG en 1948. Como consecuencia, Adi Dassler tomó el control de la empresa y decidió rebautizar la firma como Adidas, la cual fue registrada legalmente el 18 de agosto de 1949, bajo el nombre de Adidas AG. El nombre de la empresa procede del nombre de su fundador, *Adi* es el diminutivo de Adolf, y *das* la primera sílaba del apellido.

[344] El hombre lobo, también conocido como licántropo, es una criatura legendaria presente en muchas culturas independientes a lo largo del mundo. Se ha dicho que este es el más universal de todos los mitos, probablemente junto con el del vampiro, y aún hoy, mucha gente cree en la existencia de los hombres lobo o de otras clases de *hombres bestia*. Todas las características típicas de aquel animal -como son la ferocidad, la fuerza, la astucia y la rapidez- son en ellos claramente manifiestas, para desgracia de todos aquellos que se cruzan en su camino. Según las creencias populares, este hombre lobo puede permanecer con su aspecto animal únicamente por espacio de unas cuantas horas, generalmente cuando sale la luna llena.

FELIZ
Estar más feliz que un cochino en el barro.
Ser más feliz que Carracuca[345].
Ser más feliz que Curro[346] en el Caribe.
Ser más feliz que el Pupas.
Ser más feliz que una niña decente.

FEO
Ser más feo que Carracuca[347].
Ser más feo que cobrar las bolsas en el supermercado.
Ser más feo que el cagar.
Ser más feo que el chófer de Drácula[348].
Ser más feo que el culo de un mandril.
Ser más feo que el culo de una mona.
Ser más feo que El Fary[349] comiendo limón.
Ser más feo que El Fary[350] mirando al Sol.
Ser más feo que el figurón que está en el paseo.
Ser más feo que el pelo del Dioni[351].
Ser más feo que el portero del infierno.
Ser más feo que el sargento de Utrera, que reventó de feo.
Ser más feo que el tío Molino, que le dieron el óleo[352] en la nuca
porque de feo no se lo pudieron dar en la cara.

---

[345] En la literatura castellana lo ha utilizado, entre otros, Camilo José Cela, en su libro *Viaje andaluz*, página 185: *"El vagabundo, con más hambre que Carracuca, se zampó el pollo sin dejar más que los huesos"*. Carracuca es personaje del imaginario popular español, sin que haya constancia histórica de su existencia.

[346] Anuncio televisivo de Halcón Viajes en el que un simpático oficinista se fugaba, en los años noventa, al Caribe.

[347] Ver nota 345.

[348] Ver nota 133.

[349] Ver nota 255.

[350] Ver nota 255.

[351] Ver nota 336.

[352] Los santos óleos en el catolicismo son tres: el *Santo Crisma*, usado para ordenaciones, confirmaciones, bautizos, consagración de altares e iglesias; el *Óleo de los Catecúmenos*, usado para ungir a los que están preparándose para el Bautismo; y el *Óleo de los Enfermos*, usado en el Sacramento de la unción de los enfermos. Estos óleos los consagra el Obispo de cada diócesis en la Misa Crismal, que celebra en su catedral usualmente el Jueves Santo por la mañana. Luego, son distribuidos a las parroquias de su jurisdicción.

Ser más feo que el Yeti[353].
Ser más feo que escupir a Cristo.
Ser más feo que la muerte.
Ser más feo que la sorpresa de un roscón.
Ser más feo que la varicela[354].
Ser más feo que la vieja que engañó a San Antón y apedreó a San Esteban.
Ser más feo que llamar de tú a tu padre.
Ser más feo que los Hermanos Calatrava[355] mirando al sol.
Ser más feo que mandar a la abuela a por drogas.
Ser más feo que pegar a un padre con la escobilla del retrete.
Ser más feo que pegar a un padre con un calcetín sudado y pedirle la paga.
Ser más feo que pegarle a una madre.
Ser más feo que Picio[356].
Ser más feo que un *bujero*[357].

---

[353] El Yeti o abominable hombre de las nieves o según los lamas del Himalaya también lo conocen como *Migou* es un críptido, interpretado como un simio gigante emparentado con el Pie Grande norteamericano. Ante la ausencia total de pruebas, sólo se cuenta con relatos que lo describen como un simio gigante bípedo que se cree está localizado en las zonas boscosas de la cordillera del Himalaya.

[354] La varicela es una enfermedad contagiosa causada por el virus de la varicela zóster, un virus de la familia de los herpesvirus que también es el causante del herpes zóster. Es una de las enfermedades clásicas de la infancia, que en los niños suele ser leve pero en adolescentes y adultos tiene mayor riesgo de complicaciones. La enfermedad dura alrededor de una semana.

[355] Manuel García Lozano (Manolo) y Francisco García Lozano (Paco), conocidos artísticamente como *Hermanos Calatrava*, (nacidos en Villanueva de la Serena, Badajoz) son dos humoristas, parodistas y cantantes españoles. El nombre de *Hermanos Calatrava* proviene del segundo apellido de su padre. Empezaron siendo un dúo musical serio, pero debido a una afonía de Paco durante una actuación, provocó la risa entre el público asistente, y un giro en sus carreras. Paco Calatrava, conocido como "el feo", es especialmente recordado por sus interpretaciones del cantante Mick Jagger que debido a su parecido físico ha llegado a pasar por el auténtico. En contraposición Manolo Calatrava, que normalmente tiene el papel de cantante serio en sus actuaciones, fue primeramente conocido como "el guapo" y a posteriori como "el menos feo".

[356] Apellido de Francisco Picio, nacido en la localidad española de Alhendín (Granada). Por razones desconocidas fue condenado a muerte y ya en la capilla recibió la noticia del indulto. Tal fue su reacción que se le cayeron el pelo, las orejas, las cejas y las pestañas, y, por si eso era poco, le salieron una serie de tumores por la cara que lo dejaron plenamente deformado, pasando a ser el modelo de fealdad más horroroso. Huyó a Lanjarón, de donde fue expulsado porque jamás entró a la iglesia, por no quitarse el pañuelo que cubría su calva. Al poco tiempo de trasladarse a Granada murió tras mirarse al espejo.

[357] *Bujero*: Agujero

Ser más feo que un bulldog comiéndose una avispa.

Ser más feo que un choco[358] pisado.

Ser más feo que un feto malayo.

Ser más feo que un frigorífico por detrás.

Ser más feo que un gato persa skin[359].

Ser más feo que un miedo de San Antón.

Ser más feo que un *mojón*[360] despeinado.

Ser más feo que un mono comiendo limón.

Ser más feo que un mono devolviendo.

Ser más feo que un pedo.

Ser más feo que un saco lleno de ojetes.

Ser más feo que un sapo estreñido.

Ser más feo que un tiro de mierda.

Ser más feo que un Twingo[361].

Ser más feo que un ¡voto a Dios!

Ser más feo que una cama sin hacer.

Ser más feo que una excomunión.

Ser más feo que una multa.

Ser más feo que unas nauseas.

Ser más feo que vomitar arropado.

Ser tan feo como pegarle a Dios en Viernes Santo.

Ser tan feo que cuando nació su madre le entregó a la policía.

Ser tan feo que cuando nació su padre buscó la cámara oculta.

Ser tan feo que el cura le tiene que dar la extremaunción con caña.

Ser tan feo que parece la estampa de la herejía.

Ser tan feo que parece que se ha hecho la cirugía estética.

Ser tan feo que si entra en un banco desconectan las cámaras de vigilancia.

Ser tan feo que si le doliera estaría en un alarido.

Ser tan feo que si va a un concurso de feos no le aceptan porque no admiten profesionales.

---

[358] Choco: Sepia.

[359] *Skinheads*, término que significa cabeza rapada, es utilizado para denominar a los miembros de un movimiento juvenil originado en Gran Bretaña en los años 1960.

[360] *Mojón*: Excremento.

[361] El Renault Twingo es un automóvil del segmento A producido por el fabricante francés Renault desde el año 1991. Es un cuatro plazas con carrocería *hatchback* de tres puertas, motor delantero transversal de cuatro cilindros en línea y tracción delantera.

Ser tan feo que su cara podría estar en un museo de arte abstracto.
Ser tan feo que verlo quita el hipo.

FIEBRE
Tener una fiebre de caballo.

FIRME
Ser firme como la peña de Martos[362].

FIGURAS
Tener menos figuras que el Belén de Julio Anguita[363].

FIJO
Estar más fijo que la tabla de Valencia[364].

FINO
Ser fino como paño de Astudillo[365].
Ser fino como tafetán[366] de albarda[367].
Ser más fino que el pellejo de una mierda.
Ser más fino que un deseo.
Ser más fino que un erizo.
Ser más fino que un Omega[368].

---

[362] Martos es una población de la provincia de Jaén, Andalucía.

[363] Julio Anguita González (Fuengirola, Málaga, 21 de noviembre de 1941) es un político comunista español. Fue alcalde de Córdoba entre 1979 y 1986, secretario general del Partido Comunista de España entre 1988 y 1998, y coordinador general de Izquierda Unida entre 1989 y 2000.

[364] La tabla era un despacho regulador que existió en Valencia hace muchos años. Parece ser que no era un modelo de precisión en el peso.

[365] Astudillo es una población de la provincia de Palencia. Se utiliza esta frase en sentido irónico, para indicar que uno es muy tosco en su trato, porque el paño que se fabricaba en Astudillo era de lo más burdo y ordinario.

[366] Tafetán es un tejido de seda, formado de un cruzamiento de hilos pares de la urdimbre por un hilo de la trama y un cruzamiento de hilos impares de la urdimbre por otro hilo asimismo de la trama.

[367] Albarda es el aparejo de las bestias de carga compuesto principalmente de dos grandes almohadillas que se adaptan a los dos lados del lomo dejando éste en hueco a fin de que la carga no lastime al animal.

FIRMA

Tener menos firma que la Venus de Milo[369].

FLACO

Estar más flaco que el espíritu de una golosina.
Estar más flaco que el silbido de un gitano.
Estar más flaco que las siete vacas que vio el faraón de Egipto.
Estar tan flaco que parece la estampa[370] de una golosina.
Ser flaco como un huso[371].
Ser más flaco que el tobillo de un canario.
Ser más flaco que la radiografía de un silbido.
Ser más flaco que la radiografía de un suspiro.
Ser más flaco que una espátula.
Ser tan flaco que parece un escuerzo[372].

FLAMENCO

Ser más flamenco que Madrid.

---

[368] Omega es una empresa de relojes de pulsera de lujo con base en Biel/Bienne, Suiza. Actualmente, Omega pertenece al grupo Swatch y es una manufactura relojera, dado que algunos de sus relojes cuentan con mecanismos de factura propia.

[369] La Afrodita de Milos, más conocida como Venus de Milo, es una de las estatuas más representativas del periodo helenístico de la escultura griega, y una de las más famosas esculturas de la antigua Grecia. Fue creada en algún momento entre los años 130 y 100 a. C., y se cree que representa a Afrodita (denominada Venus en la mitología romana), diosa del amor y la belleza; mide, aproximadamente, 211 cm de alto. La estatua se encontró semienterrada, en dos pedazos, el 8 de abril de 1820 en la isla egea de Melos, llamada también *Milo*, por un campesino llamado Yórgos Kendrotás. Cerca de la estatua se encontró un fragmento de un antebrazo y la mano con una manzana (en lengua griega, Milo significa literalmente manzana) y estos restos son considerados parte de sus brazos. El brazo derecho se piensa que sostenía la túnica justo a nivel de la cadera izquierda en un aparente intento de impedir que la túnica se resbalara, mientras el izquierdo sostenía la manzana del Juicio de Paris, manzana que el troyano Paris hubo de ofrecer a la mismísima Afrodita en testimonio de su decisión en el mítico juicio de bellezas al que fue sometido. Lo cierto es que no está claro si los brazos pudieron perderse después del hallazgo moderno de la escultura: Yórgos dejó una mitad de la Venus en el mismo lugar donde la había encontrado por no poder desenterrarla, pues su peso es de al menos 900 kilos, y la otra mitad la llevó al establo, ofreciendo en primer lugar la venta de la estatua a un clérigo ortodoxo.

[370] Antiguamente las golosinas solían llevar una *estampa*, cromo.

[371] Ver nota 231.

[372] El escuerzo común (*Ceratophrys ornata*) es una especie de anfibio anuro de la familia Ceratophryidae. Es una rana grande y de cuerpo grueso. Tiene una enorme boca y ojos salientes con dos pequeñas protuberancias en la cabeza semejantes a "cuernos".

FLIPAR

Flipar más que cuando te ponen los cuernos.
Flipar más que Rappel[373] viendo Expediente X[374].

FLOJO

Estar más flojo que un papel de fumar mojado.
Ser flojo como el tabaco de Holanda.
Ser flojo como una madeja.
Ser más flojo que un muelle de guita[375].
Ser más flojo que un puñal de pelusa.
Ser más flojo que un tornillo robado.

FLORECER

Florecer como el mármol en las gradas de la ópera.

FOLLAR

¡Aquí se folla menos que en misa!
Follar menos que el busto de Castelar[376].
Follar menos que el negro de Bañolas[377].
Follar menos que Tintín[378].

---

[373] Rafael Payá, nacido el 20 de agosto de 1945. Más conocido como *Rappel*. Famoso por sus apariciones en la *prensa rosa*. Tiene el título de profesor de francés. Se inició en los medios de comunicación con programas infantiles; posteriormente tuvo programas de radio propios y actualmente colabora en *programas del corazón*, al mismo tiempo que tiene un consultorio de tarot y videncia.

[374] *The X-Files* (en España *Expediente X*, en América Latina *Los expedientes secretos X* o *Los archivos secretos X*, en Argentina *Código X*) es una serie de televisión estadounidense de ciencia ficción y misterio, que se emitió por la Cadena FOX, y creada por Chris Carter, centrada en los casos que investigan dos agentes del FBI, clasificados como "Expedientes X": fenómenos paranormales, avistamiento de ovnis, criaturas extrañas, etcétera. Fue estrenada el 10 de septiembre de 1993 y terminó, después de nueve años de emisión, el 19 de mayo de 2002.

[375] Guita: Cuerda delgada de cáñamo.

[376] Emilio Castelar y Ripoll (Cádiz, 7 de septiembre de 1832 – San Pedro del Pinatar, Murcia, 25 de mayo de 1899) fue un político y escritor español, fue Presidente del Poder Ejecutivo de la Primera República Española.

[377] El Bosquimano de Bañolas, popularmente conocido como Negro de Bañolas, fue una pieza de taxidermia de un bosquimano utilizada para ser la mayor atracción del Museo Darder, en Bañolas, España. Fue expuesto hasta el año 2000, cuando se repatriaron los restos del cuerpo a Botsuana. Está considerado como una imagen clara de los efectos del colonialismo.

[378] *Las aventuras de Tintín* (cuyo nombre original, en francés, es *Les Aventures de Tintin et Milou*) es una de las más influyentes series europeas de historieta del siglo XX. Creada por el autor belga

Follar menos que un casado.

FRANCO
Ser franco como el camello del Tamerlán[379], que sin pena podía pasar por donde quisiese.

FRENOS
Tener menos frenos que una carretilla.

FRENTE
Tener más frente que Alemania en la Segunda Guerra Mundial.
Tener más frente que un camión de espejos.
Tener más frente que un campo de fútbol.
Tener más frente que un lavadero.
Tener más frente que una plaza de toros.

FRESCO
Estar más fresco que el coño de una rana.
Estar más fresco que una lechuga.
Ser fresco como una mañana de abril.
Ser más fresco que una gamba congelada.

Georges Remi, *Hergé*, y característica del estilo gráfico y narrativo conocido como "línea clara", está constituida por un total de 24 álbumes, el primero de los cuales se publicó en 1930 y el penúltimo en 1976 (el último, *Tintín y el Arte-Alfa*, no llegó a terminarse, aunque se publicaron posteriormente los bocetos realizados por el autor). Tintín es un intrépido reportero de aspecto juvenil y edad nunca aclarada que viaja por todo el mundo junto con su perro Milú.

[379] Tamerlán (del persa *Timür-i lang*, Timur el Cojo), *Tamorlán*, *Timur Lang*, *Timur Lenk* o simplemente *Timur* (más correctamente, Temür, su nombre turco de acuerdo con la grafía moderna) fue un conquistador, líder militar y político turco-mongol, el último de los grandes conquistadores nómadas del Asia Central. Se le da por nacido en Kesh, Transoxiana, Asia Central, el 10 de abril de 1336 (25 Ša'bān, 736) aunque fecha y lugar son casi con certeza inventados y su nacimiento debería ubicarse entre finales de la década de 1320 y comienzos de la de 1330, posiblemente en Samarcanda. Murió en Otrar, de camino a conquistar China, el atardecer del 17 de febrero de 1405 (17 Ša'bān, 807). En poco más de dos décadas, este noble musulmán de origen turco y mongol conquistó ocho millones de kilómetros cuadrados de Eurasia. Entre 1382 y 1405 sus grandes ejércitos atravesaron desde Delhi a Moscú, desde la cordillera Tian Shan del Asia Central hasta los montes Tauro de Anatolia, conquistando y reconquistando, arrasando algunas ciudades y perdonando a otras. Su fama se extendió por Europa, donde durante siglos fue una figura novelesca y de terror, mientras que para aquellos involucrados más directamente en su trayectoria su memoria, siete siglos después, permanece aún fresca, ya sea como destructor de ciudades del Medio Oriente o como el último gran representante del poder nómada.

FRÍO

Estar frío como un témpano.
Estar más frío que el culo de un pingüino.
Estar más frío que el pecho de una rana.
Estar más frío que la medalla de Drácula[380].
Estar más frío que la momia de Lenin[381].
Estar más frío que la nieve.
Estar más frío que la picha de un pato.
Estar más frío que la picha de un pez.
Estar más frío que un botijo a la puerta de un iglú.
Hacer más frío que cazando pingüinos en calzoncillos.
Hacer más frío que en la nevera portátil del Yeti[382].
Hacer más frío que lo que manda la Ley.
Hacer un frío que pela.
Hacer un frío que se caga la perra.
Hacer un frío que se hielan las palabras.
Hacer un frío que se mea la perra.
Ser frío como el hielo.
Ser frío como un témpano.
Ser frío como una navaja de plata.
Tener más frío que siete viejas.
Tener más frío que un perrito chico.

FUERTE

Estar más fuerte que un castillo.
Estar más fuerte que un roble.
Estar más fuerte que un trinquete.
Ser más fuerte que el aliento de Drácula[383].
Ser más fuerte que el vinagre.
Ser más fuerte que un caballo.
Ser más fuerte que un rayo.

---

[380] Ver nota 133.

[381] Ver nota 199.

[382] Ver nota 353.

[383] Ver nota 133.

FUERZA

Tener menos fuerza que el ejército del Vaticano[384]/Andorra[385].
Tener menos fuerza que el pedo de un marica.
Tener menos fuerza que un gitano en un juicio.
Tener tanta fuerza que es capaz de romper el silencio.

FULLERO

Ser más fullero que Andradilla[386].

FUMAR

Fumar como un cosaco[387].
Fumar como un murciélago.
Fumar más que Bocanegra.
Fumar más que una coracha[388].
Fumar tanto que con las colillas podría jalonar el París-Dakar[389].

FUNCIONAR

Funcionar como la seda.
Funcionar como un reloj.
Funcionar peor que un botijo machacado.

FUNCIONES

Tener menos funciones que un sacapuntas.
Tener menos funciones que un chupete.

---

[384] Ver nota 72.

[385] El Principado de Andorra (en catalán: *Principat d'Andorra*) es un pequeño país del suroeste de Europa con una extensión de 468 km², situado en los Pirineos entre España y Francia.

[386] *Don Quijote de La Mancha*. Parte II, capítulo XLIX.

[387] Ver nota 77.

[388] Una coracha es un lienzo de muralla que protege la comunicación entre una fortaleza y un punto concreto que no está lejos de dicha fortificación. Lo más común es que se utilice para proteger el acceso al lugar de suministro de agua cuando éste se encuentra fuera del recinto fortificado. La coracha suele terminar en una *torre del agua* que protege en su interior el pozo o la fuente de abastecimiento. A veces su adarve puede tener doble pretil, pues puede ser atacada por ambos flancos. Desde esta zona se abría fuego denso contra el enemigo.

[389] El Rally Dakar (anteriormente Rally París-Dakar) es una competición anual de rally raid disputada durante las primeras semanas de enero, considerada como uno de los rallies más duros y el más famoso del mundo.

FUNDAMENTO
Tener menos fundamento que una casa cuando se cae.

FURIOSO
Estar más furioso que un toro encerrado.

FÚTBOL
Hablar más de fútbol que en la comunión de Oliver y Benji[390].

FUTURO
Tener menos futuro que Betty Missiego[391] en un concierto de okupas[392].

Tener menos futuro que Bin Laden[393] jugando al Lego[394].

Tener menos futuro que Chewbacca[395] anunciando medias.

Tener menos futuro que el coche de Colombo[396] pasando la ITV[397].

Tener menos futuro que el Manco de Lepanto[398] en el tiro al arco.

---

[390] Ver nota 256.

[391] Teresa Beatriz Missiego Campos (Lima, Perú, 16 de enero de 1938), es una cantante de música melódica, más conocida como *Betty Missiego*. Ostenta también la nacionalidad española.

[392] El movimiento okupa es un movimiento social consistente en darle uso a terrenos desocupados, como edificios abandonados temporal o permanentemente, con el fin de utilizarlos como tierras de cultivo, vivienda, lugar de reunión o centros con fines sociales y culturales. El principal motivo es denunciar y al mismo tiempo responder a las dificultades económicas que los activistas consideran que existen para hacer efectivo el derecho a una vivienda.

[393] Usāma bin Muhammad bin Awad bin Lādin (Riad, Arabia Saudita, 10 de marzo de 1957 – Abbottabad, Pakistán, 2 de mayo de 2011), conocido como Osama bin Laden o Usama bin Ladin, fue un terrorista yihadista, miembro de la familia bin Laden y conocido mundialmente por ser el fundador de la red terrorista Al Qaeda.

[394] LEGO es una empresa de juguetes danesa reconocida principalmente por sus bloques de plástico interconectables. El nombre LEGO fue adoptado por la compañía en 1934, formado por la frase del danés *leg godt*, que significa *juega bien*. Hasta 1949, LEGO se dedicó casi exclusivamente a producir juguetes de madera.

[395] Ver nota 295.

[396] *Colombo* fue una serie de televisión estadounidense creada por Richard Levinson y William Link. En Estados Unidos se emitió regularmente entre 1971 y 1978, y esporádicamente entre 1989 y 2003. Era protagonizada por Peter Falk como el *teniente Colombo*, un detective de homicidios del Departamento de Policía de Los Ángeles que se caracteriza por usar una gabardina vieja y un Peugeot 403 hecho polvo. Es un caso particular de las telenovelas, en el sentido que no hay créditos comunes a todos los episodios.

[397] Ver nota 156.

Tener menos futuro que el pretérito perfecto simple.

Tener menos futuro que Kojak[399] en un anuncio de Timotei[400].

Tener menos futuro que la bola de Rappel[401].

Tener menos futuro que Mimosín[402] en Los hombres de Harrelson[403].

Tener menos futuro que Pavarotti[404] bailando el hula hop[405].

Tener menos futuro que un bombero haciendo simulacros de incendio en el desierto.

Tener menos futuro que un calamar en un plato combinado.

Tener menos futuro que un enfermo de Parkinson[406] robando panderetas.

Tener menos futuro que un gitano en una comisaría.

Tener menos futuro que un homeópata en el planeta Arrakis[407].

Tener menos futuro que un político honesto.

Tener menos futuro que un submarino descapotable.

---

[398] Miguel de Cervantes Saavedra (¿Alcalá de Henares?, 29 de septiembre de 1547 – Madrid, 22 de abril de 1616) fue un soldado, novelista, poeta y dramaturgo español. Quedó manco en la batalla de Lepanto. Cervantes es considerado el escritor más importante en lengua castellana y uno de los más célebres de la literatura universal.

[399] Ver nota 123.

[400] El champú Timotei fue comercializado por primera vez en Suecia en el año 1970 y llegó a España en 1982

[401] Ver nota 373.

[402] Mimosín es una marca emblemática, en la categoría de suavizantes, de la empresa Unilever. Su imagen es un osito de peluche.

[403] S. W. A. T. (1975-1976) es una serie de televisión estadounidense que narra las aventuras, quehaceres y misiones de un grupo de policías pertenecientes al cuerpo de los SWAT (Special Weapons and Tactics: armas y tácticas especiales) en la ciudad de Los Ángeles. Conocida en España como Los hombres de Harrelson.

[404] Ver nota 139.

[405] Ver nota 1.

[406] Ver nota 331.

[407] Arrakis es un planeta ficticio ideado por Frank Herbert en su serie de novelas de la saga de Dune. También conocido como Dune por su geografía compuesta casi en su totalidad por un desierto de dunas de arena, Arrakis es presentado en las novelas como el centro alrededor del cual gira el universo de Dune en muchas formas.

G

GAFE
Ser más gafe que El Coyote del Correcaminos[408].

GALÁN
Más galán que Mingo[409].

GALANTE
Ser galante como un español.

GALLEGO
Ser más gallego que una empanada de paraguas.

GALLETAS
Reparte más galletas que el camión de Fontaneda[410].

---

[408] El *Coyote* y el *Correcaminos* (*Wile E. Coyote and the Road Runner*) son los personajes de una serie estadounidense de dibujos animados creada en el año de 1949 por el animador Chuck Jones para Warner Brothers. Chuck Jones se inspiró para crear a estos personajes en un libro de Mark Twain, titulado *Roughin It*, en el que Twain denotaba que los coyotes hambrientos podrían cazar un correcaminos. Los cortos de la serie tienen un planteamiento muy sencillo: el Correcaminos, un pájaro velocísimo (basado en un animal real, el ave *Geococcyx californianus*, en inglés "greater roadrunner") es perseguido por las carreteras del desierto del sudoeste de Estados Unidos por el hambriento Wile E. Coyote (Conocido simplemente como "El Coyote"). A pesar de sus numerosas e ingeniosas tentativas, el Coyote no consigue nunca capturar o matar al Correcaminos. Muy al contrario, todas sus elaboradas tácticas terminan por perjudicarlo a él, convertido en la víctima de la exageradísima (e inocua) violencia de la serie.

[409] Según Rodríguez Marín, "*quizá proviene de las coplas de Mingo Revulgo, el del sayo de blao y el jubón bermejo... Además, como Mingo es contracción de Domingo, se asocia a la idea del nombre la fiesta que de igual manera se llama y la de los vestidos galanos que en ella se lucen*". Así pues, se imaginaba a Mingo vestido de gala, endomingado, como galán de fiesta. Hay que recordar, que en un momento de la segunda parte del Quijote, cuando el hidalgo, derrotado, mohíno y medio enfermo, llega a su aldea en el penúltimo capítulo de la novela acompañado de su fiel Sancho Panza, los muchachos se alborotan al verlos llegar y, se decían unos a otros: "*Venid, mochachos y veréis el asno de Sancho Panza más galán que Mingo y la bestia de Don Quijote más flaca hoy que el primer día*". (Sbarbi, Op. Cit.).

[410] Galletas Fontaneda es el nombre comercial de una marca de galletas con una gran relevancia en España a lo largo de todo el siglo XX. Fundada en la villa palentina de Aguilar de Campoo por Eugenio Fontaneda en 1881. La multinacional United Biscuits, propiedad de Nabisco, la compró en 1996 y en 2002 cerró sus instalaciones, manteniendo la marca comercial para fabricarla en otra de sus factorías en España. La antigua fábrica de Fontaneda en Aguilar fue adquirida por Grupo Siro, que se hizo cargo de su plantilla y relanzó la actividad en la villa, que es considerada *el pueblo de las galletas*.

GARRA
Tener más garra que un intermediario.

GASES
Tener más gases que una Coca Cola[411].

GASTAR/SE
Gastar más que el Conde Lecquio[412] en gomina.
Gastar más que El Increíble Hulk[413] en camisas.
Gastar menos en polvos que una monja.
Gastar menos que el Papa[414] en condones.
Gastar menos que el horno de Carpanta[415].
Gastar menos que Portugal/Andorra[416] en espías.
Gastar menos que Serrat[417] en bailarinas.
Gastar menos que Tarzán[418] en corbatas.

---

[411] Ver nota 329.

[412] Alessandro Vittorio Eugenio Conte Lecquio di Assaba y Torlonia (17 de junio de 1960, Lausana, Suiza), es un noble italiano, y destacado personaje de la prensa rosa española. Es habitualmente conocido como el *Conde Lecquio*.

[413] *El Increíble Hulk* también llamado *Hulk* o *La Masa*, en algunos cómics *La Masa Verde*, es un personaje creado para la compañía Marvel Comics en 1962 por Stan Lee y Jack Kirby. *Hulk* apareció por primera vez en el número 1 de la revista de cómics *The Incredible Hulk* en mayo de 1962. Es uno de los personajes de comic más populares del mundo. La historia de *El Increíble Hulk* se inspira en *El extraño caso del doctor Jekyll y el señor Hyde* y *Frankenstein* para tratar la dicotomía existente entre el intelecto avanzado del *Dr. Banner* y la mente sencilla y emocional de *Hulk*, tratado en las historias de los años 60 y 70.

[414] Ver nota 5.

[415] *Carpanta* es un personaje de historietas y su serie creados por el autor español Escobar, y que apareció por primera vez en la revista *Pulgarcito* en 1947. La popularidad de la serie durante los años cuarenta y cincuenta fue tan grande que algunos lectores llegaron a enviar comida o dinero a la redacción de *Pulgarcito* para remediar su hambre.

[416] Ver nota 385.

[417] Joan Manuel Serrat Teresa (Barcelona, 27 de diciembre de 1943) es un cantautor, compositor, intérprete, poeta y músico español. Se trata de una de las figuras más destacadas de la canción moderna tanto en lengua castellana como catalana.

[418] *Tarzán* es un personaje ficticio e icono de la cultura popular creado por Edgar Rice Burroughs, cuya primera aparición fue en la revista pulp *All Story Magazine* en octubre de 1912, adaptado posteriormente como novela a la que sucedieron veintitrés secuelas, además de haber sido adaptado numerosas veces, especialmente en los cómics, el cine y la televisión. *Tarzán* es el hijo huérfano de una pareja de aristócratas ingleses abandonados en África a finales del siglo XIX. Después de sus muertes, *Tarzán* es adoptado y educado por una manada de simios, no monos como se confunde comúnmente, a los cuales Burroughs los llama *mangani*, una especie no

Gastar menos que un avión en bocinas.
Gastar menos que un barco en frenos.
Gastar menos que un calvo en peines/peinetas.
Gastar menos que un ciego en novelas.
Gastar menos que un indio en calcetines.
Gastar menos que un japonés en boinas.
Gastar menos que un ruso en catecismos.
Gastar menos que una lombriz en guantes.
Gastar menos que una monja de clausura en colorete.
Gastar menos que Supermán[419] en vuelos charter.
Gastarse menos que el pico de una veleta.

GENTE
Haber más gente que tabernas en Lorca[420].

GILIPOLLAS
Ser lo más gilipollas que ha parido madre.

GOBERNAR
Gobernar como un gerifalte[421].

GOLPE
Dar menos golpe que el limpiaparabrisas del metro.

---

conocida por la ciencia, pero con características de gorilas, chimpancés y homínidos, incluyendo una forma de lenguaje primitiva. *Tarzán* significa *piel blanca* en lenguaje manganí. Su nombre inglés es John Clayton III, Lord de Greystoke. La educación recibida le dio habilidades físicas considerablemente superiores a las de los mejores atletas *civilizados*, pero también heredó un gran nivel de habilidad mental. Aprendió solo a leer, examinando libros de inglés dejados por sus padres, y, discrepando con la versión de hablante inarticulado popularizada en las películas, aprendió a hablar varios idiomas de forma fluida. Solamente vuelve a contactar con seres humanos cuando ya es adulto. En este período, aprende a hablar francés e inglés y visita el mundo civilizado, pero luego lo rechaza para volver a la jungla. En historias posteriores se cuentan otras aventuras que lleva a cabo, varias veces descubriendo civilizaciones perdidas.

[419] Ver nota 174.

[420] Lorca es una población de la provincia de Murcia.

[421] El gerifalte o halcón gerifalte (*Falco rusticolus*) es una especie de ave falconiforme de la familia Falconidae, el más septentrional de los halcones. También se debe tomar en cuenta el modo de imitar el modo de sacudir las patas esta ave de cetrería.

GORDA

Ser más gorda que la del pastor de Otero[422].
Ser más gorda que un cetáceo.

GORDO

Estar gordo como un sollo[423].
Estar gordo como una nutria.
Estar más gordo que amante de cocinera.
Estar más gordo que boca de perro ladrón.
Estar más gordo que un hipopótamo.
Estar más gordo que un trullo[424].
Estar más gordo que una vaca.
Ser más gordo que un dirigible[425].
Ser tan gordo que se cae de la cama por los dos lados.
Ser tan gordo que si pisa un billete hace cambio.

GOTERAS

Tener más goteras que el cuarto de baño del Titanic[426].

GOZAR

Gozar como un burro.

GRACIA

Tener la gracia en el culo, como las avispas.
Tener más gracia que la Duquesa de Alba[427] borracha.

---

[422] Otero de Guardo es una población de la provincia de Palencia. Según G. M. Vergara, cuentan que un pastor de este pueblo fue a Extremadura con el ganado, y se le pasó el día de echar la carta para su mujer. Para que la cogiese más pronto, fue él mismo a llevársela, y la echó por la ventana, volviéndose a Extremadura tan tranquilo.

[423] Sollo: Esturión.

[424] El trullo en un ave parecida al pato.

[425] Un dirigible es un aerostato autopropulsado y con capacidad de maniobra para ser manejado como una aeronave. La sustentación aerostática se logra mediante depósitos llenos de un gas de menor densidad a la atmósfera circundante. Difiere de la sustentación aerodinámica, obtenida mediante el movimiento rápido de un perfil alar, como en el ala de un aeroplano o las aspas de un helicóptero.

[426] Ver nota 2

[427] Cayetana Fitz-James Stuart y Silva, comúnmente conocida como Cayetana de Alba o Duquesa de Alba (Palacio de Liria, Madrid, 28 de marzo de 1926) es una aristócrata española, XVIII

Tener más gracia que pesa.
Tener menos gracia que el culo de una avispa.
Tener menos gracia que el recibo de teléfono de Gila[428].
Tener menos gracia que regalarle a Stevie Wonder[429] una película muda.
Tener menos gracia que un cazo roto.
Tener menos gracia que un extintor de broma lleno de gas butano.

GRANDE
Ser grande como los calzones del cura de Valencina[430].
Ser más grande que un caramelo de cinco mil pesetas/treinta euros.
Ser más grande que un mayo[431].
Ser más grande que una catedral.
Ser más grande que una casa.

GRANOS
Tener más granos que el culo de una pava.
Tener más granos que una paella para cincuenta.
Tener más granos que una panocha[432] con varicela[433].

GRASA
Tener más grasa que las bandejas de Villabajo[434].

---

duquesa de Alba, actual jefa de dicha casa ducal y destacada figura social. Es la tercera mujer que ostenta el título por derecho propio dentro de la familia. Cayetana es descendiente directa del rey Jacobo II de Inglaterra a través de un hijo ilegítimo o bastardo, James Fitz-James, que dicho rey tuvo con su amante Arabella Churchill.

[428] Miguel Gila Cuesta (Madrid, 12 de marzo de 1919 - Barcelona, 13 de julio de 2001) fue un humorista español. En muchos de sus gags utilizaba un teléfono en el que hacía una llamada ficticia.

[429] Ver nota 264.

[430] Valencina es una población de la provincia de Sevilla.

[431] Ver nota 36.

[432] Panocha: Mazorca de maíz.

[433] Ver nota 354.

[434] Villarriba y Villabajo es una serie de televisión española producida por *Gona Films* y emitida por la primera cadena de TVE en 1994. La serie, que consta de una única temporada de 26 capítulos de una hora de duración, empezó a emitirse el 11 de octubre de 1994 en *prime time*, aunque posteriormente fue relegada a la franja del *late night*. La serie fue creada por Luis García Berlanga, siendo este su primer trabajo para televisión. El cineasta se inspiró en una campaña publicitaria del lavavajillas *Fairy*, en que se representaba la rivalidad entre dos localidades vecinas de ficción,

GRITAR
Gritar más que un ciervo en la berrea[435].

GRUESO
Ser más grueso que el cerrojo de un penal.

GUAPA/O
Ser más guapo que un queso.
Ser más guapo que un San Luís[436].
Ser tan guapa que alegraría un cementerio.
Ser tan guapa que cuando sale a ligar va a las oficinas centrales de la
ONCE[437].

GUARDAR
Guardar como oro en paño[438].

GUARRERÍAS
Hacer menos guarrerías que el abuelo de Heidi[439].
Hacer menos guarrerías que los padres de Zipi y Zape[440].

---

llamadas Villarriba y Villabajo, en las que pugnaban por ver cual era la que conseguía lavar más platos con el lavavajillas que cada una tenía. Siempre ganaba la que tenía el producto *Fairy*. En realidad la serie se grabó en Colmenar de Oreja, municipio cercano a Madrid.

[435] Se conoce comúnmente como berrea al periodo de celo del ciervo rojo, debido al sonido gutural que emiten los machos.

[436] Luis IX de Francia, también conocido como San Luis o San Luis de Francia (Poissy, 25 de abril de 1214 — Túnez, 25 de agosto de 1270), fue un rey de Francia. Hijo de Luis VIII *el León* y de la infanta castellana Blanca de Castilla (hija de Alfonso VIII, pariente cercano de la familia de Santo Domingo de Guzmán). Fue, por tanto, primo hermano del rey castellano Fernando III el Santo.

[437] La Organización Nacional de Ciegos Españoles (ONCE) es una entidad de Derecho Público de carácter social y democrático "sin ánimo de lucro" que tiene el propósito fundamental de mejorar la calidad de vida de los ciegos y deficientes visuales de toda España. Aquí se usa la frase con mala intención, fea.

[438] Lo que se conserva con todo cuidado y escrupulosidad. En la última mitad del siglo XVI y en la primera mitad del XVII se solía decir "Más guardado que oro en pan" (Espinosa: *El Perro y la Calentura*, página 29 de la edición de 1736). Y se comprende la propiedad de la comparación: el oro en pan (panes de oro) ha de guardarse muy cuidadosamente, porque a cualquier vientecillo se vuela y se deshace.

[439] Ver nota 91.

[440] *Zipi y Zape* es una historieta humorística creada y desarrollada por el autor español José Escobar a partir de 1948, la más popular de las suyas, y una de las más populares del medio en España,

Hacer menos guarrerías que Pin y Pon[441].

GUARRO

Ser más guarro que la cama de Babe[442].

Ser más guarro que la Charito, que se bajaba las bragas a pedos y se las subía a suspiros.

Ser más guarro que la Cocola, que se compró una casa redonda para no barrer los rincones.

Ser más guarro que la Potito, que echó las bragas al váter y salieron los ratones pidiendo bicarbonato.

Ser más guarro que la Potito, que entró una mosca en su casa y salió vomitando.

Ser más guarro que la Toti, que rascándose en la muñeca se encontró un reloj.

Ser más guarro que un bocadillo de pelos.

Ser más guarro que un chacal.

Ser más guarro que una web de Playboy[443].

Ser tan guarro que parece la estampa de la miseria.

Ser tan guarro que se bajaba los calzoncillos a pedos.

Ser tan guarro que tiraba los calzoncillos contra la pared y se quedaban pegados.

GUIÑOS

Hacer más guiños que comiendo limones.

GUIRIS

Manar[444] más guiris que días tiene el mes de abril.

---

[441] Muñecos infantiles de la marca *Famosa*. Ver nota 246.

[442] *Babe* es una película familiar de 1995, dirigida por Cris Noonan. Narra la historia de un cerdo que quiere ser un perro pastor. Para la realización de la película se recurrió a más de 500 animales entrenados por 59 personas. A parte, se crearon minuciosas réplicas animatrónicas de los animales vivos para algunas escenas. La película está basada en el libro *The Sheep-Pig* (conocido como *Babe: The Gallant Pig* en los EE.UU.) de Dick King-Smith, que más tarde dio lugar a una secuela llamada *Babe: Pig in the City*.

[443] *Playboy* es una revista de entretenimiento para adultos, fundada en Chicago, Illinois en 1953 por Hugh Hefner. La revista se ha expandido a Playboy Enterprises, Inc. y es una de las marcas más conocidas a nivel internacional. Además, las ediciones especiales de la revista se publican por todo el mundo. Visto el éxito de *Playboy*, a mediados de la década de 1970 surgieron otras revistas de contenido pornográfico, destacando como principal rival la revista *Penthouse*.

[444] Con el sentido de brotar de una parte un líquido. Abundar algo.

GUSTAR

Gustar más que a un moro un Peugeot[445].
Gustar más que a un tonto un lápiz.
Gustar más que a un tonto un látigo.
Gustar más que a un tonto un pizarrín[446].
Gustar más que a un tonto una gorra de cuadros.
Gustar más que a un tonto una tiza[447].

---

[445] Peugeot es una marca francesa de automóviles, vehículos comerciales y automóviles de carreras, cuyas raíces se remontan a la fabricación de bicicletas y molinillos de café —primera invención de Jean-Jacques Peugeot— a principios del siglo XIX. La marca celebró en el año 2010 sus 200 años de historia.

[446] El pizarrín es un trozo de tiza que se utilizaba para escribir sobre la pizarra, o encerado, en las escuelas.

[447] Ver nota 446.

H

HABER
Haber como en botica, de todo.

HABLAR
Hablar como un libro.
Hablar como un libro en blanco.
Hablar más que Castelar[448].
Hablar más que el pleito de Mula[449].
Hablar más que Fidel Castro[450].
Hablar más que la máquina de tabaco de un paritorio.
Hablar más que lo que manda la Ley.
Hablar más que un misal[451].
Hablar más que un sacamuelas.
Hablar más que una cotorra[452].
Hablar más raro que un robot con resaca.
Hablar menos que un mudo ronco.
Hablar peor que Johan Cruyff[453] comiendo polvorones.

---

[448] Ver nota 376.

[449] Mula es una población de la provincia de Murcia.

[450] Fidel Alejandro Castro Ruz (Birán, Holguín, Cuba, 13 de agosto de 1926), conocido como Fidel Castro, es un revolucionario y estadista cubano. Fue mandatario de su país como primer ministro (1959-1976) y Presidente (1976-2008). También fue comandante en jefe de las Fuerzas Armadas Revolucionarias (1956-2008) y primer secretario del Partido Comunista (1965-2011). Es diputado de la Asamblea Nacional del Poder Popular (desde 1976). Profesionalmente es abogado, doctor en Derecho civil y licenciado en Derecho diplomático.

[451] Missale Romanum es el libro litúrgico según el rito romano que contiene todas las ceremonias, oraciones y rúbricas para la celebración de la Santa Misa.

[452] La cotorra monje, cotorra argentina o cotorrita verdigris (*Myiopsitta monachus*) es una especie de ave de la familia de los loros (*Psittacidae*) que se distribuye de forma natural por Sudamérica, y que ha sido introducida en numerosos países. Es apreciada como mascota; en Uruguay nacen en verano, y sus nidos los hacen a una altura que puede alcanzar los 10 metros. Es capaz de emitir una amplia variedad de chillidos y graznidos, aunque no es capaz de vocalizar e imitar palabras si se los cría desde pichones y se les enseña aprenden melodías, reproduciéndolas con silbidos y, si se les enseña, también pueden cantar canciones; tienen una memoria muy buena.

[453] Hendrik Johannes Cruijff, conocido internacionalmente como Johan Cruyff (Ámsterdam, 25 de abril de 1947) es un ex futbolista neerlandés, entrenador de la selección de Cataluña, expresidente de honor del FC Barcelona y colaborador de la federación catalana en proyectos deportivos y sociales.

HAMBRE

Haber más hambre que en Perusa[454].

Pasar más hambre que Carpanta[455].

Pasar más hambre que el maestro de Cascajares[456].

Tener más hambre que Carracuca[457].

Tener más hambre que Dios talento.

Tener más hambre que el gato de Fray Escoba[458].

Tener más hambre que el pavo de una rifa.

Tener más hambre que el perro de un afilador, que para comer algo caliente se comía las chispas.

Tener más hambre que el perro de un ciego.

Tener más hambre que el que se perdió en la isla.

Tener más hambre que en la India.

Tener más hambre que los pavos de Manolo[459], que picoteaban la vía creyendo que eran gusanos.

Tener más hambre que Rasputín[460] en la corte.

Tener más hambre que se comería a Dios sin pelar.

Tener más hambre que un caracol en un espejo.

Tener más hambre que un maestro de escuela.

---

[454] *Hambre de Perusa (o Perugia)*. Expresión usada por Lucano y por Suetonio para aludir al hambre atroz que sufrieron los habitantes de esa ciudad de Umbría durante el asedio a que los sometió Octavio.

[455] Ver nota 415.

[456] Cascajares es una población de la provincia de Segovia.

[457] Ver nota 345.

[458] San Martín de Porres Velásquez (Lima, 9 de diciembre de 1579 – 3 de noviembre de 1639) es un santo del Virreinato del Perú de la orden de los dominicos. Fue el primer santo negro de América y es patrón universal de la paz. Conocido también como *el Santo de la escoba* por ser representado con una escoba en la mano como símbolo de su humildad. Su preocupación por los pobres fue notable. Se sabe que los desvalidos lo esperaban en la portería para que los curase de sus enfermedades o les diera de comer. Martín trataba de no exhibirse y hacerlo en la mayor privacidad. La caridad de Martín no se circunscribía a las personas, sino que también se proyectaba a los animales, sobre todo cuando los veía heridos o faltos de alimentos. Tenía separada en la casa de su hermana (que ya estaba casada y en buena posición social) un lugar donde albergaba a gatos y perros sarnosos, llagados y enfermos.

[459] Parece ser que el tal Manolo tenía un puesto, en Madrid, de pavos en Navidad y de melones y sandías en verano.

[460] Grigori Yefímovich Rasputín (22 de enero de 1869 – 29 de diciembre de 1916) fue un místico ruso con una gran influencia en los últimos días de la Dinastía Romanov. Aunque tradicionalmente en español es más conocido como Rasputín, la pronunciación en ruso es *Raspútin*. También fue conocido como *el Monje Loco*.

Tener más hambre que un monaguillo en Rusia.
Tener más hambre que un perro chico.
Tener más hambre que un perro en un baúl.
Tener más hambre que una chinche[461] en un candado.
Tener más hambre que vista un lince.

HELADO
Estar más helado que el té de las siete.

HERMOSA/O
Ser hermosa como gata legañosa.
Ser hermosa como la luna.
Ser tan hermoso que parece más el soldado muerto en la batalla que sano en la huida.

HERMOSURA
Tener más hermosura que palmos de terreno tiene una inmobiliaria.

HERRAMIENTAS
Tener herramientas como para arreglar el mundo.

HIDALGO
Ser hidalgo como el gavilán[462].
Ser más hidalgo que un montañés[463].

HIERRO
Tener más hierro que una inyección de lentejas.

HIPÓCRITA
Ser hipócrita como la traición.

---

[461] *Cimex lectularius*, conocido vulgarmente como la chinche o chinche de las camas, es un insecto hemíptero de la familia Cimicidae. Su alimentación es hematófaga, es decir se nutre con sangre de humanos y de otros animales de sangre caliente. Su nombre vulgar proviene del hábitat frecuentemente usado: colchones, sofás y otro mobiliario. Aunque no es estrictamente nocturno, su principal actividad la desarrolla por la noche.

[462] Dícese de la persona desagradecida a sus bienhechores.

[463] Se aplica a la persona que se jacta de descender de alta alcurnia, especialmente si no está bien acreditada en sus pretensiones, aludiendo a la generalidad de los naturales de las montañas de Santander, que blasonan de poseer títulos nobiliarios. (G. M. Vergara, Op. Cit.)

HONRADO

Ser honrado como el habar de Cabra[464].
Ser más honrado que un juez[465].

HORAS

Echar más horas que un saco de relojes.

HORTERA

Ser más hortera que Mari Cruz Soriano[466] tocando el arpa.
Ser más hortera que poner una lista de bodas en un Todo a 100.
Ser más hortera que un autobús con pegatinas.
Ser más hortera que un cochino con dientes de oro.
Ser más hortera que un cuervo en vaqueros.
Ser más hortera que un martillo estampado.
Ser más hortera que un pato con chubasquero.
Ser más hortera que un repollo con un lazo.
Ser más hortera que un toro de felpa encima del televisor.
Ser más hortera que una muñeca gitana encima del televisor.

HOSTIAS

Dar unas hostias como botijos.
Dar unas hostias como panes.

HUECO

Estar más hueco que la cuba de San Benito[467].
Estar más hueco que un capazo[468] boca abajo.
Estar más hueco que una tinaja boca abajo.

---

[464] Cabra es una población de la provincia de Córdoba. Se aplica en el sentido de reprender a los que cuantos más beneficios reciben, más ingratos se manifiestan. Ver nota 553.

[465] En estos tiempos que corren, *es dudosa esta frase.*

[466] Mari Cruz Soriano Roales es una empresaria, periodista, pianista, presentadora de televisión y locutora de radio de España (nacida en Portugalete, Vizcaya, el 23 de agosto de 1955).

[467] Cuba del convento de los benedictinos de Bolonia, famosa por su tamaño.

[468] La cesta o canasta es un recipiente tejido con mimbres, juncos u otras plantas, utilizado para transportar objetos. Puede ser abierta o cerrada y suele contar con un asa central para facilitar su manejo.

HUEVOS

Tener los huevos como los de un toro.

Tener los huevos como los tigres, pegados al culo.

Tener más huevos que El Espartero[469].

Tener más huevos que el caballo de Espartero[470].

Tener más huevos que el caballo de Santiago[471].

Tener más huevos que Tejero en las cortes[472].

Tener más huevos que un gallinero.

Tener más huevos que un toro.

Tener más huevos que una tortilla para doce.

Tener unos huevos como naranjas *washingtonas*[473].

HUESOS

Tener más huesos que un saco de nísperos[474].

Tener más huesos que una vaca campurriana[475].

HUIR

Huir como alma que lleva el diablo.

Huir como el diablo de la cruz.

Huir como un cobarde.

Huir como si le persiguieran con una pistola de mierda.

---

[469] Manuel García Cuesta (Sevilla, 18 de enero de 1865 - Madrid, 27 de mayo de 1894), más conocido como *El Espartero*, fue un torero sevillano de inusitado valor que resultó muerto a los 29 años tras una cornada infligida cuando entraba a matar, por el toro *Perdigón* de la ganadería de Miura en la Plaza de Toros de Madrid.

[470] Ver nota 167.

[471] Ver nota 168.

[472] Ver nota 173.

[473] Naranja *Washington* o Naranja Bahía: esta variedad de naranja tiene una fuerte implantación en España, de buena coloración y excelente calidad. Suele ser consumida desde principios de febrero hasta mediados de abril. Tienen un importante diámetro.

[474] *Mespilus germanica*, comúnmente llamado níspero, níspero europeo o nisperero europeo, es un árbol frutal que produce un fruto llamado *níspero*. A pesar de que su nombre latino hace referencia a Germania, es originario de Asia Menor y el sudeste de Europa, y fue llevado a Alemania por los romanos. Actualmente los cultivos del nisperero japonés han ido sustituyendo a los del europeo, que ya no suele encontrarse en los mercados.

[475] Esta comparación se utiliza en la montaña santanderina. El ganado vacuno de la comarca de Campoo tiene el sistema óseo muy desarrollado.

HUMOS
Tener más humos que una chimenea.

I

IDIOMAS
Hablar más idiomas que el Planeta Agostini[476].

ILOCALIZABLE
Estar más ilocalizable que la corbata de Tarzán[477].
Estar más ilocalizable que Papá Noel[478] en Nochebuena.

IMAGEN
Tener peor imagen que el televisor de los Picapiedra[479].

IMAGINACIÓN
Tener menos imaginación que un conejo enjaulado.
Tener menos imaginación que una piedra.

IMPORTAR
Importar menos que la final de petanca femenina de Sealand[480].

---

[476] Planeta DeAgostini es una editorial española con sede en Barcelona fundada en 1985 que forma parte del Grupo Planeta, y opera también Argentina, Brasil, Chile, Colombia, Ecuador, España, México, Portugal y Venezuela. Planeta DeAgostini está centrada en la edición de coleccionables para todos los gustos y aficiones (cine, música, obras infantiles, hobbies y coleccionismo vario), historietas (bajo su propio nombre o desde sellos como *Comics Forum*, *World Comic* y *Planeta DeAgostini Comics*) y productos interactivos (videojuegos, enciclopedias, cursos multimedia...).

[477] Ver nota 418.

[478] Ver nota 330.

[479] *Los Picapiedra* (en inglés *The Flintstones*) es una serie de animación de la productora Hanna-Barbera Productions. Fue estrenada por la cadena estadounidense ABC el 30 de septiembre de 1960 y fue emitida hasta el 1 de abril de 1966, con un total de 166 episodios y además de algunos especiales y películas. Fue una de las series animadas más exitosas de la historia de la televisión. Fred Flintstone y Barney Rubble eran Pedro Picapiedra y Pablo Mármol. Reflejaban la clase media de la sociedad estadounidense. La acción tiene lugar en un pueblo llamado Piedradura en la Edad de piedra, pero con una sociedad idéntica a la de los Estados Unidos a mediados del siglo pasado.

[480] El Principado de Sealand es una micronación (un Estado autodeclarado pero no reconocido como entidad) que proclama como su territorio a Roughs Tower, una plataforma marina usada como fuerte naval, construida por la Royal Navy en 1942 y localizada en el mar del Norte a diez kilómetros de la costa de Suffolk, en el Reino Unido, así como aguas territoriales en un radio de doce millas náuticas. Sealand está ocupado por la familia y asociados de Paddy Roy Bates, quien acuñó para sí mismo el apelativo de Su Alteza Real Príncipe Roy de Sealand. La población en sus instalaciones rara vez excede de cinco personas y el área habitable de la torre es de 550 m².

IMPROBABLE
Ser más improbable que un concierto de Madonna[481] en la Plaza de San Pedro[482].

INCREÍBLE
Ser más increíble que el final de Misión Imposible[483].

INCULTO
Ser más inculto que una ventosidad de Jesús Gil[484].
Ser tan inculto que apedrea los estancos porque tienen librillos de papel de fumar.

INDEFENSO
Estar más indefenso que Pepe Navarro[485] sin guión.

INESTABLE
Ser más instable que un esquizofrénico sin medicación.
Ser más inestable que una caja de bombas.
Ser más inestable que una caja de nitroglicerina[486].

INFANTIL
Ser más infantil que un póster de Playboy[487] en una reunión del Opus Dei.[488]

---

[481] Madonna Louise Veronica Ciccone, conocida como *Madonna* (Bay City, Míchigan, 16 de agosto de 1958), es una cantautora, actriz y empresaria estadounidense.

[482] La Plaza de San Pedro (*Piazza San Pietro*, en italiano), se encuentra situada en la Ciudad del Vaticano, dentro de la ciudad y capital italiana de Roma y precede, a modo de gran sala períptera, a la Basílica de San Pedro, el magno templo de la cristiandad. Fue enteramente proyectada por Gian Lorenzo Bernini entre 1656 y 1667.

[483] *Misión: Imposible* (*Mission: Impossible*, en inglés) es una Serie de televisión estadounidense, emitida por la cadena ABC entre los años 1988 y 1990.

[484] Ver nota 224.

[485] Ver nota 103.

[486] La nitroglicerina, es un compuesto orgánico, que se obtiene mezclando ácido nítrico concentrado, ácido sulfúrico y glicerina. El resultado es altamente explosivo. Es un líquido a temperatura ambiente, lo cual lo hace altamente sensible a cualquier movimiento, haciendo muy difícil su manipulación, aunque se puede conseguir una estabilidad relativa añadiéndole algunas sustancias, como el aluminio.

[487] Ver nota 443.

INFLADO
Estar más inflado que una pelota.
Estar más inflado que una vejiga.

INFORMADO
Estar mejor informado que las páginas amarillas.

INFRAGANTI
Pillar más infraganti que a Silvestre en la despedida de soltero de Piolín[489].

INGENIO
Tener más ingenio que Leonardo da Vinci[490].
Tener más ingenio que un cubano.

INGLÉS
Hablar más inglés que el recepcionista de un hotel de Salou[491].

INOCENTE
Ser más inocente que el 28 de diciembre[492].
Ser más inocente que una borrachera de gaseosa.

---

[488] La Prelatura de la Santa Cruz y Opus Dei es una institución perteneciente a la Iglesia Católica. Fue fundada el 2 de octubre de 1928 por Jose María Escrivá de Balaguer, sacerdote español canonizado en 2002. El término latino *Opus Dei* significa *obra de Dios*.

[489] *Piolín* (*Tweety* en inglés) es un personaje creado por Bob Clampett para la serie de dibujos animados *Looney Tunes*, de la productora estadounidense Warner Bros. *Piolín* es un pequeño canario amarillo de cabeza gorda y patas desproporcionadamente grandes al que el gato *Silvestre* intenta atrapar para devorarlo. A pesar del tamaño y de las artimañas de su enemigo, *Piolín* siempre logra librarse de él, bien sea por sus propios esfuerzos, por mera suerte o con la ayuda de la *abuelita* (su propietaria) e incluso la del bulldog *Héctor* o la de ambos a la vez.

[490] Ver nota 60.

[491] Salou es un municipio costero situado en la provincia de Tarragona (Comunidad Autónoma de Cataluña, España), en la Costa Dorada, a 10 Km. de la ciudad de Tarragona y a 9 de la ciudad de Reus. Es considerada la capital de la Costa Dorada, al ser el destino turístico más importante.

[492] El Día de los Santos Inocentes es la conmemoración de un episodio hagiográfico del cristianismo: la matanza de todos los niños menores de dos años nacidos en Belén (Judea), ordenada por el rey Herodes con el fin de deshacerse del recién nacido Jesús de Nazaret. En Hispanoamérica y en España es costumbre realizar en esta fecha bromas de toda índole.

INOFENSIVO
Ser más inofensivo que la carabina de Ambrosio[493].

INOPORTUNO
Ser más inoportuno que el galgo Lucas, que veía salir la liebre y se ponía a cagar.

INSINUANTE
Ser más insinuante que el caballo de Espartero[494] en tanga.

INTELECTO
Tener menos intelecto que un alcornoque.

INTENCIÓN
Tener más intención que un toro marrajo[495].
Tener peor intención que un Miura[496].

INTERÉS
Tener menos interés que los cuartos de final de la OTI[497].

INTERESADO
Ser más interesado que un banco.

INTERESANTE
Ser más interesante que una devolución de Hacienda.
Ser menos interesante que el intermedio de la Carta de Ajuste[498].

---

[493] Se supone que el dicho nace en un atracador del mismo nombre del siglo XIX, de origen sevillano, que asaltaba en los caminos con una carabina que no estaba cargada con pólvora, sino sólo con cañamones.

[494] Ver nota 167.

[495] Toro que es malicioso o que no arremete si no es a golpe seguro.

[496] Miura es la denominación popular de un encaste de toros de lidia de características singulares forjada durante varias generaciones de una familia ganadera, desde 1842 hasta la actualidad. Su cría se realiza en la finca Zahariche en la localidad sevillana de Lora del Río.

[497] *El Festival OTI de la Canción* o *Festival de la OTI*, cuyo nombre original era Gran Premio de la Canción Iberoamericana, fue un concurso internacional de canciones, en el que los países pertenecientes a la OTI (Organización de Televisión Iberoamericana) participaban cada uno con una canción, de manera similar al de Eurovisión.

INTERNACIONAL
Ser más internacional que el váter de la ONU.

INÚTIL
Ser más inútil que el cenicero en una moto.
Ser más inútil que el intermitente de un Jumbo[499].
Ser más inútil que el limpiaparabrisas de un submarino.
Ser más inútil que la picha/el rabo/la polla del Papa[500].
Ser más inútil que la primera rebanada del pan Bimbo[501].
Ser más inútil que los huevos de un cura.
Ser más inútil que preguntar por Entunes en Portugal[502].
Ser más inútil que un microondas en una heladería.
Ser más inútil que una Diputación.
Ser más inútil que una herradura con tetas.
Ser más inútil que una moto con puertas.
Ser más inútil que una nevera en el polo norte.
Ser más inútil que vaciar el mar con un cesto.

INVISIBLE
Ser más invisible que el monstruo del Lago Ness[503].
Ser más invisible que el Yeti[504].
Ser más invisible que un moroso.

IR

---

[498] La carta de ajuste es una señal de prueba de televisión que se suele emitir en ausencia de programación. Su finalidad es la de mantener activa toda la cadena de emisión y facilitar el ajuste en los diferentes elementos que componen la misma, en especial en los receptores de televisión.

[499] El Boeing 747, comúnmente apodado *Jumbo*, es un avión comercial transcontinental de fuselaje ancho fabricado por Boeing. Conocido por su impresionante tamaño, está entre los aviones más reconocibles del mundo. Realizó su primer vuelo comercial en 1970, siendo el primer avión con fuselaje ancho. Su rival más directo es el aún mayor Airbus A380.

[500] Ver nota 5.

[501] Ver nota 97.

[502] Lo mismo que preguntar por un estudiante en Salamanca.

[503] El Lago Ness (*Loch Ness* en escocés y *Loch Nis* en gaélico), es un extenso y profundo lago de agua dulce que se encuentra en las Highlands (*tierras altas*) de Escocia, cerca de la ciudad de Inverness, en el Reino Unido. El monstruo del lago Ness, familiarmente llamado Nessie, es el nombre de una criatura legendaria que se dice que habita en el lago Ness, Junto con *Grande* y el *Yeti*, Nessie es quizá el "misterio" más difundido de la criptozoología.

[504] Ver nota 353.

Ir como *cadajón*[505] por acequia.
Ir como la seda.
Ir como los frailes, de dos en dos.
Ir como puta por rastrojo.
Ir como una moto.
Ir hecho una sopa.

IRSE
Irse por las pencas como las burras *caldorras*[506].

---

[505] *Cadajón*: Excremento de caballería, en Aragón.

[506] *Caldorra*, que tiene diarrea.

J

JODER

Joder más que el que le echen el aliento en la nuca/cuello a uno cuando
le están dando por el culo.

Joder más que las moscas.

Joder más que una china en un zapato.

JODIDO

Estar más jodido que la yesca[507].

Estar más jodido que un jubilado sin pensión.

Estar más jodido que un jubilado sin televisión.

JOROBAS

Tener más jorobas que una ristra de ajos.

---

[507] Ver nota 56.

K

KILÓMETROS

Hacer más kilómetros que las sandalias del Correcaminos[508].
Tener más kilómetros en el cuero que el Correcaminos[509].
Tener más kilómetros que el baúl de la Piquer[510].
Tener más kilómetros que las maracas de Machín[511].

---

[508] Ver nota 408.

[509] Ver nota 408.

[510] Concepción Piquer López (Valencia, 8 de diciembre de 1906 – Madrid, 12 de diciembre de 1990), conocida artísticamente como Concha Piquer, fue una cantante y actriz valenciana y una de las figuras más relevantes de la copla. Interpretó varias composiciones clave de la canción española, casi todas ellas obra de Valverde, Quintero, León y Quiroga, como *Ojos verdes, Tatuaje, Y sin embargo, te quiero, Suspiros de España*, y otras muchas.

[511] Antonio Lugo Machín, conocido como Antonio Machín (Sagua la Grande, Cuba, 11 de febrero de 1903 - Madrid, España, 4 de agosto de 1977), fue un cantante cubano de boleros y de música popular en general. Basó su repertorio en la música cubana y la balada romántica.

L

LABIA
Tener menos labia que el mudo de los hermanos Marx[512].

LABIOS
Tener más labios que un negro haciendo la Vespa[513].
Tener más labios que una vaca silbando.

LADRÓN
Ser más ladrón que Caco[514].

LÁMPARAS
Tener más lámparas que El Corte Inglés[515].
Tener más lámparas que el palacio de Versalles[516].

---

[512] Harpo Marx (23 de noviembre de 1888 - 28 de septiembre de 1964) fue uno de los cinco hermanos Marx, su verdadero nombre era Adolph Marx, aunque posteriormente se lo cambiaría a Arthur, se hizo famoso gracias a su papel de mudo con su característica peluca naranja y su gabardina con los bolsillos siempre llenos.

[513] Ver nota 83.

[514] En la mitología griega, Caco (en griego antiguo *Kakós*, 'malo' o 'malvado'; en latín *Cacus*), hijo de Hefesto, era un gigante mitad hombre y mitad sátiro que vomitaba torbellinos de llamas y humo. Vivía en una cueva del monte Aventino en el Lacio (actualmente Roma), en cuya puerta siempre colgaban, para horror de los habitantes del lugar, las cabezas sangrantes de los humanos que devoraba. Según la *Eneida*, en la que Evandro cuenta la historia a Eneas, Heracles condujo los rebaños de bueyes de Gerión tras haber derrotado a éste hasta las orillas del Tíber, cerca de la morada de Caco. Mientras pastaban Heracles se durmió y Caco se encaprichó del ganado, robando cuatro parejas de bueyes que condujo a su cueva arrastrándolos de espaldas por el rabo, de forma que no dejaran huellas. Cuando Heracles despertó y se dispuso a abandonar los pastos, el ganado que le quedaba empezó a mugir lastimeramente hacia la cueva, donde una vaca respondió. Heracles corrió furioso hacia la cueva.

[515] El Corte Inglés era una pequeña tienda en la calle Preciados de Madrid, con esquina a las calles Carmen y Rompelanzas, dedicada a la sastrería y confección para niños que había sido fundada en 1890 y que gozaba de cierto prestigio. La propiedad del inmueble, y de la tienda que se encontraba en sus bajos, era desde 1930 de Julián Gordo Centenera. Hoy el grupo El Corte Inglés es el primer grupo de distribución de España y el número 40 del mundo por volumen de ventas y está compuesto por empresas de distintos formatos entre los que cabe destacar el originario de Grandes Almacenes por Departamentos.

[516] Versalles fue la capital no oficial del reino de Francia a partir de mayo de 1682 (cuando el rey Luis XIV trasladó la corte y el gobierno permanentemente a Versalles) hasta septiembre de 1715 (la muerte de Luis XIV y regencia, con el regente Felipe de Orleans volviendo a París), y luego otra vez a partir de junio de 1722 (cuando Luis XV volvió a Versalles permanentemente) hasta

Tener más lámparas que un loco comiendo sopa.

LANA

Tener más lana que el borrego del tercio[517].

LARGA/O

Ser largo y estrecho, como alma de condenado/vizcaíno.
Ser largo y angosto, como arma de vizcaíno[518].
Ser más larga que la legua de Cabañas[519].
Ser más largo que el campo de Oliver y Benji[520].
Ser más largo que esperanza de pobre.
Ser más largo que la bragueta de una sotana.
Ser más largo que la bufanda de una jirafa.
Ser más largo que la Cuaresma[521].
Ser más largo que la estera de un convento.

---

octubre de 1789 (cuando la gente de París forzó a Luis XVI volver a París). Durante el período entero, París siguió como la capital oficial de Francia, y el palacio real oficial fue el Palacio del Louvre, pero los asuntos prácticos del gobierno fueron conducidos desde Versalles y Versalles fue considerada como la verdadera capital. Versalles se convirtió otra vez en la capital no oficial de Francia a partir de marzo de 1871, cuando el gobierno francés se refugió en allí debido a la insurrección de la Comuna de París, hasta noviembre de 1879, cuando los nuevamente elegidos republicanos de izquierda trasladaron el gobierno y el parlamento a París.

[517] La Legión es una fuerza militar dirigida y creada en 1920 por José Millán-Astray, encuadrada dentro de las Fuerzas Ligeras del Ejército de Tierra Español. Actualmente consta de los Tercios *Gran Capitán* (1º de la Legión) y *Duque de Alba* (2º de la Legión) y de la Brigada de la Legión *Rey Alfonso XIII*, compuesta a su vez por los Tercios *Don Juan de Austria* (3º de la Legión) y *Alejandro Farnesio* (4º de la Legión), más otras unidades de maniobra y de apoyo logístico. En los desfiles, delante de los gastadores, desfila un carnero.

[518] G. M. Vergara, Op. Cit.

[519] Se emplea en la provincia de Toledo para ponderar la longitud de una cosa o una distancia, y se refiere a la pretendida legua que separa a Cabañas y Olías del Rey sobre la carretera de Madrid a Toledo, que no es sino legua y media por lo menos, aunque engañe al que desconozca la comarca porque se desarrolla en línea recta. (G. M. Vergara, Op. Cit.).

[520] Ver nota 256.

[521] La Cuaresma (latín: *quadragésima*, Cuadragésimo día, antes de la pascua) es el periodo del tiempo litúrgico (calendario cristiano) destinado por la iglesia Católica Apostólica y Romana, la Iglesia Anglicana, y la Iglesia ortodoxa, además de ciertas iglesias evangélicas, aunque con inicios y duraciones distintas, para la preparación de la fiesta de Pascua. Oficialmente, la Cuaresma comienza el Miércoles de Ceniza y termina justo antes de la Misa de la Cena del Señor del Jueves Santo. La duración de cuarenta días proviene de varias referencias bíblicas y simboliza la prueba de Jesús al vivir durante 40 días en el desierto previos a su misión pública. También simbolizan los 40 días que duró el diluvio, además de los 40 años de la marcha del pueblo Judío por el desierto y los 400 años que duró la estancia de los judíos en Egipto.

Ser más largo que la infancia de Heidi[522].
Ser más largo que un día sin pan.
Ser más largo que un mayo[523].
Ser más largo que un real de hilo.
Ser más largo que un tren de mercancías.
Ser más largo que una letanía.
Ser más largo que una meada cuesta abajo.

LATA
Dar más la lata que una fábrica de conservas.

LÁTIGO
Usar más el látigo que Indiana Jones[524].

LECHE
Tener más leche que una vaca.
Tener más mala leche que el café en un bar.
Tener más mala leche que el Cojo Manteca[525].
Tener más mala leche que el hombre lobo[526] haciéndose la cera.
Tener más mala leche que un bizco.
Tener más mala leche que un bombero.
Tener más mala leche que un carro volcado.
Tener más mala leche que un Guardia Civil de servicio.

---

[522] Ver nota 91.

[523] Ver nota 36.

[524] *Indiana Jones* (apodo de Henry Walton Jones Jr.) es un personaje creado por el director de cine estadounidense George Lucas en 1973, e inspirado en algunos personajes representativos de los seriales de 1930, particularmente de la empresa Republic Pictures. y es protagonista de una serie de películas de aventuras dirigida por Steven Spielberg y protagonizada por Harrison Ford. A la primera entrega de la saga *Indiana Jones en busca del Arca perdida* (1981), debido al gran éxito, le siguieron *Indiana Jones y el Templo Maldito* (1984), *Indiana Jones y la Última Cruzada* (1989) y luego de casi 20 años *Indiana Jones y el Reino de la Calavera de Cristal* (2008). Conocido también como *Indy* o Doctor Jones, Indiana Jones trabaja como arqueólogo y profesor en la ficticia Universidad Barnett, ubicada en New York. Cuando no está impartiendo clases, emprende viajes con la finalidad de buscar objetos de importante valor histórico para la humanidad.

[525] Jon Manteca Cabañes (Mondragón, Guipuzcoa, 1967 – Orihuela, Alicante, 1996) más conocido como el *Cojo Manteca* fue un personaje elevado al rango de icono mediático de finales de los años ochenta en España a raíz de fotografías y videos que le mostraban destrozando mobiliario urbano en una manifestación de estudiantes en enero de 1987.

[526] Ver nota 344.

Tener más mala leche que un queso de vaca loca[527].

LECHES
Repartir más leches que el camión de la Clesa[528].

LEJOS
Estar tan lejos como lo blanco de lo negro.

LENGUA
Tener una lengua como para pegar carteles de toros.

LENTO
Ser más lento que caracol con asma
Ser más lento que Carmen Sevilla[529] haciendo una división con
    decimales.
Ser más lento que dejar a la Barbie[530] embarazada.
Ser más lento que el caballo del malo.
Ser más lento que el desarrollo de una berza.
Ser más lento que la vuelta ciclista a España en bicicleta estática.
Ser más lento que patada de astronauta.
Ser más lento que un desfile de cojos.
Ser más lento que un caballo paralítico.
Ser más lento que una carrera de caracoles.
Ser más lento que una locomotora a pedales.
Ser más lento que una maratón de berberechos.
Ser más lento que una procesión de cojos cuesta arriba.
Ser más lento que una tortuga coja.

---

[527] Ver nota 42.

[528] Clesa (acrónimo de Centrales Lecheras Españolas S.A.) es una empresa dedicada a los productos lácteos que pertenecía a Nueva Rumasa. La compañía se creó en Burgos, en 1943. El 20 de junio de 2012 el juzgado nº 6 de lo Mercantil de Madrid la declaró disuelta con un déficit de 681 millones de euros.

[529] María del Carmen García Galisteo, conocida artísticamente como *Carmen Sevilla* (Sevilla, 16 de octubre de 1930) es una actriz, cantante, bailarina y presentadora de televisión española.

[530] Ver nota 219.

LETRAS

Tener las letras gordas como las de San Amaro, que tres no cabían en un carro.

Tener las letras más gordas que un libro de coro.

LEVANTARSE

Levantarse más pronto que el panadero/cocinero del pan Bimbo[531].

LEYES

Tener más leyes que don Macario[532].

LIADO

Estar más liado que Abigail[533].

Estar más liado que el moño de una loca.

Estar más liado que el testamento de una gitana.

Estar más liado que el testamento de una loca.

Estar más liado que la pata de un romano.

Estar más liado que un puzzle montado por un ciempiés.

Estar más liado que una momia.

Estar más liado que una pelea de pulpos.

Estar más liado que una persiana.

LIBRE

Ser más libre que el aire.

---

[531] Ver nota 97.

[532] Se utiliza refiriéndose a la persona sabihonda y de mucha letra menuda, con alusión a un tal D. Macario Fariñas, celebre letrado y arqueólogo que vivió en Ronda en el siglo XVII. (Sbarbi, Op. Cit.)

[533] *Las brujas de Salem* o *El crisol* (en inglés: *The Crucible*) es una obra de teatro de Arthur Miller escrita en 1953. Está basada en los hechos que rodearon a los juicios de brujas de Salem, Massachusetts en 1692. Miller escribió sobre el evento como una alegoría del mcarthismo que sucedió en los Estados Unidos en los años 1950. La novela presenta varios temas íntimamente conectados entre sí. En primer lugar tenemos la histeria de las chicas. Al ser sorprendidas bailando por la noche en el bosque por el reverendo Parris, las chicas se asustan y enferman. Mister Hale, otro reverendo, es requerido para el caso y, sin saberlo, ofrece a las chicas una manera (*Did someone force you to do this?*) para salir del lío y escapar del castigo —una paliza—: la caza de brujas. Hale de hecho les dice que deben decir si vieron a alguien con el diablo, y que si hacen esto estarán haciendo el trabajo de Dios. Esto tiene un gran impacto en las chicas. La escena que más claramente muestra esto es justo antes de que Abigail empiece a gritar nombres al final del primer acto: "Abigail se levanta, *como inspirada*, y grita...".

LIBRO

Estar como un libro descuadernado.

LIGAR

Ligar más que un torero.
Ligar menos que el chófer del Papa[534].
Ligar menos que la gata del Vaticano[535].
Ligar menos que los gases nobles.
Ligar menos que Quasimodo[536] en Marbella[537].
Ligar menos que Tarzán[538] en el Patio de los Naranjos.
Ligar menos que un pingüino en Senegal[539].
Ligar menos que Shakespeare[540] en una tasca de pueblo.

LIGERO

Ser más ligero que un soplo.
Ser más ligero que una liebre.

---

[534] Ver nota 5.

[535] Ver nota 72.

[536] *Quasimodo*, es el personaje principal de la obra *Nuestra Señora de París*, de Victor Hugo. Es un niño jorobado que fue abandonado al nacer cerca de la catedral de Nuestra Señora de París, y habitaba en la catedral de Notre Dame, tocando las campanas. Supuestamente era hijo de una gitana. Sólo puede utilizar un ojo, ya que el otro lo tiene casi bloqueado por la deformidad de su rostro, y quedó casi sordo por el tañer de las campanas de la catedral, de las cuales él se encarga y significan todo para él, antes de conocer a la joven gitana Esmeralda, de quien se enamora, por ser ella la primera que le mostró bondad.

[537] Marbella es una ciudad y un municipio del sur de España, perteneciente a la provincia de Málaga, en la comunidad autónoma de Andalucía. Tras la Segunda Guerra Mundial, apareció en Marbella Ricardo Soriano Scholtz von Hermensdorff, Marqués de Ivanrey, quien hizo propaganda de Marbella entre sus ricos y famosos amigos. Ricardo Soriano adquirió una finca situada entre Marbella y San Pedro y allí construyó un complejo hotelero denominado "Venta y Albergues El Rodeo", dando comienzo al desarrollo del turismo de lujo en Marbella. Su sobrino, Alfonso de Hohenlohe, adquirió la finca Santa Margarita, embrión de lo que en 1954 sería el Marbella Club. Los pasos de estos serían secundados más tarde por miembros de otras conocidas familias europeas: Bismarck, Rothschild, Thurn und Taxis, Metternich, Goldsmith, de Mora y Aragón, Salamanca (Marqués de Salamanca y Conde de los Llanos) o la familia Thyssen-Bornemisza, convirtiendo a Marbella en un punto de encuentro de la jet set internacional.

[538] Ver nota 418.

[539] La República de Senegal es un país al sur del río Senegal en el África occidental.

[540] William Shakespeare (Stratford-upon-Avon, Warwickshire, Reino Unido *c.* 26 de abril de 1564–*ibídem*, 23 de abril[jul.]/ 3 de mayo de 1616[greg]) fue un dramaturgo, poeta y actor inglés. Conocido en ocasiones como el *Bardo de Avon* (o simplemente *El Bardo*), Shakespeare es considerado el escritor más importante en lengua inglesa y uno de los más célebres de la literatura universal.

Ser más ligero que una pluma.
Ser más ligero que una veleta en marzo.
Ser ligero como el ave de San Lucas.
Ser ligero como el mismo viento.
Ser ligero como un gamo.

LILA
Ser más lila que el vampiro de Barrio Sésamo[541].

LÍMITE
Estar más al límite que un logaritmo neperiano con orejas.

LIMPIA/O
Estar más limpia que puta en Cuaresma[542].
Estar más limpio que la cara de un juez.
Estar más limpio que los chorros del agua.
Estar más limpio que los chorros del oro.
Estar más limpio que un San Luís[543].
Estar más limpio que una patena[544].
Estar tan limpio que parece que no ha pecado.
Ser limpio como el agua.

LÍNEA
Tener mejor línea que el teléfono de Gila[545].

LISA/O
Estar más lisa que la espalda de una guitarra.
Estar más lisa que la tabla de lavar.
Estar más liso que la espalda de un violín.

---

[541] Ver nota 108.

[542] Ver nota 521.

[543] Ver nota 436.

[544] La patena es el platillo en el que se pone la hostia durante la celebración eucarística. La forma de las patenas se diferencia en función de la época a la que pertenecen.

[545] Ver nota 428.

LISTO

Ser más listo que Dios.

Se más listo que Calixto.

Ser más listo que Cardona[546].

Ser más listo que el hambre.

Ser más listo que Lepe[547].

Ser más listo que los ratones colorados.

Ser más listo que un conejo.

Ser más listo que un listón.

Ser más listo que una ardilla.

LLAMATIVO

Ser más llamativo que un rally de pulgones.

LLEGAR

Llegar como caído del cielo.

Llegar como las vacas de mi pueblo, después de la corrida.

---

[546] Según Amando de Miguel: *Cardona,* el listo que se libró de la muerte cuando lo perseguían. Seguramente hubo un vizconde de Cardona en el siglo XIV, pero quizá el "más listo que Cardona" sea un ente de ficción popular.

[547] Juan de Lepe era un marino de esta localidad onubense cuyo carácter debía ser una mezcla de pícaro, tahúr y bromista, que los avatares de la vida le llevaron a la corte del rey de Inglaterra, Enrique VII. Llegó a ser una mezcla de confidente y bufón del rey. El desapacible clima de la isla hacía que rey y plebeyo pasasen las horas, al calor del hogar, tomando unas cervezas y jugando una partida de cartas o de ajedrez. El rey inglés tenía fama de tacaño y las apuestas no pasaban más de allá de alguna moneda hasta que un buen día, pensando que Juan se echaría atrás, se jugó las rentas de Inglaterra a una mano – aunque luego lo dejó en las de un día –. Juan, sin inmutarse, aceptó. Juan de Lepe ganó y fue rey de Inglaterra durante un día (*The little King of England*). Se dio una gran fiesta en su nombre y Juan aprovechó la ocasión para llenarse los bolsillos. Tras la muerte de Enrique VII, en 1509, el lepero decidió regresar a su casa antes de que Enrique VIII decidiese su destino. Ya en su pueblo natal, se dedicó a disfrutar de la vida, y de su fortuna, pero también quiso ganarse el retiro celestial y donó parte de sus riquezas al Monasterio Franciscano de Lepe con una condición: cuando falleciese se debería grabar en su lápida, a modo de epitafio, sus hazañas. Y aunque a fecha de hoy no se conserva, sabemos que se hizo por la obra *Origine Seraphicae Religionis* (1583) del padre Francisco de Gonzaga:

> En la Iglesia de este convento (Ntra. Sra. de la Bella) aún se ve el sepulcro de cierto Juan de Lepe, nacido de baja estirpe del dicho pueblo de Lepe, el cual como fuese favorito de Enrique VII rey de Inglaterra con él comiese muchas veces y aun jugase, sucedió que cierto día ganó al rey las rentas y la jurisdicción de todo el reino por un día natural, de donde fue llamado por lo ingleses el pequeño rey…

LLENO

Estar más lleno que el neceser de MacGyver[548].
Estar más lleno que una patera[549].

LLEVARSE

Llevarse como picha al culo.

LLORAR

Llorar como una magdalena.
Llorar más que una magdalena arrepentida.
Llorar más que una magdalena con conjuntivitis.
Llorar tanto como para perder las pestañas.

LLOVER

Llover más que cuando enterraron a Zafra[550].

---

[548] Ver nota 200.

[549] Ver nota 55.

[550] Se refiere a un conde de Zafra, uno de los descendientes de don Hernando de Zafra, que fuera secretario de los Reyes Católicos y que era dueño de la llamada Casa de Castril, ubicada en la Carrera del Darro, Granada. Dos leyendas tienen la misma base y ponen como protagonista a una gitana que le echó una maldición a un noble, sin embargo una la localiza en la ciudad de Zafra y otra en Granada. Parece ser que el conde desvió una acequia que pasaba por sus tierras debido a un conflicto de lindes que mantenía con unos vecinos. Con esa medida dejó sin agua a algunos habitantes que vivían en la parte de abajo del río Darro. Puso cercas en sus tierras para que nadie entrara. Ocurrió que una noche entró en la finca prohibida una gitana que fue a llenar un cántaro de agua en una fuente. Cuando lo hubo hecho y regresaba procelosa a su casa, dio un traspié y se le cayó el cántaro. El ruido alertó a los centinelas que, diligentes, fueron a apresarla y llevarla ante la presencia del odioso conde. Éste, como castigo, dijo que le dieran tantos palos a la gitana como pedazos se había hecho el cántaro que se había roto. Recibió, en las espaldas, siete garrotazos y la expulsaron del recinto. Cuando salió, levantó la mano y mirando al cielo, imprecó: *Siete palos me dieron, conde de Zafra, y maldigo y emplazo tu vida en siete días. El próximo martes morirás, las aguas van a sobrarte y tus despojos navegarán sobre ellas.* Los defensores de la versión que ponían a la bella gitana como amante del conde, dicen que aquella, dolida por la acción del noble, remató la maldición con: *¡Quiera Dios que lo entierren las aguas del río!* Tan sólo unas horas después de la paliza, al amanecer, al conde se le puso la cara pálida por una rara enfermedad que había contraído. Estuvo casi una semana en pura agonía, con unas fiebres que le hacían delirar y sufrir grandes tiritonas. Los dolores no le dejaban dormir. Hasta que al séptimo día el conde murió. Dicen las crónicas de aquel suceso que al noble le sobrevino la muerte al arrancar el amanecer del siguiente martes y en la ciudad cayó tan descomunal aguacero que inundó el palacio y todos sus aposentos, llevándose la riada el ataúd del conde de Zafra, ya dispuesto para el velatorio, que naufragó y que nunca fue encontrado su cadáver, y cuentan los que lo vieron que así sucedió, y es por ello que en Granada, cuando hay nubes negras, se dice, mirando al cielo, mientras cae un fuerte aguacero: *Llueve más que cuando enterraron a Zafra.*

LOCA/O

Estar más loca que La Moños[551].
Estar más loca que las cabras de Heidi[552].
Estar más loca que un cencerro.
Estar más loco que un habar[553].
Estar más loca que una cabra/chiva/chota.
Ser más loco que una tahona[554].

LUCES

Haber más luces que en Navidad.
Tener menos luces que el camerino de Stevie Wonder[555].
Tener menos luces que la bicicleta de un gitano.
Tener menos luces que un barco pirata.
Tener menos luces que un capítulo de Expediente X[556].
Tener menos luces que una bicicleta.
Tener menos luces que una escoba.
Tener menos luces que una lancha de contrabando.
Tener menos luces que una patera[557].

---

[551] Personaje real. *La Moños* fue una mujer muy popular de los años 30 y 40, del siglo XX, en la Rambla de Barcelona y alrededores. Se contaban muchas historias de esta mujer, la mayoría seguramente inventadas, pues ella, debido a su estado mental, no refería nunca nada relativo a su vida pasada. Una de las historias que corrían era que un coche de caballos había atropellado a su hija, que murió, y debido a ello se había trastocado. En otra de las historias, "se dice" (también debió de contárselo su madre a la directora y guionista Mireia Ros) que *La Moños* se volvió loca al morir en accidente su aristocrático amante, y al arrebatarle el niño nacido de ambos esa familia aristocrática, para perpetuar su descendencia. *La Moños*, fue un personaje barcelonés que en su tiempo batió récords de popularidad. Fue uno de esos personajes de los que todos se ríen pero todos respetan. *La Moños* tiene una figura en el museo de cera de la ciudad Condal, y hay un restaurante en Barcelona que se llama *La Moños* en la calle Muntaner/Gran Vía. Durante los años que frecuentó Las Ramblas de Barcelona, llamaba la atención su forma de vestir extravagante, sus peinados con moños donde colocaba las flores que le regalaban las floristas.

[552] Ver nota 91.

[553] Creencia antiquísima es que el olor de las habas, cuando están en flor, trastorna los cerebros débiles. (Sbarbi, Op. Cit.)

[554] Tahona es el nombre por el que es conocido tradicionalmente un molino para hacer harina, hecho funcionar por la fuerza de caballos o mulos. También el lugar en donde se fabrica el pan.

[555] Ver nota 264.

[556] Ver nota 374.

[557] Ver nota 55.

LUCHAR
Luchar como si en ello le fuera la vida.
Luchar como un jabato.
Luchar como un león.

LÚCIDO
Ser menos lúcido que un agujero negro.

LUJO
Tener menos lujo que el Portal de Belén.

LUNARES
Tener más lunares que un mapa de la galaxia.
Tener más lunares que un traje de flamenca.
Tener más lunares que una carta astral.

M

MACHO

Creerse más macho que un toro bravo legionario y paracaidista.
Es más macho que las gallinas del Puente de Vallecas[558].
Ser más macho que Pancho Villa[559].

MACIZA/O

Estar más maciza que las botas de Chuck Norris[560].
Estar más maciza que las lentillas de la Dama de Elche[561].
Estar más maciza que los calzoncillos de la estatua de Cascorro[562].
Estar más maciza que unos zuecos fosilizados.
Estar más macizo que el maquillaje de Sara Montiel[563].

---

[558] Puente de Vallecas es el nombre de un distrito perteneciente a la ciudad de Madrid y organizado administrativamente en los barrios de Entrevías, San Diego, Palomeras Bajas, Palomeras Sureste, Portazgo y Numancia.

[559] José Doroteo Arango Arámbula, mejor conocido por su *seudónimo* Francisco Villa o Pancho Villa. Fue uno de los jefes de la revolución mexicana, cuya actuación militar fue decisiva para la derrota del régimen del entonces presidente Victoriano Huerta. Originario del estado de Durango (se desconoce si era de Río Grande o de San Juan del Río), nació el 5 de junio de 1878 y murió asesinado en una emboscada en Hidalgo del Parral (Chihuahua) el 20 de julio de 1923. Durante la revolución fue conocido como *El Centauro del Norte*.

[560] Carlos Ray Norris (10 de marzo de 1940), conocido como *Chuck Norris*, es un actor estadounidense, campeón mundial de karate, ex militar y fundador de una asociación de karate.

[561] Ver nota 277.

[562] Eloy Gonzalo, llamado *El Héroe de Cascorro*, (Malaguilla, Guadalajara, España, 1 de diciembre de 1868 – Matanzas, Cuba, 18 de junio de 1897) fue un soldado español distinguido durante la Guerra de Cuba. En homenaje Madrid le dedica una estatua en la plaza de Cascorro desde 1901. El 22 de septiembre de 1896 una partida de unos tres mil insurrectos, al mando de Máximo Gómez y Calixto García, cercó la pequeña población de Cascorro, no lejos de Puerto Príncipe. El 26 de septiembre la situación del destacamento español se hizo tan comprometida que la única solución era volar un bohío desde el cual causaban graves daños a la guarnición. Eloy Gonzalo se presentó voluntario para prender fuego a la posición de los insurrectos cubanos. Dice la leyenda que pidió ser atado con una cuerda para que, si caía, su cuerpo pudiera ser recuperado. Así, armado con su fusil y con una lata de petróleo, y atado con una cuerda, se deslizó hacia las posiciones insurrectas, prendiéndoles fuego y regresando indemne a su posición, la cual fue liberada pocos días después por una columna española al mando del general Adolfo Jiménez Castellanos.

[563] María Antonia Alejandra Vicenta Elpidia Isidora Aurelia Esther Dolores Abad Fernández, artísticamente *Sara Montiel* (Campo de Criptana, Ciudad Real, 10 de marzo de 1928) es una actriz de cine y cantante española.

Estar más macizo que el microondas de los Picapiedra[564].
Estar más macizo que el moño de La Cibeles[565].
Estar más macizo que la bola de los leones de las Cortes[566].
Ser más macizo que los neumáticos de un troncomóvil[567].

MADRILEÑO
Ser más madrileño que el chotis[568].

MADRUGAR
Madrugar más que el pecado.

---

[564] Ver nota 479.

[565] La fuente de Cibeles, más conocida por los madrileños como *La Cibeles*, se encuentra en Madrid, en la plaza del mismo nombre. La figura principal es la diosa Cibeles, obra del escultor Francisco Gutiérrez. Está montada en un carro dispuesto sobre una roca que se eleva en medio del pilón. En sus manos lleva un cetro y una llave y en el pedestal se esculpieron un mascarón que escupía agua por encima de los leones hasta llegar al pilón, más una rana y una culebra que siempre pasan desapercibidas.

[566] El Palacio de las Cortes es un edificio que alberga el Congreso de los Diputados. Está situado entre la calle Zorrilla y la Carrera de San Jerónimo, a escasa distancia del Paseo del Prado, en Madrid. Delante del cuerpo central se abre una monumental escalera, flanqueada por los elementos más característicos e icónicos del edificio: dos monumentales leones de bronce, obra de Ponciano Ponzano, fundidos en 1866, según reza una inscripción al de las esculturas, con los cañones capturados al enemigo en la Guerra de África de 1860. En total han habido tres parejas de leones. El primer encargo se hizo al escultor Ponciano Ponzano y Gascón (Zaragoza, 1813-Madrid, 1877), autor del frontispicio del Congreso. Por falta de recursos, dada la malísima situación económica, Ponciano hizo una obra de yeso pintado imitando al bronce. Los leones se colocaron en el año 1851 con una ovación general, pero al cabo de un año, por las condiciones meteorológicas, los leones presentaban un estado deplorable, y comenzaron las críticas de ciudadanos y prensa hasta el punto de que se optó por encargar otras esculturas con materiales más nobles y duraderos. La segunda pareja de leones se encargó a Ponciano, pero como dio un presupuesto muy elevado se hizo un nuevo encargo al escultor José Bellver y Collazos (Ávila, 1824-Madrid, 1869), que diseñó dos leones de piedra pequeños, que como se dijo en la época parecían más perros rabiosos que fieros felinos, y nuevamente las esculturas se retiraron a causa de las protestas. Actualmente se encuentran en los jardines de Monforte en Valencia. La dirección del tercer proyecto volvió a recaer sobre Ponciano Ponzano. El 23 de marzo de 1860, el ejército español consiguió una gran victoria en la Batalla de Wad-Ras, en la Guerra de África, tomándose unos cañones al enemigo. Tales cañones se entregaron a Ponciano para hacer los leones del Congreso siendo fundidos en la Maestranza de Sevilla en el año 1865. Por fin en 1865 fueron terminados con el agrado y alabanza generales, salvo de un grupo de diputados que empezó a criticar el origen militar y guerrero del bronce, argumentando que no podían representar al congreso dos figuras realizadas con material de guerra, llegándose a hablar incluso de su destrucción, pero en 1872 se zanjó el debate y se colocaron en el lugar que ocupan en la actualidad.

[567] Ver nota 479.

[568] Ver nota 25.

133

Madrugar más que las gallinas.

MAGNETISMO
Tener más magnetismo que un bocadillo de imanes.

MALICIA
Tener menos malicia que un recién nacido.

MALO
Ser más malo que Barrabás[569].
Ser más malo que Caín[570].
Ser más malo que el diablo con gripe.
Ser más malo que el hambre.
Ser más malo que el sebo.
Ser más malo que la carne de pescuezo.
Ser más malo que la quina[571].
Ser más malo que pegarle a tu mamá el día de las madres.
Ser más malo que un chino de película.
Ser más malo que un demonio.
Ser más malo que un diablo.
Ser más malo que un dolor.

---

[569] Barrabás es un personaje citado en el Nuevo Testamento, concretamente en relación con el proceso de Jesús ante Poncio Pilato. Según Marcos y Lucas, estaba encarcelado por haber participado en un motín en el que se había cometido un homicidio (Mc 15,7; Lc 23,19); Juan indica que era un bandolero (Jn 18, 40); y Mateo, se refiere a él sencillamente como "un preso famoso" (Mt 27, 16).

[570] Según el *Génesis* (el primer libro de la *Biblia*) Caín fue el primogénito de los hijos de Adán y Eva, el primer ser humano nacido fuera del Paraíso y el primer fundador de un asentamiento humano. Después de Caín, concibieron a otro varón, su hermano Abel. Caín se dedicó a la agricultura, mientras que su hermano menor al pastoreo. Según el relato bíblico estos hermanos presentaron sus sacrificios a Yahvé en sus respectivos altares; al verlos, Dios prefirió el sacrificio de Abel (de los primogénitos de sus ovejas) que el de Caín (del fruto de la tierra), quien enloqueció de celos y mató a su hermano, yéndose, después de esto, a sus cultivos. Al ser interrogado por Yahvé acerca del paradero de su hermano, Caín responde *¿Acaso soy yo el custodio de mi hermano?* Sabiendo Yahvé lo que había ocurrido, castigó a Caín condenándolo a vagar por la tierra, pero le colocó una marca particular (un árbol) en la frente para preservar su vida ante los habitantes de la tierra. En su peregrinaje Caín llegó a la tierra de Nod donde edificó la primera ciudad a la cual llamó Enoc, por el nombre de su hijo.

[571] La quina o quinaquina es la corteza del quino o "cascarilla", de aspecto y cualidades diferentes según la especie de que procede. La quina es un medicamento febrífugo, tónico y antiséptico. Se emplea principalmente como tónica en forma de polvo, extracto, tintura, jarabe, vino, etc.; y en el exterior del cuerpo, en infusión o cocimiento para el lavado de heridas y úlceras.

Ser tan malo que se da miedo a sí mismo.

MANCHAS
Tener más manchas que medallas un general africano.
Tener más manchas que un leopardo.

MANDAR
Mandar más que Dios.
Mandar más que un cabo.
Mandar menos que un gitano en un juzgado.

MANO/S
Tener la mano caliente como enfermera de viejas.
Tener la mano como una bañera.
Tener las manos como boinas.
Tener las manos que parecen un muestrario de pollas.
Tener más manos que un pulpo.
Tener una mano como un plato de boquerones.

MANOSEADA
Estar más manoseada que las hojas del canon[572].
Estar más manoseada que las pesetas/euros.

MAQUILLAJE
Tener tanto maquillaje que para darle un beso hay que usar antiderrapante.

MARCAR
Marcar más que Mangriñán[573].
Marcar más que un delantero caro.
Marcar más que un ganadero argentino.

---

[572] Del griego *Kanon*: regla. En latín: *canon*: regla, estándar, síntesis. Los libros canónicos son aquellos reconocidos como parte de la Biblia.

[573] José Mangriñán fue un futbolista español de la década de los años 1950 y principios de los 1960. Nació en la población castellonense de Vall de Uxó. Su posición en el campo era de volante por la derecha. Jugó en numerosos equipos de la Comunidad Valenciana y en el Deportivo de La Coruña. Falleció en Villarreal, ciudad cercana a su localidad, el 22 de agosto de 2006.

MARCHA
Llevar más marcha que un disco de *bacalao* a 120 revoluciones por minuto.
Tener más marcha que la furgoneta del Equipo A[574].

MARCHAR
Marchar como la seda.

MARICA
Ser más marica que un timbre.

MARICÓN
Ser más maricón que un palomo cojo.

MEDALLAS
Ponerse más medallas que una beata.

MEDIDAS
Tomar más medidas que un consejo de ministros.

MEDROSO
Ser más medroso que una liebre.

MEJOR
Ser mejor que el enterramiento de Efestión[575].

MENEARSE
Menearse más que Carmen Miranda[576].
Menearse más que el abanico de una tonta.
Menearse más que el busto de Carmen Sevilla[577].

---

[574] Ver nota 140.

[575] Gran amigo de Alejandro Magno, mereció que a su muerte dispusiera éste, en su honor, exequias tan suntuosas, que su memoria ha pasado a la posteridad como prototipo de solemnidad y magnificencia. Efestión murió en Ecbatana, en la Media, el año 325 antes de Jesucristo.

[576] María do Carmo Miranda da Cunha, más conocida como *Carmen Miranda* (Marco de Canaveses, Portugal, 9 de febrero de 1909 – Beverly Hills, California, 5 de agosto de 1955) fue una cantante de samba y actriz luso-brasileña famosa durante los años cuarenta del siglo XX.

[577] Ver nota 529.

Menearse más que un animal en un saco.

MENSAJES
Tener más mensajes que el contestador automático de El Fugitivo[578].

MENTIR
Mentir más que La Gaceta[579].
Mentir más que la laguna de Gredos.
Mentir como un cosaco[580].

MIEDO
Dar más miedo que una nube.
Tener más miedo que una/once/siete viejas.
Tener más miedo que vergüenza.

MIENTE
Miente más que habla.

MIERDA
Poner una mierda como el sombrero de un picador.
Poner una mierda como una manta.
Poner una mierda que parece un doberman tumbado.
Tener más mierda que el palo de un churrero.
Tener más mierda que el palo de un gallinero.
Tener más mierda que el refajo de una cíngara[581].

---

[578] Ver nota 286.

[579] Según José M. Sbarbi, en su *Diccionario de Refranes*, La Gaceta a que la frase se refiere no es al diario oficial español, sino a los antiguos periódicos, que tomaron dicho nombre porque en el siglo XV, hallándose Venecia en todo su apogeo, al regresar sus buques mercantes que habían surcado todos los mares entonces conocidos, cargados con frutos y noticias de los países visitados, era tal la multitud que acudía al puerto ávida de novedades, que para calmar y satisfacer su curiosidad fue preciso mandar escribir unas hojas, por cuya lectura se pagaba una moneda llamada *gazeta*, equivalente a unos diez céntimos de peseta, y de aquí resultó que a los mismos papeles noticieros se los llamase *gacetas*. El procedimiento, agrandado por la invención de la imprenta, se extendió por toda Europa, y pronto no quedó nación de alguna importancia que no poseyese su correspondiente *Gaceta*. Ahora bien, como éstas tenían que publicarse periódicamente y no siempre había novedades suficientes para llenar el número, insertaban a lo mejor noticias tan estupendas, que los lectores tenían forzosamente que tomarlas a risa, naciendo de ahí el dicho que nos ocupa.

[580] Ver nota 77.

Tener más mierda que el tobillo de un indio.
Tener más mierda que la bombilla de una cuadra.
Tener más mierda que la fiambrera de un gorila.
Tener más mierda que las uñas de MacGyver[582].
Tener una mierda[583] como un piano.

MIMADO
Estar más mimado que el gato de una solterona.

MIOPE
Ser más miope que Tamariz[584] con legañas.

MIRARSE
Mirarse más al espejo que la madrastra de Blancanieves[585].

MISTERIO
Haber más misterio que en la moqueta de Madonna[586].

---

[581] Se denominan gitanos, romaníes, zíngaros o pueblo gitano a una comunidad o etnia originaria del Subcontinente Indio, que data de los Reinos medios de la India, con rasgos culturales comunes aunque con enormes diferencias entre sus subgrupos. Se encuentran asentados principalmente en Europa, ya que de hecho son la mayor minoría étnica de la Unión Europea, aunque están presentes también, pero en menor proporción, en el resto del mundo. El Día Internacional del Pueblo Gitano se celebra el 8 de abril recordando aquel día de 1971 en Londres donde se instituyó la bandera y el himno de la Comunidad.

[582] Ver nota 200.

[583] Aquí como borrachera.

[584] Juan Tamariz-Martel Negrón (Madrid, España, el 18 de octubre de 1942) es un ilusionista especializado en cartomagia, principalmente, y en magia de cerca. Es considerado uno de los mejores del mundo.

[585] *Blancanieves* es el personaje central de un cuento de hadas mundialmente conocido. La versión más conocida es la de los hermanos Grimm. En el siglo XVI, Giambattista Basile publicó *Pentamerone* (también conocido como *Lo cunti de li cunti*) y en él aparece la historia de Lisa, una niña de siete años que se clavó un peine mágico y cayó inconsciente. Su familia le dio por muerta, la introdujeron en un ataúd de cristal y se asombraron cuando ésta continuó creciendo y se convirtió en una bella adolescente. Una prima lejana, celosa de la belleza de ésta, decidió matarla y en su intento le arrancó el peine. Ante su asombro, la adolescente despertó. A esta versión aún le faltan elementos como el príncipe, los enanos o el espejo, pero tiene otros que son importantes e inspiraron la versión que hoy se conoce: la pariente celosa, el peine envenenado y la joven que parece muerta pero duerme.

[586] Ver nota 481.

MOCOS
Tener más mocos que la cama de Alien[587].

MODERADO
Ser más moderado que un cardenal con la próstata inflamada.

MOJADO
Estar más mojado que el conejo de una ninfómana.

MOJAR
Mojar menos que la gata del Vaticano[588].

MOJARSE
Mojarse más que los de seaQuest[589].

MOLESTAR
Molestar más que la radio del vecino.
Molestar más que un estornudo cuando se está meando.
Molestar más que una mosca cojonera.
Molestar más que una mosca en la punta del haba[590].

MOLIDO
Estar más molido que la canela.
Estar más molido que la pimienta.

---

[587] La saga de *Alien*, es una serie fílmica de ciencia ficción y terror que relata la historia de la Teniente Ellen Ripley (protagonizada por Sigourney Weaver) y su lucha contra una forma de vida alienígena, comúnmente conocida simplemente como *el Alien* o *xenomorfo*. La serie comenzó en 1979 con la película de 20th Century Fox, *Alien, el octavo pasajero*, y a partir de esta se produjeron 3 secuelas, al igual que numerosos cómics, libros y videojuegos basados en la franquicia.

[588] Ver nota 72.

[589] *seaQuest DSV* es una serie de televisión de ciencia ficción americana creada por Rockne S. O'Bannon, originariamente retransmitida por la NBC entre 1993 y 1996. En su última temporada su nombre fue cambiado por seaQuest 2032. Conocida en España como seaQuest DSV: *Los vigilantes del fondo del mar*. Ambientada en el "futuro próximo", seaQuest mezclaba drama con hechos científicos realistas. Estaba protagonizada por Roy Scheider (mejor conocido por su papel de jefe de policía Brody en *Tiburón*) como Nathan Bridger, capitán del submarino de alta tecnología seaQuest DSV 4600.

[590] Aquí como glande, pene.

MORAL
Tener más moral que el Alcoyano[591], que iba perdiendo veinte a cero y creía en el empate.

MORENO
Estar más moreno que los angelitos negros de Machín[592].

MORIR
Morir como gusano de seda, encerrado en el capullo de su casa.
Morir como un arpa vieja.

MORRO
Tener más morro que un camión cargado de negros cantando el Only you[593].
Tener más morro que cien mil compañeros negritos cantando el Only you[594].
Tener más morro que un negro haciendo la Vespa[595].
Tener más morro que un oso hormiguero.

MOSCAS
Tener más moscas que un pastel en verano.

MOSQUEADO
Estar más mosqueado que un pavo en Nochebuena.
Estar más mosqueado que un pavo oyendo una pandereta.

MOVERSE
Moverse más que el florete de El Zorro[596].

---

[591] El Club Deportivo Alcoyano es un club de fútbol de España, de la ciudad de Alcoy, en la provincia de Alicante. Fue fundado en 1929 y juega en la Segunda División de España. Es uno de los clubes históricos de la Comunidad Valenciana puesto que posee una trayectoria de 4 temporadas en Primera División, y 12 en Segunda División.

[592] Ver nota 511.

[593] *Only You (And You Alone)*, más conocida como *Only You* es una canción estadounidense compuesta en 1955 por Buck Ram y Ande Rand. La versión original es de *The Platters*, cantando como voz principal Tony Williams.

[594] Ver nota 593.

[595] Ver nota 83.

Moverse más que el protagonista de una película porno.
Moverse más que el rabo de una lagartija.
Moverse más que la compresa de una coja.
Moverse más que los michelines de Pavarotti[597].
Moverse más que los precios en Navidad.
Moverse más que un garbanzo en la boca de un viejo.
Moverse más que un ombligo en la danza de los siete velos.
Moverse más que un saco de pulgas.
Moverse más que una bandera en Tarifa[598].
Moverse más que una canasta con perritos chicos.
Moverse más que una familia numerosa buscando becas.
Moverse menos que el perro de Heidi[599].
Moverse menos que Epi y Blas[600] en una cama de Velcro[601].
Moverse menos que las pestañas de la Gioconda[602].

---

[596] *El Zorro* es un personaje creado por Johnston McCulley. Es considerado uno de los primeros héroes de ficción de la cultura moderna. *El Zorro* apareció por primera vez en el cuento *La maldición de Capistrano* de Johnston McCulley. *La maldición de Capistrano* fue publicado en 1919 en la revista de historietas *All-Story Weekly*. El cuento trata sobre Don Diego de la Vega, un joven noble hijo de un hacendado español que vivía en el entonces pueblo de Los Ángeles de comienzos del siglo XIX. Don Diego se disfraza como el *Señor Zorro* para luchar contra las injusticias cometidas por las autoridades y defender a los oprimidos.

[597] Ver nota 139.

[598] Tarifa es un municipio de la provincia de Cádiz, Andalucía. Es particularmente importante en la zona del Estrecho la influencia del viento; de entre los vientos predominantes destacan el viento de levante y el de poniente.

[599] Ver nota 91.

[600] *Epi y Blas* en España o *Enrique y Beto* en Latinoamérica son dos marionetas con aparición regular en el programa televisivo *Barrio Sésamo* (*Plaza Sésamo* en Latinoamérica). Sus nombres fueron traducidos tomando la primera letra de los nombres en la versión original en inglés *Ernie* y *Bert*. Aparecen en muchos números cómicos que se convirtieron en una de las principales atracciones del programa. Ver nota 108.

[601] Velcro es una marca registrada en el año 1951 que ha pasado a denominar un sistema de apertura y cierre rápido y sencillo. Consiste en dos cintas de tela que deben fijarse en las superficies a unir mediante cosido o pegado. Una de las cintas posee unas pequeñas púas flexibles que acaban en forma de gancho y que por simple presión se enganchan a la otra cinta cubierta de fibras enmarañadas que forman bucles y que permiten el agarre. Como curiosidad indicar que en la serie para TV *Star Trek: Enterprise* al final del capítulo 2 de la segunda temporada titulado *Carbon Creek* el personaje vulcano T'Mir, interpretado por Jolene Blalock, aparece vendiéndolo como un invento revolucionario en la Tierra del siglo XX.

[602] El cuadro *La Gioconda* (*La Joconde* en francés), también conocido como *La Mona Lisa*, es una obra pictórica de Leonardo Da Vinci. Adquirida por el rey Francisco I de Francia a principios del siglo XVI, desde entonces es propiedad del Estado Francés, y actualmente se exhibe en el Museo del Louvre de París.

Moverse menos que los dientes de arriba.
Moverse menos que los ojos de Espinete[603].

MOVIDO
Estar más movido que la foto carnet del Correcaminos[604].
Estar más movido que lengua de suegra.
Estar más movido que maraca de brujo.

---

[603] Ver nota 3

[604] Ver nota 408.

N

NEGRO

Estar más negro que boca de lobo.
Estar más negro que el caballo de un moro.
Estar más negro que el escroto de un grillo.
Estar más negro que el hollín
Estar más negro que el sobaco de un ciego.
Estar más negro que el sobaco de un escarabajo.
Estar más negro que el sobaco de un grillo.
Ser más negro que el cordobán[605].
Ser más negro que los cojones de Lumumba[606].
Ser más negro que los cojones de un burro.
Ser más negro que los cojones de un grillo.
Ser más negro que los forros de un coche.
Ser más negro que mi porvenir.
Ser más negro que un tito[607].
Ser más negro que una morcilla.
Ser más negro que una noche de truenos.
Ser más negro que una noche sin luna.
Tenerlo más negro que la habitación de Drácula[608].

NERVIOS

Tener más nervios que un filete barato.
Tener más nervios que una catedral gótica.

NERVIOSO

Estar más nervioso que Marco[609] en Sorpresa ¡Sorpresa![610]

---

[605] Cordobán designa al cuero de cabra o macho cabrío de alta calidad, muy ligero y suave, que se obtenía mediante la curtición vegetal con sustancias especiales, entre ellas los taninos obtenidos a partir del zumaque.

[606] Patrice Émery Lumumba (2 de julio de 1925 - 17 de enero de 1961) fue un líder anticolonialista y nacionalista congolés, el primero en ocupar el cargo de Primer Ministro de la República Democrática del Congo entre junio y septiembre de 1960, tras la independencia de este Estado de la tutela belga. Nombrado héroe nacional en 1966.

[607] Tito: Guisante seco por el sol.

[608] Ver nota 133.

Estar más nervioso que Montserrat Caballé[611] haciendo puenting.

Estar más nervioso que Pinocho[612] en la maquina de la verdad.

Estar más nervioso que una convención de flanes en la película Terremoto[613].

NOCIVO

Ser más nocivo que una lechuga de Chernóbil[614].

---

[609] Ver nota 135.

[610] *Sorpresa ¡Sorpresa!* fue un programa español de televisión, emitido por la cadena Antena 3, entre 1996 y 1999, dirigido por Giorgio Aresu. Se trata de la versión española del espacio presentado por Raffaella Carrà en la RAI *Carràmba che sorpresa*, que a su vez adoptaba la fórmula del británico *Surprise, Surprise*, que se emitía desde 1984. El programa consistía en atender las peticiones de familiares y allegados de personas anónimas para recibir una sorpresa en directo desde el plató. Las alegrías podían ir desde conocer en persona a un personaje famoso hasta reencontrarse con seres queridos con los que no se coincidía desde hacía años.

[611] Ver nota 126.

[612] *Pinocho* (en italiano *Pinocchio*) es la marioneta de madera protagonista del libro *Las aventuras de Pinocho*, escrito por Carlo Collodi y publicado en Italia en un periódico desde 1882 hasta 1883, con los títulos *Storia di un burattino* (Historia de un títere) y *Le aventure di Pinocchio* (Las aventuras de Pinocho), ilustradas por Enrico Mazzanti. El carpintero Geppetto siempre deseó un hijo. Un buen día talla una marioneta de madera con forma de niño. Antes de estar terminada, cobra vida, es un niño travieso y desobediente al que Geppetto le llama Pinocho. En el capítulo XVII Pinocho no quiere tomar una medicina amarga, pero cuando se da cuenta de que, si no lo hace, corre peligro de muerte, se la toma. Se lamenta con el Hada de la pérdida de sus cuatro monedas de oro (la quinta fue la que usó para pagar la estancia en la Gamba Roja). Cuando el Hada dice que las encontrarán, Pinocho dice una mentira y le crece la nariz.

[613] *Terremoto* es una película estadounidense de 1974, producida y dirigida por Mark Robson. Protagonizada por Charlton Heston, Ava Gardner, George Kennedy, Lorne Greene, Geneviève Bujold, Richard Roundtree, Marjoe Gortner, Barry Sullivan, Lloyd Nolan, Victoria Principal, Monica Lewis, Pedro Armendáriz Jr. y Walter Matthau en los papeles principales. Fue galardonada con el premio Oscar 1975 al mejor sonido (Ronald Pierce, Melvin M. Metcalfe Sr.); y recibió un premio Oscar *Especial de Reconocimiento* a los efectos visuales (Frank Brendel, Glen Robinson, Albert Whitlock). El departamento de sonido de Universal creó el sistema de audio *Sensurround*, que consistía en añadir a la película una banda sonora extra inaudible al oído humano, pero que se sentía en forma de vibraciones en el cine, de manera que se tenía la sensación de estar dentro del mismo terremoto en las escenas claves. El sistema *Sensurround* resultó en ocasiones ser algo peligroso, y generó algo de controversia en su momento. Hay casos documentados de hemorragias nasales generadas por las ondas sonoras. Cuando la película se estrenó en Chicago, Illinois, el jefe de construcción y departamento de seguridad exigió que el sistema fuera retirado, ya que según su estudio podría causar graves daños estructurales en cines. En Billings, Montana, una cristalería ubicada junto a un cine que utilizaba el sistema de audio perdió gran parte de su inventario cuando éste cayó al suelo durante las escenas del terremoto.

[614] Chernóbil es una ciudad fantasma situada el norte de Ucrania, en el Óblast de Kiev, cerca de la frontera con Bielorrusia. La ciudad fue abandonada en 1986 debido al accidente ocurrido en la central nuclear homónima.

NOTA

Dar más la nota que un espagueti con celulitis.

NOVIOS

Tener más novios que Estefanía de Mónaco[615].

---

[615] Estefanía de Mónaco, de nombre completo Stéphanie Marie Isabelle Grimaldi Kelly (Mónaco, Palacio Grimaldi, 1 de febrero de 1965) es la hija menor de los príncipes Raniero III de Mónaco y Gracia Patricia. Ha trabajado temporalmente como cantante, diseñadora de trajes de baño, modelo y artista de circo. Ver nota 223.

O

OÍR
Oír como quien oye llover.

OJO/S
Tener los ojos más abiertos que el negro de Bañolas[616].
Tener más ojo que Sherlock Holmes[617].
Tener más ojos que el puente de Mérida[618].
Tener más ojos que un camaleón viejo.
Tener más ojos que un queso de gruyer[619].

OLER
Oler como un cerdo
Oler menos que el sobaco de Coco Chanel[620].
Oler peor que el aliento de una hiena.
Oler peor que el sobaco de un comanche.
Oler peor que el zurrón de un peregrino.

OPORTUNIDADES
Tener más oportunidades que El Platanito[621].

---

[616] Ver nota 377.

[617] *Sherlock Holmes*, personaje ficticio creado en 1887 por Sir Arthur Conan Doyle, es un "detective asesor" en el Londres de finales del siglo XIX, que destaca por su inteligencia, su hábil uso de la observación y el razonamiento deductivo para resolver casos difíciles. Es protagonista de una serie de 4 novelas y 56 relatos de ficción, que componen el *canon holmesiano*, publicado en su mayoría por *The Strand Magazine*.

[618] Mérida es una población de la provincia de Badajoz, Extremadura.

[619] El gruyer es un queso suizo que recibe su nombre de Gruyère, un distrito del cantón de Friburgo donde se fabrica. Es un queso duro hecho a base de leche de vaca entera, de pasta prensada y cocida. La corteza tiene consistencia dura, un aspecto grasiento y color amarillo dorado a pardo. La pasta se puede cortar fácilmente y presenta un color marfil a amarillo claro. Es un queso en el que pueden aparecer ojos redondos en número variable distribuidos regularmente y un diámetro de medio a un centímetro. Normalmente no presenta agujeros.

[620] Gabrielle Bonheur *Coco* Chanel (Saumur, Francia, 19 de agosto de 1883 - París, 10 de enero de 1971) fue una diseñadora de moda francesa. Es una de las figuras míticas de la historia de la moda, y su nombre, un referente internacional de la industria del lujo.

[621] Blas Romero nació en Castuera (Badajoz) en 1945 y pasó en un hospicio los primeros años de su vida. Luego se marchó de casa en busca de fortuna y acabó siendo, con el nombre de *El*

ORDINARIO
Ser más ordinario que ataúd con calcomanías.

OREJAS
Tener más orejas que el cumpleaños de Dumbo[622].
Tener más orejas que un Seiscientos[623] con las puertas abiertas.
Tener unas orejas que parecen chuletones.
Tener unas orejas como un ropero abierto.

ORGULLO
Tener más orgullo que don Rodrigo[624] en la horca.

ORGULLOSO
Estar más orgulloso que un ocho[625].

OSCURO
Estar más oscuro que el sobaco del sargento Miko[626].
Estar más oscuro que una noche infinita.

Platanito, uno de los novilleros y matadores de toros más populares en los años 60, cuya popularidad era comparada con la de *El Cordobés*.

[622] *Dumbo* es el cuarto largometraje animado de Walt Disney Pictures. Basado en el libro para niños homónimo de Helen Aberson e ilustrado por Harold Pearl, Dumbo fue producido por Walt Disney y estrenado el 23 de octubre de 1941 por RKO Radio Pictures. El personaje principal es *Jumbo Jr.*, un elefante antropomórfico que es cruelmente apodado como *Dumbo* (en inglés, *dumb* significa tanto «mudo» como, despectivamente, «tonto»). Es ridiculizado por sus grandísimas orejas, aunque descubre que puede volar usándolas como alas.

[623] Ver nota 221.

[624] Condenado a muerte, don Rodrigo subió al cadalso de madera entre el murmullo y la admiración de la concurrencia. No fue ahorcado como dice el dicho sino que, debido a su condición de noble, fue degollado frente a la Casa de la Panadería, en la Plaza Mayor de Madrid.

[625] Ver nota 160.

[626] Militar opositor al actual presidente golpista, Teodoro Obiang Ngema, en Guinea Ecuatorial.

P

PACIENCIA
Tener más paciencia que el cámara del Cuponazo[627].
Tener más paciencia que el Santo Job[628].

PALIZA
Dar una paliza que se mea Dios.

PALOS
Dar más palos que a una estera.
Dar tantos palos como para hacer un fuerte.

PAN
Hacer un pan como unas hostias.
Hacer un pan como unas tortas.

PAPELES
Tener menos papeles que una liebre.

PAPISTA
Ser más papista que el Papa[629].

PARADO
Estar más parado que el zapatero de Sandy Shaw[630].

---

[627] En 1987, precedido de una masiva campaña publicitaria en televisión, se estrena el *Cuponazo* de los viernes, en el cual una de las series del cupón agraciado sería premiada con cien millones de pesetas. Los cupones del lunes a jueves pasan a tener cinco cifras. De esta forma queda establecido el cupón de la ONCE actual, que ya sólo vería renovaciones en premios pero no en su estructura: un número de cinco cifras más una serie de tres, que pueden adquirirse bien en cupones individuales o bien en tiras completas o parciales, siendo una tira completa de diez cupones. Se establecen dos cupones básicos, el cupón diario, de lunes a jueves, y el Cuponazo de los viernes. El mayor auge de popularidad del cupón de la ONCE se vivió en la segunda mitad de los ochenta y durante los noventa, especialmente desde la emisión en Telecinco del sorteo dentro del popular programa *Telecupón*. Ver nota 437.

[628] Ver nota 170.

[629] Ver nota 5.

Estar más parado que los Reyes Magos[631] en agosto.
Estar más parado que un piojo en alquitrán.
Estar más parado que una avispa en un pilón.
Estar más parado que una estatua.
Ser más parado que el caballo de un fotógrafo.
Ser más parado que un caracol con reuma.
Ser más parado que un chotis[632].

PARECER

Parecer el meado de un gato.
Parecer la Casa de Tócame Roque[633].
Parecer indiano de hilo negro.
Parecer un Jeremías[634].
Parecer una gata parida[635].
Parecer una leonera.

PARECERSE

No parecerse a nadie.
Parecerse a la de Guadalajara, mucho mantel y poca tajada.
Parecerse a la legua de Parla[636], que es larga y estrecha.

---

[630] Sandra Ann Goodrich, más conocida como *Sandie Shaw* (26 de febrero de 1947, Londres, Reino Unido) es la cantante inglesa más exitosa de la década de 1960, popular por cantar descalza en la mayoría de sus actuaciones.

[631] Ver nota 307.

[632] Ver nota 25.

[633] La Casa de Tócame Roque existió, estando situada entre la calle del Barquillo y la calle de Belén, tapando la salida a la calle de Fernando VI, en Madrid. La hizo famosa D. Ramón de la Cruz en uno de sus sainetes: *La Petra y la Juana o el buen casero o La Casa de Tócame Roque*. Parece ser que la corrala disponía de varios patios y muchas viviendas, y había varios *chisperos* que trabajaban el hierro en los patios. Se dice que estos vecinos se amotinaron y organizaron serios altercados, decidiendo no pagar el alquiler a los caseros y no permitiéndoles la entrada a aquel lugar. Se cuenta que la casa fue heredada por dos hermanos, Juan y Roque, que siempre estaban en desacuerdo en todo. Ambos discutían pretendiendo, cada uno, la totalidad de la herencia. Así, Juan le decía a Roque: "Tócame, Roque" y Roque le contestaba: "La casa tócame a mí, Juan". Como la disputa duró años la casa se quedó con ese nombre: La Casa de Tócame Roque. La casa de demolió por orden del Ayuntamiento de Madrid en 1850.

[634] Se dice de la persona que es llorona, con alusión al profeta Jeremías cuando en sus Trenos o Lamentaciones lloró la ruina de Jerusalén.

[635] Se refiere a la persona que está muy flaca, por ser tal el estado de la gata cuando cría, a consecuencia de no cazar ratones en tal situación, por no abandonar a sus hijuelos, dejándolos expuestos a la voracidad del macho. (Sbarbi, Op.Cit.)

Parecerse a los galgos de don Tadeo, que se arrimaban a la pared para ladrar.

Parecerse al Cipotegato de Tarazona[637], que siempre da en la cabeza.

Parecerse al deán de Santiago[638].

Parecerse al enano de la venta.

Parecerse al perro de Juan de Ateca, que antes de que se le dé se queja.

Parecerse como un huevo a otro.

Parecerse como un huevo a una castaña.

PARTO
Ser el parto más doloroso después del de Perón[639].

PASARLO
Pasarlo como un camello.

PASTA
Llevarse más patadas que el gato de Chuck Norris[640].

Tener más pasta que un restaurante italiano.

PATADAS
Dar unas patadas como coces.

PATAS
Tener más patas que un ciempiés.

Tener más patas que un saco de arañas.

PEDANTE
Ser más pedante que el campeón mundial de autodefinidos.

---

[636] Parla es una población de la provincia de Madrid.

[637] El Cipotegato de Tarazona es un personaje popular, vestido con ropas multicolores y con una capucha que le cubre el rostro, que sale el primer día de las fiestas, 27 de agosto, desde el ayuntamiento. Hace un recorrido al azar por el pueblo, repartiendo mandobles con una pelota que lleva atada con una cuerda a un palo, mientras los asistentes le tiran tomates. Tarazona es una población de la provincia de Zaragoza.

[638] Mucho prometer pero nunca cumplir. Ver nota 844.

[639] Juan Domingo Perón (Lobos, Argentina, 8 de octubre de 1895 – Olivos, Argentina, 1 de julio de 1974) fue un político, militar y presidente argentino.

[640] Ver nota 560.

PEGADO
Estar más pegado que la camiseta de Stallone[641].
Estar más pegado que un sello.
Estar más pegado que una costra.
Estar más pegado que una lapa.
Estar más pegado que una ostra.

PEGARSE
Pegarse como una ladilla.
Pegarse como una lapa.

PELADO
Estar más pelado que el cipote de un judío[642].
Estar más pelado que el coño de una muñeca.
Estar más pelado que el culo de una rana.

PELIGRO
Tener más peligro que ALF[643] en un anuncio de Whiskas[644].
Tener más peligro que Carmen Sevilla[645] en un telediario.
Tener más peligro que Cervantes[646] haciendo el pino.
Tener más peligro que Curro Jiménez[647] a la salida de un cajero automático.

---

[641] Sylvester Stallone (Nueva York, 6 de julio de 1946) es un actor, guionista y director de cine estadounidense. Ver nota 652.

[642] La circuncisión es una intervención quirúrgica consistente en quitar el prepucio del pene, lo que deja permanentemente al descubierto el glande. Las causas más frecuentes de circuncisión son los motivos religiosos, culturales o médicos.

[643] ALF es el nombre de una popular serie de televisión estadounidense, que se emitió originalmente por la NBC entre 1986 y 1990, inspirada y parodiando la película E.T.: El extraterrestre (1982). Se emitió por primera vez el 22 de septiembre de 1986. El personaje del título es Gordon Shumway, un pequeño extraterrestre apodado A.L.F. Alien Life Form, del inglés "Forma de vida Extraterrestre". Nació el 28 de octubre de 1756, en la región Lower East del planeta Melmac, que a su vez estaba localizado 6 pársecs más allá del supercúmulo Hydra-Centaurus, tenía cielo verde y pasto azul. Su alimento favorito son los gatos. Ver nota 162.

[644] Whiskas es una marca de alimentación para gatos de presencia global y filial del grupo estadounidense Mars Incorporated. Los productos de Whiskas se fabrican en Melton Mowbray en el Reino Unido. La marca se creó en 1936 con el nombre Kal Kan, que se cambió por el actual, Whiskas, en 1988 con el fin de su comercialización en el extranjero.

[645] Ver nota 529.

[646] Ver nota 398.

Tener más peligro que Diego Armando Maradona[648] en una farmacia.
Tener más peligro que Don Juan[649] en un convento de clausura.
Tener más peligro que Eduardo Manostijeras[650] poniéndose Hemoal[651].
Tener más peligro que el doberman de Rambo[652].
Tener más peligro que el Duque de Feria[653] en una guardería.

---

[647] *Curro Jiménez* era una serie de televisión española emitida de 1976 a 1978 en TVE, creada por el dramaturgo uruguayo Antonio Larreta. Estaba basada en el bandolerismo andaluz del siglo XIX, cuya acción se desarrollaba principalmente en la Serranía de Ronda. No obstante, la figura de *Curro Jiménez* está basada en la de un bandolero que existió realmente, Andrés López, *el barquero de Cantillana*, personaje del siglo XIX al que por culpa de unos pleitos con la justicia le fue arrebatado su oficio de barquero y tuvo que abandonar su pueblo (Cantillana, en la provincia de Sevilla), para *echarse al monte*. Sus protagonistas eran cuatro bandoleros: *Curro Jiménez*, (Sancho Gracia), *El Algarrobo* (Álvaro de Luna), *El Estudiante* (José Sancho) y *El Fraile* (Francisco Algora), que luego al morir en la serie fue sustituido en la banda por *El Gitano* (Eduardo García) como personaje principal, aunque salía ya en los primeros episodios como uno más de la banda.

[648] Diego Armando Maradona (Lanús, Buenos Aires, Argentina, 30 de octubre de 1960) es un exfutbolista y director técnico argentino. Es considerado como uno de los mejores jugadores en la historia de este deporte, siendo calificado por muchos futbolistas y exfutbolistas, por periodistas y prensa en general, por personalidades, técnicos y relacionados a entes deportivos y admiradores del fútbol en general, como el mejor futbolista de la historia. Tuvo serios problemas con las drogas.

[649] *Don Juan* es un personaje arquetípico, configurado en la literatura española y con larga descendencia literaria europea, creado por Tirso de Molina. También llamado burlador o libertino, se trata de un seductor valiente y osado hasta la temeridad que no respeta ninguna ley divina o humana; en algunas versiones se arrepiente al final de sus días, en otras no. El personaje podría poseer raíces históricas y enlazar con Miguel de Mañara, un gran pecador arrepentido.

[650] *Edward Scissorhands* es una película estadounidense de 1990 dirigida por Tim Burton. Es conocida como *Eduardo Manostijeras* en España y *El joven manos de tijera* en Latinoamérica.

[651] HEMOAL, pomada rectal. Benzocaína, Efedrina hidrocloruro. Es un anestésico local por la acción de la benzocaína y un vasoconstrictor por la acción de la efedrina. Está indicado en el alivio sintomático del dolor, picor o escozor asociado a hemorroides. Está fabricado por Industria Química y Farmacéutica VIR, S.A.

[652] *Rambo* es una popular saga de películas de acción protagonizadas por Sylvester Stallone. Está basada en los personajes creados por el novelista David Morrell en su novela *First Blood* (título original de la primera película). Ver nota 641.

[653] Rafael Medina y Fernández de Córdoba, duque de Feria, nació en Cádiz, el 10 de agosto de 1942, murió en Sevilla el 4 de agosto de 2001. Era el segundo hijo de Rafael Medina y Vilallonga y de Victoria Eugenia Fernández de Córdoba, duquesa de Medinaceli. Rafael Medina tuvo en varias ocasiones problemas con la Justicia. En octubre de 1990 fue puesto a disposición judicial después de que un grupo de prostitutas le acusaran de no pagar sus servicios en un club del alterne sevillano, donde fueron detenidas varias personas en una operación antidroga. Cuatro meses después, en enero de 1991, la Audiencia Provincial de Sevilla, a instancias de su fiscal jefe, Alfredo Flores, archivó la causa debido a la falta de pruebas para inculparle. El 6 de marzo de 1993 ingresó en la prisión Sevilla-1 por orden de la juez María de la Oliva Morillo Ballesteros, acusado de rapto de una niña de cinco años, Ana María Santares, y de un delito contra la salud pública -tráfico de drogas-. Unos días antes el duque de Feria había declarado en la revista *Hola*: *Me encantan las*

Tener más peligro que el Equipo A[654] en una chatarrería.

Tener más peligro que el Pájaro Loco[655] en un corral psiquiátrico.

Tener más peligro que el salto del tigre desde un ropero empotrado.

Tener más peligro que el somier de un fakir[656].

Tener más peligro que Espinete[657] por detrás.

Tener más peligro que Eva[658] en un confesionario.

Tener más peligro que Fernando Romay[659] en casa de David el Gnomo[660].

Tener más peligro que Froilán[661] con una escopeta.

---

mujeres. Son mi única droga. Lo malo es que me gustan las jóvenes y ya voy a cumplir cincuenta y un años. Durante la instrucción del sumario, a mediados de mayo la revista *Interviú* publicó un reportaje en el que aparecían fotografías de Rafael Medina y varias niñas desnudas, por lo que fue llamado a declarar y en el mes de julio se le acusó de un nuevo delito de corrupción de menores.

[654] Ver nota 140.

[655] *El Pájaro Loco o Loquillo* (*Woody Woodpecker* en el original inglés) es un cortometraje animado creado por Walter Lantz y diseñado originalmente por el dibujante Ben Hardaway, autor también de *Bugs Bunny* y el *Pato Lucas*, con quienes comparte un estilo alocado de comedia; como ellos, es un animal antropomorfo.

[656] Un faquir (del persa *Faqîr*, que significa «pobre»; y del árabe *faqr*, «pobreza») es un asceta, o morabito en la cultura musulmán, que ejecuta retos de resistencia física y mental, tales como caminar sobre el fuego o cristales, introducirse antorchas o cuchillos en su boca o acostarse sobre camas con clavos, entre otros.

[657] Ver nota 3

[658] Eva es, en las creencias tanto cristiana como judía y musulmana, la primera mujer que Dios creó sobre la Tierra y la mujer de Adán, el primer hombre. En ciertas tradiciones hebreas se le considera la segunda, siendo la primera Lilith. Fue creada por Dios en el huerto del Edén como ayuda idónea de Adán, a partir de una costilla de éste. Se interpreta como salida de una de sus ramas o sea una de sus descendientes, en la cual Yahvéh dividió la genética para que fueran *ish* e *isha* (varón y hembra) seres espirituales, con alma y con el poder del verbo. Su nombre, en hebreo, significa "madre de los vivientes" o "dadora de vida". En el libro de Génesis, relata que Dios mandó a Adán y su esposa fructificar y multiplicarse, llenar la Tierra y gobernarla (Génesis 1:28). Se relata que también les mandó comer de todos los árboles del huerto, excepto el árbol de la ciencia del bien y del mal y del árbol de la vida; para no morir (Génesis 2:16–17). Pero, leemos, Eva fue engañada por la serpiente, y vio "que el árbol era bueno para comer, y que era agradable a los ojos, y árbol codiciable para alcanzar la sabiduría", por lo que ella comió del fruto prohibido y dio a su pareja, el cual comió también. Como consecuencia, de acuerdo con la Biblia, Dios informó a Eva, que como castigo le dijo: *Aumentaré tus dolores cuando tengas hijos, y con dolor los darás a luz. Pero tu deseo te llevará a tu marido, y él tendrá autoridad sobre ti* (Génesis 3:16), Adán debería trabajar para comer (Génesis 3:19) y que ambos morirían.

[659] Fernando Romay Pereiro (La Coruña, España, 23 de septiembre de 1959) es un exjugador de baloncesto español con una altura de 2,13 m.

[660] *David el Gnomo* es una serie de dibujos animados de origen español, emitida por primera vez en 1985, que narra las aventuras en el bosque del gnomo David y su familia, con un importante trasfondo educativo en temas como ecología, amistad y justicia.

Tener más peligro que Jesulín[662] en un karaoke.
Tener más peligro que Jesús Gil[663] de relaciones públicas.
Tener más peligro que los Gremlins[664] cantando bajo la lluvia.
Tener más peligro que Los Tres Tenores[665] en un instituto.
Tener más peligro que MacGyver[666] con un chicle de tres pesetas.
Tener más peligro que Mario Conde[667] jugando al Monopoly.[668]
Tener más peligro que Mario Conde[669] en Fort Knox[670].
Tener más peligro que Michael Jackson[671] en una guardería.

---

[661] Felipe Juan Froilán, el nieto mayor de los Reyes de España, hijo de la infanta Elena y Jaime de Marichalar, fue ingresado en la clínica Quirón de Madrid el 9 de abril de 2012, donde se le atendió de un disparo en el pie. El niño, de 13 años, se encontraba, según parece, con su padre realizando ejercicios de tiro en el patio de la finca familiar de Garrejo en Garray (Soria) cuando en un descuido se le disparó la escopeta, un arma de pequeño calibre.

[662] Jesús Janeiro Bazán (9 de enero de 1974, Ubrique) es un torero español más conocido como *Jesulín de Ubrique*. Es muy conocido también en la prensa del *corazón*.

[663] Ver nota 224.

[664] *Gremlins* es una película estadounidense de ciencia ficción con carácter cómico-terrorífico, dirigida por Joe Dante y auspiciada económicamente por el productivo trío Kennedy, Marshall, Slberg (*Amblin*). Fue estrenada en 1984. La historia es narrada, en forma de cuento con moraleja, por el padre de un adolescente al que regalan por Navidad una extraña mascota llamada *Gizmo*. La criatura pertenece a una especie animal que bajo determinadas circunstancias se transforma en un pequeño monstruo muy destructivo. Por lo tanto, la mascota exige de su cuidador *una gran responsabilidad*, moraleja final de la historia.

[665] *Los Tres Tenores* es el nombre dado a los cantantes Luciano Pavarotti, José Carreras y Plácido Domingo; quienes ofrecieron juntos una serie de conciertos entre 1990 y comienzos del siglo XXI. El repertorio de los tres tenores comprendió desde óperas y obras de Broadway hasta canciones napolitanas y éxitos pop.

[666] Ver nota 200.

[667] Mario Antonio Conde Conde (Tuy, 14 de septiembre de 1948), conocido como Mario Conde, es un empresario español. Adquirió fama y relevancia social desde los años 1980, por ser el presidente del Banco Español de Crédito (Banesto), a los treinta y nueve años de edad. Su carrera empresarial se vio truncada en diciembre de 1993 por el escándalo financiero conocido como *Caso Banesto*, por el que fue condenado a veinte años de prisión por el Tribunal Supremo.

[668] *Monopoly* es un juego de mesa de bienes raíces. El objetivo del juego es hacer un monopolio de oferta, poseyendo todas las propiedades inmuebles que aparecen en el juego. Los jugadores mueven sus respectivas fichas por turnos en sentido horario alrededor de un tablero, basándose en la puntuación de los dados, y caen en propiedades que pueden comprar de un banco imaginario, o dejar que el banco las subaste en caso de no ser compradas. Si las propiedades en las que caen ya tienen dueños, los dueños pueden cobrar alquileres o quien caiga podrá comprárselas.

[669] Ver nota 667.

[670] Fort Knox es una base militar del Ejército de los Estados Unidos ubicada en el estado de Kentucky. En este lugar es donde está depositada toda la reserva de oro estadounidense.

Tener más peligro que Naranjito[672] en un anuncio de Fruitopía[673].

Tener más peligro que Paco Lobatón[674] jugando al escondite.

Tener más peligro que recoger una pastilla de jabón en las duchas de la cárcel.

Tener más peligro que recoger una pastilla de jabón en una cárcel.

Tener más peligro que Shaquille O'Neal[675] en casa de David el Gnomo[676].

Tener más peligro que Steve Urkel[677] en la Casa Blanca[678].

Tener más peligro que Stevie Wonder[679] conduciendo El Coche Fantástico[680].

Tener más peligro que Stevie Wonder[681] pilotando un F-16[682].

Tener más peligro que un ataque por la espalda.

Tener más peligro que un barbero con Parkinson[683].

---

[671] Michael Joseph Jackson (Gary, Indiana, 29 de agosto de 1958 – Los Ángeles, California, 25 de junio de 2009), conocido en el mundo artístico como Michael Jackson, fue un cantante, compositor y bailarín estadounidense de música pop y sus variantes. Conocido como el *Rey del Pop*; siempre se sospechó que tuviera aficiones pederastas.

[672] Ver nota 105.

[673] Fruitopía es una bebida de fruta introducida por Coca-cola en 1994, con objetivo comercial en la adolescencia y adultos jóvenes. Según informes de negocio de *New York Times*, fue inventado por Coca-cola para capitalizar el éxito de *Snapple* y otras bebidas de té. Mientras todavía continúa disponible en Canadá y en Australia, como una marca de zumo, en 2003, Fruitopia fue retirada progresivamente en los Estados Unidos, donde se había comercializado durante varios años. Sin embargo, sabores escogidos han sido recogidos bajo la marca *Minute Maid*, también de Coca-cola.

[674] Ver nota 258.

[675] Shaquille Rashaun O'Neal (nacido el 6 de marzo de 1972 en Newark, Nueva Jersey) es un exjugador estadounidense de baloncesto, que desempeñaba la función de pívot. Está considerado como uno de los jugadores más dominantes de la historia de la NBA.

[676] Ver nota 660.

[677] Steven Quincy Urkel (25 de julio del 1976), mejor conocido como *Steve Urkel* (interpretado por Jaleel White) era un personaje ficticio de la comedia estadounidense *Cosas de casa*. Este singular personaje se convirtió en una de las estrellas de la serie americana, adquiriendo fama casi mundial.

[678] La Casa Blanca (*The White House*, en inglés) es la residencia oficial y principal centro de trabajo del presidente de los Estados Unidos.

[679] Ver nota 264.

[680] Ver nota 159.

[681] Ver nota 264.

[682] El F-16 Fighting Falcon es un caza polivalente monomotor desarrollado por la compañía estadounidense General Dynamics en los años 1970 para la Fuerza Aérea de los Estados Unidos; entró en servicio en el año 1978.

Tener más peligro que un bonzo[684] en una gasolinera.
Tener más peligro que un controlador aéreo en huelga de silencio.
Tener más peligro que un copiloto de rally tartamudo.
Tener más peligro que un grafitero en las cuevas de Altamira[685].
Tener más peligro que un indio detrás de una mata.
Tener más peligro que un loco comiendo perejil.
Tener más peligro que un ludópata en Las Vegas[686].
Tener más peligro que un Miura[687].
Tener más peligro que un mono con dos pistolas.
Tener más peligro que un mono con un cúter[688].
Tener más peligro que un mono con un litro de nitroglicerina[689].
Tener más peligro que un mono con una Gillette[690].
Tener más peligro que un mono conduciendo un tren.
Tener más peligro que un pelotón de fusilamiento en círculo.
Tener más peligro que una almorrana[691] en el culo de una secretaria.
Tener más peligro que una gitana en el Pryca[692].

---

[683] Ver nota 331.

[684] Quemarse a lo bonzo es una forma de inmolación y suicidio por el cual un individuo acaba con su vida rociándose con algún tipo de líquido inflamable y prendiéndose fuego en público como forma de protesta, desobediencia civil o acción solidaria por algún motivo. En los últimos años se ha extendido esta forma de inmolación como forma de protesta política en el Tíbet, en el mundo árabe y en Europa, como en los años 60 con motivo de la Guerra de Vietnam o la invasión de Checoslovaquia.

[685] Ver nota 48.

[686] Las Vegas es la ciudad más grande del estado de Nevada en los Estados Unidos de América. Es uno de los principales destinos turísticos del país gracias a sus zonas comerciales y vacacionales, pero sobre todo gracias a sus casinos. Debido a ello es conocida como "La Capital del Entretenimiento Mundial", "Sin City" o "La Capital de las Segundas Oportunidades". Las Vegas es conocida en ocasiones como la *ciudad del pecado* (*Sin City* en inglés) debido a la popularidad del juego y apuestas legales, la disponibilidad de bebidas alcohólicas a cualquier hora del día, como en toda Nevada, y la legalidad de la prostitución en los condados vecinos.

[687] Ver nota 496.

[688] Un cúter (anglicismo: viene de "cutter"), conocido también como trincheta, cortador de cajas, cuchilla para moqueta, cuchillo cartonero, corta papel, cartonero, exacto, bisturí o estilete, es una herramienta de uso frecuente que se utiliza en varias ocupaciones y trabajos para una amplia diversidad de propósitos, como pelar o quitar el plástico aislante a los cables eléctricos.

[689] Ver nota 486.

[690] Marca de cuchillas de afeitar.

[691] Las hemorroides (del griego *haima:* «sangre» y *rein:* «fluir») son várices o inflamaciones de las venas en el recto y el ano. Popularmente también se las conoce con el nombre de almorranas.

Tener más peligro que una pantera criada con Tauritón[693].
Tener más peligro que una piraña en un bidé[694].
Tener más peligro que Willy Fog[695] con el abono transporte.

PELIGROSA
Ser más peligrosa que una carretera en Argelia.

PELIGROSO
Ser más peligroso que bañar a un tigre.
Ser más peligroso que chileno haciendo mapas.
Ser más peligroso que El Pájaro Loco[696] de ATS[697].
Ser más peligroso que Espinete[698] en el bidé[699].
Ser más peligroso que hacer puenting en una pirámide.
Ser más peligroso que la infancia de Al Capone[700].
Ser más peligroso que Pamela Anderson[701] en una maternidad.

---

[692] Pryca (acrónimo de *Precio y Calidad*) fue una cadena española de hipermercados, gestionada por el Grupo Carrefour. La marca se fundó en 1976 y existió hasta 2000, cuando todos sus locales adoptaron la marca Carrefour.

[693] El Tauritón es un producto que contiene plantas estimulantes de la corteza cerebral, que aumentan el estado de alerta del individuo, mejorando su respuesta en caso de agotamiento del individuo. Como principios activos contiene: Ginseng, Muira Puama, Lactosa y Excipiente.

[694] Un bidé o *bidet* (del francés «bidet», caballito, en alusión a la postura que se emplea durante su uso) es un recipiente bajo con agua corriente y desagüe, generalmente fabricado de porcelana o loza, ideado para limpiarse los órganos genitales externos y el ano, aunque también es utilizado para lavarse la nariz. Es útil también para baños de asiento en personas que padecen hemorroides.

[695] *La vuelta al mundo de Willy Fog* es una serie de dibujos animados basada en la obra de Julio Verne *La vuelta al mundo en ochenta días*. Fue una producción de BRB Internacional encargada a Nippon Animation y TV Asahi, y en asociación con Televisión Española. La serie se emitió por primera vez en TVE en 1983 convirtiéndose en un auténtico fenómeno de masas entre el público infantil de principios de los años 80.

[696] Ver nota 655.

[697] Asistencia Técnico Sanitaria.

[698] Ver nota 3

[699] Ver nota 694.

[700] Alphonse Gabriel Capone (Brooklyn, Nueva York, 17 de enero de 1899 – Miami, 25 de enero de 1947), más conocido como Al Capone o Al *Scarface* Capone (traducido al español Al *cara cortada* Capone), apodo que recibió debido a la cicatriz que tenía en su cara, provocada por un corte de navaja, fue un famoso gángster estadounidense de los años 20 y 30 del siglo XX, aunque su tarjeta de visita decía que era un vendedor de antigüedades.

[701] Pamela Anderson (Ladysmith, Columbia Británica; 1 de julio de 1967) es una actriz y modelo de glamour canadiense. Es conocida por interpretar a la salvavidas C. J. Parker en la serie de

Ser más peligroso que Rambo[702] en un restaurante Vietnamita.

Ser más peligroso que Simeone[703] bailando un zapateado.

Ser más peligroso que un alumno de autoescuela el primer día de prácticas.

Ser más peligroso que un biberón con la leche cortada.

Ser más peligroso que un mono con dos pistolas.

Ser más peligroso que un mono con un mechero.

Ser más peligroso que un mono con una Gillette[704].

Ser más peligroso que un tiroteo en un ascensor.

Ser más peligroso que una caja de bombas.

Ser más peligroso que una piraña en un bidé[705].

Ser más peligroso que una resaca de Chuck Norris[706].

Ser más peligroso que una tormenta de verano.

Ser más peligroso que una tortilla de setas.

PELO

Tener el pelo tan pegado que parece que le ha lamido la cabeza una vaca.

Tener menos pelo que el coño de una Nancy[707].

---

televisión *Baywatch*. Asimismo ha participado en películas, comerciales, comedias de situación y programas de telerrealidad. A lo largo de su carrera ha posado en varias ocasiones para la revista *Playboy*. Posee unas enormes mamas.

[702] Ver nota 652.

[703] Diego Pablo Simeone (Buenos Aires, Argentina, 28 de abril de 1970), también conocido como *El Cholo* Simeone, es un ex jugador y entrenador de fútbol argentino. La frase hace alusión a un incidente con Julen Guerrero, jugador del Athletic de Bilbao, al que le clavó los tacos de su bota en una pierna durante un encuentro de liga.

[704] Ver nota 690.

[705] Ver nota 694.

[706] Ver nota 560.

[707] La muñeca *Nancy* fue creada por el escultor *Tino Juan*, en 1968, como evolución de otra muñeca llamada, *Pierina*. Entonces había varios modelos italianos parecidos, pero la versión española siempre tuvo un aspecto más aniñado. Fue la primera muñeca española que llevó pantalones. *Pierina* fue creada por Famosa en 1959 y medía unos 56 cm de altura. Tino creó a *Nancy* sobre este modelo, pero haciéndola totalmente articulada, con tan solo 42 cm de alto y con una melena mucho más larga. En 1969 salen a la venta sus primeros complementos y en 1973 se crea su mítico armario de madera. Año tras año va aumentando su ropero, mobiliario, equipaje de viaje y otros complementos. En 1973 nace su hermanita *Lesly*. Y también tiene un novio, llamado *Lucas*. En los 70 se vendieron 10 millones de unidades, todo un éxito de ventas. Dejó de venderse y fabricarse en 1996: la culpable, una rubia americana de nombre *Barbie*, que llegó pisando fuerte a las tiendas españolas. Aunque durante los años posteriores siguió comercializándose bajo el

Tener menos pelo que el ombligo de un Airgam Boy[708].
Tener menos pelo que el pecho de un Madelman[709].
Tener menos pelo que las muñecas baratas.
Tener menos pelo que las piernas de un ciclista.
Tener menos pelo que los huevos de un robot.
Tener menos pelo que un huevo de zurcir.
Tener menos pelo que un muñeco de nieve.
Tener menos pelo que una bombilla.
Tener menos pelo que una rana con alopecia[710].
Tener menos pelo que una rana Hare Krishna[711].

PELOS
Tener los pelos como escarpias.
Tener más pelos que la moqueta del hombre lobo[712].
Tener menos pelos que los que hay en el huevo de una arpía[713].

PENA
Dar más pena que el anuncio de Vuelve a Casa por Navidad[714].

---

nombre de *Nancy Maniquí* una muñeca de diseño diferente y menor tamaño, semejante a una *Barbie*. Ver nota 219.

[708] Ver nota 33.

[709] *Madelman* fue un muñeco de juguete de acción articulado, fabricado entre los años 1968 y 1983 por Industrias Plásticas Madel.

[710] Alopecia o calvicie es la pérdida parcial o total de pelo en varias partes del cuerpo humano.

[711] ISKCON, International Society for Krishna Consciousness: Sociedad Internacional para la Conciencia de Krishna, es la organización más reconocida de los grupos religiosos conocidos como hare krishna. ISKCON ha absorbido muchas influencias occidentales y mantiene templos en más países del mundo que cualquier otro grupo basado en la cultura hindú. A diferencia del hinduismo, es activamente proselitista. ISKCON es una asociación internacional que practica y difunde el krisnaísmo bengalí, un nuevo movimiento religioso basado en el hinduismo que practica *bhakti*, "devoción" en adoración del dios Krisná, quien es conocido como el octavo avatar del dios Visnú, pero que los *vaisnavas*, "visnuístas" o mejor dicho krisnaístas, *gaudiyas* "bengalíes", consideran su aspecto más elevado (la «Suprema Personalidad de Dios»). La organización ha sido declarada secta destructiva por el Parlamento Europeo y los gobiernos de Alemania, Francia e Israel.

[712] Ver nota 344.

[713] En la mitología griega, las Harpías o Arpías (en griego antiguo *Harpyia*, que vuela y saquea) eran inicialmente seres con apariencia de hermosas mujeres aladas, cuyo cometido principal era hacer cumplir el castigo impuesto por Zeus a Fineo: valiéndose de su capacidad de volar, robaban continuamente la comida de aquél antes de que pudiera tomarla. Esto las llevó a pelear contra los Argonautas.

PENE

Tener un pene como un bígaro[715].

PENSANDO

Estar pensando como el sapo, que le ha de faltar la tierra para seguir comiendo.

PEOR

Ser peor que disciplinante en procesión de Corpus Christi[716].

Ser peor que el sebo de las ratas.

Ser peor que estar una semana lloviendo mierda.

Ser peor que un accidente de coche nocturno.

Ser peor que un dolor de muelas.

Ser peor que un ente[717].

Ser peor que un final de mes.

Ser peor que una lluvia de mierda.

PEQUEÑO

Ser más pequeño que el sofá de la Hormiga Atómica[718].

Ser tan pequeño que el culo le huele a pies.

---

[714] Anuncio navideño de turrones El Almendro.

[715] El bígaro común o caracolillo (*Littorina littorea*) es una especie de molusco gasterópodo de la familia Littorinidae. Es comestible y está considerado como especie pesquera admitida en España. No se reconocen subespecies.

[716] Corpus Christi (en latín, "Cuerpo de Cristo") o Solemnidad del Cuerpo y la Sangre de Cristo (antes llamada *Corpus Domini*, "Cuerpo del Señor"), es una fiesta de la Iglesia católica destinada a celebrar la Eucaristía. Su principal finalidad es proclamar y aumentar la fe de los católicos en la presencia real de Jesucristo en el Santísimo Sacramento. La celebración se lleva a cabo el jueves después de la solemnidad de la Santísima Trinidad, que a su vez tiene lugar el domingo después de Pentecostés, es decir, Corpus Christi se celebra 60 días después del Domingo de Resurrección. Específicamente, Corpus Christi es el jueves que sigue al noveno domingo después de la primera luna llena de primavera del hemisferio norte; aunque en aquellos lugares en que no es festivo, se traslada al domingo siguiente.

[717] En su sentido más general, una entidad o ente es todo aquello cuya existencia es reconocida por algún sistema de ontología, lógica o semántica. Una entidad puede por lo tanto ser concreta, abstracta, particular o universal. Es decir, las entidades no son sólo objetos cotidianos como sillas o personas, sino también propiedades, relaciones, eventos, números, conjuntos, proposiciones, mundos posibles, creencias, pensamientos, etc.

[718] *La Hormiga Atómica* es un personaje de dibujos animados creado por la factoría de animación Hanna-Barbera en 1965. Se trata de una minúscula hormiga antropomórfica y parlante, poseedora de una gran fuerza y poder debido a la exposición a una radiación atómica.

Ser tan pequeño que parece un escrúpulo.

PERDERSE
Perderse más que la 6-7[719].
Perderse más que el alambre del pan Bimbo[720].
Perderse más que un paraguas.

PERDIDO
Estar más perdido que Bob Marley[721] en una reunión de exfumadores.
Estar más perdido que Caperucita Roja[722] en el bosque.
Estar más perdido que el arca de Indiana Jones[723].
Estar más perdido que El Fary[724] en un concierto de Metallica[725].
Estar más perdido que el Santo Dios.
Estar más perdido que la aguja del pajar.
Estar más perdido que Marco[726] el día de la madre.
Estar más perdido que Michael Knight[727] en un SEAT Panda[728].
Estar más perdido que un billete de mil duros prestado en las manos de Tamariz[729].
Estar más perdido que un hijoputa el día del padre.
Estar más perdido que un pedo en un jacuzzi.
Estar más perdido que un pingüino en el desierto.

---

[719] Llave fija, herramienta.

[720] Ver nota 97.

[721] Robert Nesta Marley Booker (6 de febrero de 1945 – 11 de mayo de 1981), más conocido como Bob Marley, fue un músico, guitarrista y compositor jamaicano.

[722] *Caperucita Roja* es un cuento de hadas de transmisión oral, difundido por gran parte de Europa, que luego se ha plasmado en diferentes escritos; llamado así por el hecho de que la protagonista lleva puesta siempre una caperuza de color rojo. El relato marca un claro contraste entre el poblado seguro, y el bosque peligroso; una contraposición habitual en el mundo medieval.

[723] Ver nota 524.

[724] Ver nota 255.

[725] *Metallica* es una banda de *heavy metal* originaria de Estados Unidos. Fue fundada en 1981 en Los Ángeles por el danés Lars Ulrich y James Hetfield, a los que se les unirían Lloyd Grant y Ron McGovney.

[726] Ver nota 135.

[727] Ver nota 159.

[728] Ver nota 250.

[729] Ver nota 584.

Estar más perdido que un piojo en una calva.
Estar más perdido que una chiva/cabra/pulpo en un garaje.
Estar más perdido que una vaca en la M-30[730].
Estar perdido como sapo de otro pozo.

PERRO
Estar más perro que Rin Tin Tin[731].
Ser más perro que Calaverín.

PERSONALIDAD
Tener más personalidad que un Mercedes[732] a pedales.
Tener más personalidad que un sello de cien mil millones de pesetas.

PESADA/O
Ser más pesada lágrima de mujer que quintal de plomo/cobre.
Ser más pesado que dormir un cerdo en brazos.
Ser más pesado que el arroz con leche.
Ser más pesado que el cuñado de Rocky[733].

---

[730] La M-30 es una vía de circunvalación, con características de autopista, salvo un tramo al norte conocido como Avenida de la Ilustración, que rodea el centro, *almendra central,* de la ciudad de Madrid, capital de España.

[731] *Las aventuras de Rin Tin Tin* es una serie norteamericana para niños, originalmente emitida en 166 episodios por la cadena ABC desde octubre de 1954 hasta agosto de 1959. Fue interpretada por el actor infantil Lee Aaker como *Rusty,* un niño huérfano por una incursión de indios americanos, criado por los soldados de un puesto de la Caballería de los Estados Unidos. Él y su perro pastor alemán, Rin Tin Tin, ayudan a los soldados a establecer el orden del Lejano Oeste.

[732] Mercedes-Benz es una marca alemana de automóviles *premium,* autobuses y camiones de la compañía Daimler AG (anteriormente conocida como *Daimler-Benz* y *Daimler Chrysler*). Mercedes-Benz es el fabricante de automóviles más antiguo del mundo. Los creadores de la compañía se remontan a 1881, cuando Daimler y Benz inventaron de forma independiente el motor de combustión interna para automóviles en el sudoeste de Alemania. (El primer coche de Benz data de 1885). Con dicho motor, Daimler y Benz crearon el primer coche del mundo en 1886, nombrándolo en un principio "Daimler-Benz Pattent Motor Wagen". Este prototipo contaba sólo con tres ruedas y una sola marcha, alcanzando una velocidad máxima de 17 km/h, con una potencia máxima de 0,9 caballos. Su motor funcionaba con gasolina, pero en aquella época ésta se vendía únicamente en farmacias. Unos meses después de su invención, la mujer de Benz hizo un viaje para visitar a un familiar. Como nota de curiosidad, cada año se saca el modelo del Museo Mercedes-Benz de Mannheim y se hace una representación con vestimenta de la época. Unos años después sacaron una nueva versión, ya con cuatro ruedas y dos marchas, alcanzando una velocidad máxima de 20 km/h.

[733] *Rocky* Balboa (nacido el 6 de julio de 1946 en Filadelfia, Estados Unidos) es un personaje de ficción creado e interpretado por Sylvester Stallone. El personaje es un boxeador italoamericano estelar en la película *Rocky* de 1976 y en sus siguientes cinco secuelas. Ver nota 641.

162

Ser más pesado que escuchar un recopilatorio de los Pecos[734] en japonés.

Ser más pesado que la caguera de morate[735].

Ser más pesado que la carrocería del Batmóvil[736].

Ser más pesado que la mano de un novio.

Ser más pesado que la maza de Fraga[737].

Ser más pesado que la mochila de Orzowey[738].

Ser más pesado que la picha de un viejo.

Ser más pesado que las moscas.

Ser más pesado que lechón al hombro.

Ser más pesado que María Teresa Campos[739] haciendo un telediario.

Ser más pesado que matar un cerdo a besos.

Ser más pesado que oír misa.

Ser más pesado que un avión de mármol.

Ser más pesado que un burro muerto.

Ser más pesado que un chino que vende rosas.

Ser más pesado que un collar de melones.

Ser más pesado que un discurso de Fidel Castro[740].

Ser más pesado que un grano en el culo.

Ser más pesado que un ladrillo en cada pestaña.

Ser más pesado que un moro ahogado.

Ser más pesado que un muerto.

Ser más pesado que un plomo.

Ser más pesado que un rosario de melones.

---

[734] *Pecos* es un dúo musical español, integrado por los hermanos Francisco Javier, "el rubio" (Madrid, 7 de noviembre de 1960) y Pedro José Herrero Pozo, "el moreno" (Madrid, 26 de febrero de 1962). El éxito de su música, dirigida al público femenino, se convirtió en un auténtico fenómeno social en España en los últimos años de la década de 1970 y los primeros de la de 1980.

[735] La uva morada se denomina morate en algunas regiones de España.

[736] El Batimóvil (en inglés: *Batmobile*) es el transporte que Batman utiliza comúnmente para desplazarse en Gotham City. Ver nota 978.

[737] Ver nota 919.

[738] Ver nota 143.

[739] María Teresa Campos Luque presentadora de Televisión Española nacida el 18 de junio de 1941 en Tetuán, por entonces Protectorado Español de Marruecos, aunque al cumplir un año de edad su familia se instala definitivamente en su ciudad de origen, Málaga. Es licenciada en Filosofía y Letras por la Universidad de Málaga. Es viuda.

[740] Ver nota 450.

Ser más pesado que un tanque en la solapa.

Ser más pesado que un traductor simultáneo tartamudo.

Ser más pesado que una gotera.

Ser más pesado que una mosca en la punta del haba[741].

Ser más pesado que una reposición de los mejores momentos de la Carta de Ajuste[742].

Ser más pesado que una vaca en brazos.

Ser más pesado que una vaca en brazos de parto.

Ser más pesado que una vaca en las pestañas.

Ser más pesado que una yubarta[743] en la chepa.

Ser tan pesado que duerme a un muerto.

PESAR

Pesar más que un moro ahogado.

Pesar más que un muerto.

Pesar más que una mierda en los *gayumbos*[744].

PEZONES

Tener los pezones como el timbre de un Castillo.

PIAR

Piar más que una bandada de pollos.

PICADO

Estar más picado que un bono bus.

PICAR

Picar más que los peces de piscifactoría.

Picar más que un pollo en una mierda.

---

[741] Ver nota 590.

[742] Ver nota 498.

[743] La yubarta o gubarte (*Megaptera novaeangliae*), también es llamada ballena jorobada (aunque realmente es un rorcual, pues la denominación "ballena" sólo se aplica a la familia *Balaenidae*), es una especie de cetáceo misticeto de la familia *Balaenopteridae* (rorcuales).

[744] *Gayumbos*. Calzoncillos.

PIEL

Tener la piel como el culito de un niño.

PIERNAS

Tener más piernas que el Museo del Jamón[745].
Tener menos piernas que una foto de carnet.

PIES

Tener unos pies como japutas[746].
Tener unos pies como jardineras.

PILLO

Ser más pillo que una loma.

PINTAR

Pintar menos que Jesulín[747] en la Real Academia de la Lengua.
Pintar menos que un perro en misa.
Pintar menos que una puta en una recepción real.

PINTURA

Tener más pintura que un sioux[748] en pie de guerra.
Tener más pintura que una puerta vieja.

PIRATA

Ser más pirata que el padre de Sandokán[749].

---

[745] Cadena de establecimientos de hostelería de Madrid especializados en charcutería.

[746] Japuta: Palometa en adobo. Pez.

[747] Ver nota 662.

[748] Los siouxes, también llamados dakotas, nakotas y lakotas, son una tribu de nativos americanos asentados en los territorios de lo que ahora son los Estados Unidos. Los siouxes eran uno de los tres grupos de siete tribus que formaban la Gran Nación Sioux que hablaban tres variedades lingüísticas de la lengua sioux, que incluía el lakota, santee y yankton-yanktonai. El nombre *sioux* es una forma abreviada de «Nadouessioux», que fue tomada al francés canadiense como «Nadoüessioüak» a partir de un exónimo anterior de la tribu ojibwa, *na towe ssiwak*, «sioux».

[749] *Sandokán* es el protagonista de una serie de novelas de aventuras escritas por el escritor italiano Emilio Salgari. Las aventuras de Sandokán tienen lugar en el Sudeste de Asia (principalmente en Borneo, Malasia y la India) a mediados del siglo XIX (las novelas proporcionan fechas precisas). Sandokán es un príncipe de Borneo que ha jurado vengarse de los británicos, quienes lo desposeyeron de su trono y asesinaron a su familia. Por ello se dedica a la piratería, con el

PLACER

Sentir más placer que un sarnoso[750] cuando lo rascan con una almohada.

PLANA

Estar más plana que Castellón[751].
Estar más plana que la trasera de un violín.
Estar más plana que una tabla de planchar.

PLATA

Tener más plata una olla de barro.

PLUMAS

Haber más plumas que en una reserva india.
Perder más plumas que un edredón[752] de pato.
Perder más plumas que una pelea de gallos.
Tener más plumas que un ballet.
Tener más plumas que un escribano.
Tener más plumas que un gallinero.
Tener más plumas que un gallo.
Tener más plumas que un jefe indio.

POBRE

Estar más pobre que una puta en Cuaresma[753].
Ser más pobre que las ratas.
Ser más pobre que moro manchego.

---

sobrenombre de *Tigre de Malasia*, para lo que cuenta con la fidelidad incondicional de una tripulación compuesta tanto de malayos como de dayakos de Borneo.

[750] La escabiosis o sarna es una enfermedad de la piel causada por el ácaro parásito *Sarcoptes scabiei*, llamado comúnmente arador de la sarna. Es una ectoparasitosis de distribución mundial en todas las razas. Es una afección cosmopolita, extremadamente contagiosa, que se observa en particular en las personas que viajan a menudo. Alcanza a todas las capas de la población y constituye una dermatosis muy frecuente y de fácil tratamiento.

[751] Castellón de la Plana es un municipio español, capital de la provincia de Castellón y de la comarca de la Plana Alta, situado en la Comunidad Valenciana.

[752] Un edredón es un tipo de cubierta compuesta por una funda suave tradicionalmente rellena de plumón o material sintético que se utiliza en la cama como manta. Hoy en día, los edredones también se llenan de lana o fibras artificiales como poliéster.

[753] Ver nota 521.

Ser tan pobre que no presta ni atención.
Ser tan pobre que no tiene ni mierda en las tripas.

POLÉMICO
Ser más polémico que el Tratado de Maastricht[754].

POLICÍA
Haber más policía que en la cárcel.

POLLA
Estar como polla en culo.
Tener la polla como el cerrojo de un penal.
Tener la polla como el mando de un Scalextric[755].
¡Una polla como la manga de un loden[756]!

POLVO
Haber más polvo que en el barrio chino.
Haber más polvo que en una casa de putas.
Tener más polvo que el sombrero de Indiana Jones[757].

---

[754] El Tratado de Maastricht (o Tratado de la Unión Europea), así llamado por haber sido firmado el 7 de febrero de 1992 en la localidad holandesa homónima, es un Tratado que modifica los anteriores Tratados fundacionales de las Comunidades Europeas (Tratado de París en 1951, los Tratados de Roma de 1957 y el Acta Única Europea de 1986). Constituye un paso crucial en el proceso de integración europeo, pues se sobrepasaba por primera vez el objetivo económico inicial de las Comunidades y se le da una vocación de carácter político. Con este Tratado se crea la Unión Europea, que engloba en sí las tres Comunidades Europeas anteriores, aunque con modificaciones sustanciales sobre todo de la Comunidad Económica Europea, que pasa a llamarse Comunidad Europea. Además, se adoptan dos sistemas de cooperación intergubernamental: la Política Exterior y de Seguridad Común (PESC) y la Cooperación en Asuntos de Interior y de Justicia (CAJI). Es también el Tratado por el que se anuncia la introducción del euro.

[755] Scalextric es un fabricante de modelos en miniatura de coches de tracción eléctrica para carreras sobre pistas con una ranura que hace de guía y de toma de corriente, también llamados *slot*. El nombre de Scalextric proviene de la contracción de *Scale X* (o escala variable) y *Electric Scalex* (escala eléctrica) fue el nombre escogido, ya que al principio la escala de los modelos era muy variable. Finalmente, la escala resultó ser de aproximadamente 1/32, aunque puede variar de un modelo a otro, especialmente en los modelos de rally. La denominación Scalextric se ha convertido, al menos en España, en un nombre genérico para este tipo de coches eléctricos de modelismo.

[756] El loden es una tela impermeable, liviana y abrigada creada en la edad media por monjes tiroleses para protegerse del frío y de la nieve. Luego el Emperador Francisco José de Austria lo introdujo en la nobleza y hoy es utilizado en la costura tanto de hombre como de mujer.

[757] Ver nota 524.

PONER

Poner como chupa de dómine[758].
Poner como hoja de perejil.
Poner como jigote[759].
Poner como un trapo.
Poner hecho un mapa.

PONERSE

Ponerse como el chico del esquilador[760].
Ponerse como el Quico.
Ponerse como Dios es Cristo.
Ponerse como un demonio.
Ponerse como un gallo inglés[761].

---

[758] El modismo "poner de chupa de dómine" se emplea cuando alguien habla muy mal de otra persona, con o sin razón, para causarle el mayor daño posible. La chupa era una prenda de tela que a modo de chaleco cubría el torso, con 4 faldillas de la cintura para abajo y con mangas ajustadas. Los soldados utilizaban la chupa debajo de la casaca. La expresión, que equivale a poner a alguien como un trapo. Proviene del hecho de que algunas personas vestían unas chupas fabricadas con tejidos de pésima calidad. Entre los usuarios de éstas destacaban los *dómines*, nombre latino con el que se designaba a los profesores de gramática, que ganaban bastante poco.

[759] Según J. M. Sbarbi: "Reducirla a pedazos menudos, a semejanza de la carne de que se compone esta clase de guiso". Se denomina Gigote a un guisado a base de carne picada generalmente de ternera rehogada en manteca de cerdo. Es frecuente la preparación de este plato en cazuelas en las que se cuece en su propio jugo. Este plato forma parte de un concepto de la cocina española procedente de la Edad Media, y que en el siglo XVII se hace muy popular.

[760] Comer mucho.

[761] José M. Sbarbi, en su *Diccionario de Refranes*, nos enriquece así: "Ensoberbecerse en demasía, como sucede a los gallos en general cuando los incitan a pelearse entre sí, y en particular a los ingleses, que por estar educados de modo especial para esta clase de lucha, suelen ser los más fieros. Es curioso el siguiente artículo, que a este propósito se registra en las páginas 60 y 61, tomo V, de los *Ocios de españoles emigrados*, con el título de *Peleas de gallos*. Dice así: "La afición del pueblo inglés a la lucha de gallos nos ha recordado algunas memorias que pueden influir en las investigaciones de su origen. A juicio del sabio obispo de Tesalónica, Eustatio, debe irse para encontrarle más allá de la expedición de *Temfetocles* contra los persas. Porque aquel caudillo, puesto al frente de su ejército, le exhortó a pelear por la patria con el esfuerzo que ostentan los gallos en la lucha. Obtenida la victoria por los atenienses, para perpetuar su memoria establecieron por ley una lucha anual de gallos; costumbre, añade, que pasó a Roma y se extendió a la lid de las codornices, para la cual se convocaba al pueblo a voz de pregón con la fórmula *pulli pugnant*: hay pelea de gallos. Diodoro Sículo refiere que los agrigentinos tenían destinados suntuosos túmulos para sepultar en ellos los gallos que en el combate hubiesen mostrado más valor y destreza. Estos monumentos se conservaban en tiempo de Fimeo, como lo prueban varias indicaciones de Plutarco. De esta afición, heredada de los griegos por los romanos, hace memoria Cátulo en el epigrama que empieza *Passer delitiae*. Sin duda debieron de llevarla los romanos a España, pues nuestro Columela asegura que no era de poco momento la ganancia de su cría, procurando amaestrarlos para la pelea, y buscando a gran precio los de la celebrada casta de rodios y

Ponerse como un tonel.
Ponerse como una fiera.
Ponerse como una furia.
Ponerse como una hidra[762].
Ponerse como una moto.
Ponerse como una sopa.
Ponerse como unas castañuelas.
Ponerse hecho un basilisco[763].
Ponerse hecho un toro.
No ponerse en forma ni con masaje tailandés[764].

POPULAR
Ser más popular que la Coca Cola[765].
Ser menos popular que una banda de reggae[766] en un mitin del Ku Klux Klan[767].

---

tanágricos. Otro tanto asegura de las codornices y perdices Herodiano, y Lampridio dice de Alejandro Severo: *Summa Mi delectatio fuii, ut... perdices ínter se pugnarent.*"

[762] En la mitología griega, la *Hidra de Lerna* era un antiguo y despiadado monstruo acuático ctónico con forma de serpiente policéfala (cuyo número de cabezas va desde 3, 5 o 9 hasta 100 e incluso 10.000 según la fuente) y aliento venenoso a la que *Heracles* mató en el segundo de sus doce trabajos. La *Hidra* poseía la virtud de regenerar dos cabezas por cada una que perdía o le era amputada, y su guarida era el lago de Lerna en el golfo de la Argólida (cerca de Nauplia), si bien los arqueólogos han confirmado que este lugar sagrado es anterior incluso a la ciudad micénica de Argos, pues Lerna fue el lugar del mito de las *Danaides*. Bajo sus aguas había una entrada al Inframundo que la *Hidra* guardaba. La *Hidra* era hija de *Tifón* y la *Equidna*. Fue criada por *Hera* bajo un plátano cerca de la fuente Amimone en Lerna. Se decía que era hermana del *León de Nemea* y que por ello buscaba venganza por la muerte de éste a manos de *Heracles*. Por esto se decía que había sido elegida como trabajo para *Heracles*, de forma que éste muriese.

[763] El basilisco (del latín *basiliscus*, y éste del griego *basilískos*: «pequeño rey») era un ser mitológico creado por la mitología griega que se describía como una pequeña serpiente cargada de veneno letal y que podía matar con la simple mirada; la consideraban el rey de las serpientes. Posteriormente se lo ha representado de diversas maneras siempre con características reptilianas.

[764] El masaje tailandés es un tipo de masaje al estilo thai, que consiste en un masaje de estiramiento y de profundidad. Esta forma de trabajo corporal se realiza generalmente en el suelo, con el cliente vestido con ropa cómoda que permite el movimiento. No se utilizan aceites.

[765] Ver nota 329.

[766] El reggae es un género musical que se desarrolló por primera vez en Jamaica hacia mediados de los años 1960. Aunque en ocasiones el término se utiliza de modo amplio para referirse a diferentes estilos de música jamaicana, por *reggae* se entiende en sentido estricto un género musical específico que se originó como desarrollo de otros anteriores como el *ska* y el *rocksteady*.

[767] Ver nota 13

PORQUERÍA
Tener más porquería que la cama de un oso.

PORVENIR
Tener menos porvenir que el Capitán Garfio[768] de palmero.

Tener menos porvenir que Perry Mason[769] en una carrera de obstáculos.

Tener menos porvenir que un espía sordo.

POSDATAS
Tener más posdatas que la carta de un quinto[770].

POSTIZOS
Tener más postizos que el Inspector Gadget[771].

POTENCIA
Tener más potencia que un Miura[772].

PRECIOSA
Ser más preciosa que el pomo de la puerta del rey Midas[773].

---

[768] El Capitán *James Hook* (conocido en castellano como *Capitán Garfio*) es un personaje ficticio de *Peter Pan*, creado por J. M. Barrie. Garfio es un capitán pirata y némesis de Peter. Se dice que trabajaba para Barbanegra y era el único hombre al que Long John Silver temía. Usa un garfio de metal donde debería estar su mano derecha (izquierda en la versión de Disney), que fue cortada por Peter Pan y comida por un cocodrilo; al cocodrilo le gustó tanto el sabor de su mano que lo siguió durante el resto de su vida con la esperanza de poder probar más.

[769] *Perry Mason* es un personaje de ficción que apareció por primera vez en las novelas policíacas de Erle Stanley Gardner. El personaje era un abogado que llegó a aparecer en 80 novelas e historias cortas, la mayoría de las cuales versaban sobre la defensa de un cliente que había sido acusado de asesinato. Era inválido y siempre iba en silla de ruedas.

[770] Quintos eran llamados los jóvenes que al cumplir la mayoría de edad se iban a hacer el servicio militar. Aunque el servicio militar ha desaparecido en España, en muchos lugares *los quintos* se han convertido en una tradición festiva, por la que los jóvenes al cumplir la mayoría de edad hacen una especie de fiesta para recordar a los "antiguos" quintos.

[771] *Inspector Gadget*, fue una serie de televisión de dibujos animados sobre un detective torpe y despistado, el *Inspector Gadget*, que es además un cyborg equipado con varios "gadgets" (artilugios) colocados por todo su cuerpo. Su principal enemigo es el *Dr. Gang* (en España) o *Garra* (en Hispanoamérica), líder de la malvada organización M.A.D. La serie estaba producida por DiC Entertainment y duró de 1983 a 1986.

[772] Ver nota 496.

PREOCUPADO
Estar más preocupado que monja con atraso.

PREOCUPANTE
Ser más preocupante que ser alérgico al oxígeno.

PREPARADO
Estar más preparado que las mujeres en los anuncios de detergente.

PRIETO
Estar más prieto que los tornillos de un submarino.

PROFUNDO
Ser más profundo que el pensamiento de un torero.

PROMETER
Prometer más que un político en campaña.

PROTEGER
Proteger más que un salvaslip[774] con airbag[775].

PROTEGIDO
Estar más protegido que el Papa[776].

---

[773] Midas fue un rey de Frigia que gobernó en el período entre el 740 a. C. y el 696 a. C., aproximadamente. Tenía todo lo que un rey podía desear. Vivía en un hermoso castillo rodeado de grandes jardines y bellísimas rosas. Era poseedor de todo tipo de objetos lujosos. Compartía su vida de abundancia con su hermosa hija Zoe. Aún repleto de riquezas, Midas pensaba que la mayor felicidad le era proporcionada por todo su oro. Comenzaba sus días contando monedas de oro, se reía y tiraba las monedas hacia arriba para que les cayeran encima en forma de lluvia. De vez en cuando se cubría con objetos de oro, como queriéndose bañar en ellos, riendo feliz como un bebé.

[774] Es una toalla sanitaria (también conocida como toalla femenina, compresa, toalla higiénica o pantiprotector). El salvaslip es un absorbente usado por mujeres durante el periodo menstrual, en casos de sangrado post parto o en cualquier situación durante la cual sea necesario absorber el fluido vaginal.

[775] La bolsa de aire (en inglés, *airbag*) es un sistema de seguridad pasiva instalado en la mayoría de los automóviles modernos. Este sistema fue patentado el 23 de octubre de 1971 por la firma Mercedes-Benz, después de cinco años de desarrollo y pruebas del nuevo sistema. El primer modelo que lo incorporó fue el Mercedes-Benz Clase S W126 de 1981 y después fue instalado en el Clase E W123.

[776] Ver nota 5.

171

Estar más protegido que un presidente de gobierno.

PROYECCIÓN
Tener menos proyección que un cine cerrado.

PUEDE/N
Puede más pelo de coño que maroma de barco.
Pueden más dos tetas que cien/dos carretas.

PUNTAS
Tener unas puntas tan agudas como leznas[777].

PUNTERÍA
Tener más puntería que el que lanza los donuts[778].
Tener más puntería que Robin Hood[779] después de tomar una tila.
Tener menos puntería que los malos del Equipo A[780].

PUNTOS
Dar más puntos que en un partido de baloncesto.
Hacer menos puntos que Torrebruno[781] en un partido de los Lakers[782].

---

[777] La lezna es una herramienta para punzonar muy usada por zapateros y otros artesanos. Consiste en un hierro con punta muy fina y mango de madera o plástico.

[778] Un dónut (del inglés *doughnut*), también llamado dona, rosquilla o berlina es un rosco de pan dulce que tradicionalmente está frito en grasa de cerdo. En torno a este popular producto de pastelería se ha generado una industria de franquicias de las cuales, las más conocidas son las estadounidenses Dunkin'Donuts, Baskin Robbins, Krispy Kreme, y Winchell's Donuts.

[779] *Robin Hood* fue un arquetípico héroe y forajido del folclore inglés medieval. Según la leyenda, Robin Hood era un barón llamado *Robin Longstride* o *Robin de Loxsley*, quien era de gran corazón y vivía fuera de la ley, escondido en el Bosque de Sherwood y de Barnsdale, cerca de la ciudad de Nottingham. Hábil arquero, defensor de los pobres y oprimidos, luchaba contra el *sheriff* de Nottingham y el príncipe Juan sin Tierra, que utilizaban la fuerza pública para acaparar ilegítimamente las riquezas de los nobles que se les oponían. En la Inglaterra del medievo, todo individuo que se oponía a los edictos reales era considerado un forajido. Tenía una puntería formidable con el arco.

[780] Ver nota 140.

[781] Rocco *Walter* Torrebruno Orgini, conocido como *Torrebruno*, showman, actor, cantante y presentador cómico italiano afincado en España (Roma, 28 de agosto de 1936 - Madrid, 12 de junio de 1998). Muy bajito y objetivo de multitud de chistes por este motivo.

[782] *Los Ángeles Lakers* es un equipo de baloncesto profesional de la NBA, con base en Los Ángeles, California.

PUNTUAL

Ser puntual como un clavo.
Ser puntual como un reloj.

PUTA

Ser más puta que las gallinas.
Ser más puta que las gallinas de Corinto, que aprendieron a nadar para follar con los patos.
Ser más puta que las gallinas de Corinto, que salen a la carretera para que las pisen los carros.
Ser más puta que las moscas.

Q

QUEDARSE
Quedarse como el gallo de Morón[783], sin plumas y cacareando.
Quedarse como el nieto del Corregidor de Segovia.
Quedarse como el perro de Écija[784], que mirando a la luna se secó, pensando que era manteca.
Quedarse como la novia de Rota[785], aderezada y sin novio.
Quedarse como la seda.
Quedarse como las vacas, mirando al tren.
Quedarse como su madre la/lo trajo al mundo.
Quedarse como un gorrión[786].
Quedarse como un pajarito.
Quedarse para vestir santos.

QUEMADO
Estar más quemado que el cenicero de un bingo[787].
Estar más quemado que el cenicero del Challenger[788].
Estar más quemado que el cinturón de un bombero.
Estar más quemado que el mapa de La Ponderosa[789].
Estar más quemado que la azotea del Coloso en Llamas[790].

---

[783] Allá por el año 1.500 se dividieron en dos bandos los vecinos de Morón de la Frontera, se enardecieron los ánimos y libraron verdaderas batallas. La Cancillería de Granada envió un juez con fama de matón, para poner orden, que repetía siempre *"donde canta este gallo no canta otro"*. Los moronenses cansados de sus bravatas se pusieron de acuerdo y después de dejarlo completamente desnudo lo apalearon; por dicho motivo nació el popular refrán. La leyenda del Gallo la podemos leer en azulejos en el Paseo del Gallo en Morón de la Frontera, provincia de Sevilla, España.

[784] Ver nota 886.

[785] Rota es una población de la provincia de Cádiz.

[786] Ver nota 118.

[787] Ver nota 281.

[788] El transbordador espacial Challenger (designación NASA: OV-099) fue el segundo orbitador del programa del transbordador espacial en entrar en servicio. Su primer vuelo se realizó el 4 de abril de 1983, y completó nueve misiones antes de desintegrarse a los 73 segundos de su lanzamiento en su décima misión, el 28 de enero de 1986, causando la muerte a sus siete tripulantes.

[789] La familia Cartwright, de la serie *Bonanza*, vivía en un rancho de 1.000 millas cuadradas llamado *La Ponderosa*. La serie comenzaba con un mapa ardiendo. Ver nota 9.

Estar más quemado que la moto de un hippie[791].
Estar más quemado que la pipa de Margarita Landi[792].
Estar más quemado que un pisto manchego[793].

QUEMAR
Quemar más que las palabras de una suegra.

QUERER
Querer tanto que lo metería en sus entrañas.

QUIETO
Estar más quieto que el caballo de un fotógrafo.
Estar más quieto que el negro de Bañolas[794].
Estar más quieto que un muerto.
Estar más quieto que una estatua.

---

[790] *The Towering Inferno*, conocida en español por los títulos de *Infierno en la torre* (en Hispanoamérica) y *El coloso en llamas* (en España), es una película estadounidense de 1974. Dirigida por John Guillermin e Irwin Allen. Protagonizada por Steve McQueen y Paul Newman en los papeles principales, encabezando un reparto estelar. En la torre se origina un incendio que se propaga rápidamente a los pisos superiores. En un edificio tan alto, los bomberos no pueden controlar un fuego de esa magnitud.

[791] Se llama *hip*, *hippy* o *jipi* a un movimiento contracultural, libertario y pacifista, nacido en los años 60, del siglo XX, en Estados Unidos. Los hippies escuchaban *rock psicodélico*, *groove* y *folk* contestatario, abrazaban la revolución sexual y creían en el amor libre. Algunos participaron en activismo radical y en el uso de marihuana y estupefacientes como el LSD y otros alucinógenos con la intención de alcanzar estados alterados de conciencia, en realidad una forma de rebelarse por la homogeneidad de conceptos que ofrece el Sistema. También buscaron formas de experiencia poco usuales en esos tiempos, como la meditación. Debido a su rechazo al consumismo solían optar por la simplicidad voluntaria, ya sea por motivaciones espirituales-religiosas, artísticas, políticas y/o ecologistas.

[792] Encarnación Margarita Isabel Verdugo Díez, conocida popularmente como *Margarita Landi* (Madrid, 19 de noviembre de 1918 - Carreño, Asturias, 6 de febrero de 2004) fue una periodista española. Fue una de las primeras mujeres que se especializó en un género periodístico, como es el de los sucesos, tradicionalmente reservado a los hombres. Su diplomatura en criminología le ayudó a sobresalir con brillantez en este campo.

[793] Se utiliza en sentido figurado para indicar que alguna persona está muy incomodada o resentida, aludiendo a los pistos que se hacen en La Mancha, que suelen estar requemados cuando los preparan malos cocineros. (G. M. Vergara, Op. Cit.)

[794] Ver nota 377.

R

RABO

Tener el rabo como el cerrojo de un penal.
Tener el rabo más largo que la Pantera Rosa[795].

RAJAR

Rajar más que la navaja de un melonero.

RAMALAZO

Tener un ramalazo que le pilla todo el cuerpo.

RAMAS

Tener más ramas que la carrera de medicina.

RÁPIDO

Hacerse más rápido que se cuecen los espárragos.
Ir más rápido que las campanadas de fin de año.
Ser más rápido que el cartero del Correcaminos[796].
Ser más rápido que Forrest Gump[797] en los *Sanfermines*[798].

---

[795] *La Pantera Rosa* (*The Pink Panther* en inglés) es el nombre de un personaje de ficción, ligado a la película de igual título, de 1963. En la película original de 1963 titulada *La Pantera Rosa* de Blake Edwards (1922-2010), la Pantera Rosa era un diamante de gran valor y, por extensión, también se llamaba así al ladrón de guante blanco que había logrado sustraerlo. En esa primera película se recurrió a una animación para ilustrar el título y los créditos iniciales y finales de la película. Blake Edwards encargó al prestigioso animador Friz Freleng (1906-1995), creador de *Bugs Bunny, Porky Pig, Piolín, El gato Silvestre, Sam Bigotes y Speedy Gonzales,* entre otros, que crease un dibujo animado y sólo le pidió tres cosas: que fuera graciosa, muda y de color rosa.

[796] Ver nota 408.

[797] *Forrest Gump* es una película cómico-dramática de 1994 basada en la novela del mismo nombre de 1986 escrita por Winston Groom. Fue dirigida por Robert Zemeckis y protagonizada por Tom Hanks, Robin Wright y Gary Sinise. La trama contempla la vida de Forrest Gump, un hombre con un leve retraso mental y motriz, proveniente de Greenbow, Alabama que viaja alrededor del mundo influenciando la cultura popular y presenciando de primera mano algunos de los eventos históricos más importantes de la segunda mitad del siglo XX.

[798] Las fiestas de San Fermín o *Sanfermines* (en euskera *Sanferminak*) son una celebración en honor a San Fermín que tiene lugar anualmente en Pamplona, capital de la Comunidad Foral de Navarra. Una de las actividades más famosas de los Sanfermines es el encierro, que consiste en una carrera de 849 metros delante de los toros y que culmina en la plaza de toros. Los encierros tienen lugar todos los días entre el 7 y el 14 de julio y comienzan a las ocho de la mañana, con una duración promedio de entre dos y tres minutos.

Ser más rápido que inmediatamente.
Ser más rápido que un rayo.
Ser más rápido que un torpedo en el agua.
Ser más rápido que una centella.

RARO

Ser más raro que la bragueta de un quinto.
Ser más raro que los ratones colorados.
Ser más raro que un documental en verso.
Ser más raro que un gitano con gafas.
Ser más raro que un perro azul marino/verde/amarillo.
Ser más raro que un restaurante chino con terraza.
Ser más raro que un vendedor de seguros con escrúpulos.
Ser más raro que una rana con melena.
Ser más raro que unas bragas con tirantes.
Ser más raro que Tarzán[799] con katiuskas[800].

RASO

Estar más raso que la palma de la mano.

RASTRERO

Ser más rastrero que una cucaracha bailando el Limbo Rock[801].

RAYADO

Estar más rayado que cama de gato.

RAZÓN

Tener más razón que un santo.

---

[799] Ver nota 418.

[800] Bota de material impermeable, de caña alta, para proteger del agua.

[801] El *Limbo Rock* es una canción popular sobre el baile *limbo*, escrito por Kal Mann (bajo el seudónimo *Jon Sheldon*) y Billy Strange. Una versión instrumental fue registrada primero por los Champs en 1961. Esta versión alcanzó el número dos en la lista Billboard Hot 100, y el número uno en la Cash Box. La primera versión vocal fue registrada en 1962 por Chubby Checker (en Parkway Records). La grabación de Chubby Checker también llegó al puesto número tres en la lista R&B. Checker realizó una secuela, *Let's Limbo Some More*, en 1963 y esta alcanzó el número uno en la lista #20 Billboard.

RAZONABLE
Ser menos razonable que un Guardia Civil de tráfico.

REBUSCADO
Ser más rebuscado que la letra pequeña de una póliza de seguros.

RECELOSO
Ser más receloso que un toro.

RECTO
Ser más recto que la *chorra* de un oso.
Ser más recto que el Guadalquivir a su paso por Triana[802].

REDONDO
Estar más redondo que un tonel.
Estar más redondo que una mesa camilla.

REFLEJOS
Tener más reflejos que un espejo.

REFRANES
Haber más refranes que panes[803].

REGALOS
Tener más regalos que la abeja reina el día de la madre.

REGISTRO
Tener más registros que un misal[804].

---

[802] Triana es uno de los once distritos en que está dividida, a efectos administrativos, la ciudad de Sevilla. Triana toma su nombre del antiguo barrio tradicional homónimo, ubicado junto al río Guadalquivir, a la otra orilla del núcleo histórico y considerado uno de los barrios más populares de la ciudad, por tener una identidad muy acentuada. En la actualidad, según la división oficial del barrio del Ayuntamiento de Sevilla, el distrito comprende los barrios de Triana Casco Antiguo, Barrio León, El Tardón-El Carmen, Triana Este y Triana Oeste.

[803] *Don Quijote de La Mancha*, Parte II, Capítulo XLIII. Y continúa: *"... y cuando no tengo pan, pido consuelo a un refrán"*.

[804] Ver nota 451.

REÍRSE
Reírse como una hiena.

REJO
Tener un rejo[805] como un toro.

RELLENO
Estar más relleno que un pavo en Navidad.

RELUCIR
Relucir como el sol.
Relucir como la pulsera de oro de un gitano.
Relucir como una espada.

REPERCUSIÓN
Tener más repercusión que el agua en polvo desnatada.

REPERTORIO
Tener menos repertorio que Karina[806].

REPETIRSE
Repetirse más que Farmacia de Guardia[807].
Repetirse más que la canción de Sorpresa ¡Sorpresa![808]
Repetirse más que la cebolla/pepino.
Repetirse más que un bocadillo de chorizo.
Repetirse más que un disco rayado.
Repetirse más que un yogur de ajo.
Repetirse más que Verano Azul[809].

---

[805] Rejo: Salud, fuerza.

[806] María Isabel Llaudes Santiago, más conocida como *Karina*, es una cantante y actriz española, nacida en Jaén, (Andalucía) en diciembre de 1946.

[807] *Farmacia de guardia* es una serie que se emitió en España entre 1991 y 1995, ambientada en el día a día de una farmacia. Estaba protagonizada principalmente por Concha Cuetos, que interpretaba a *Lourdes Cano*, una farmacéutica separada, Carlos Larrañaga, *Adolfo Segura*, el ex marido de ésta y los dos hijos de la pareja: *Kike* (Miguel Ángel Garzón), el mayor, y *Guille* (Julián González). La serie actualmente ostenta el título de ser la serie más vista de la historia de España con una media del 48% de share. *Farmacia de guardia* se emitía los jueves por la noche en Antena 3, después del informativo de las 9 de la noche.

[808] Ver nota 610.

RESABIADO
Estar más resabiado que una mula vieja.

RESERVADO
Ser más reservado que el aparcamiento de El Coche Fantástico[810].

RESISTIR
Resistir como un desesperado.
Resistir como gato panza arriba.

RESULTADO
Dar menos resultado que la tabla del cero.

RETIRARSE
Retirarse más pronto que la vista.

RETORCIDO
Estar más retorcido que el pelo de Oscar Higares[811].
Estar más retorcido que la mascota Cobi[812] con artritis.
Ser más retorcido que el bigote de una gamba.
Ser más retorcido que un sarmiento[813].

REVENTAR
Reventar como el lagarto de Jaén.

REZAR
Rezar como una beata.
Rezar más que dieciséis ermitaños juntos.

---

[809] Ver nota 196.

[810] Ver nota 159.

[811] Óscar García Higares (Madrid, España; 22 de julio de 1971), es un torero español. Además es un personaje televisivo ya que ha participado en diferentes programas y *realitys* de televisión.

[812] *Cobi* fue la mascota de los Juegos Olímpicos de Barcelona 1992, creada por el diseñador español Javier Mariscal. Presentada oficialmente el 15 de marzo de 1988, representa a un perro de estilo cubista, inspirado en la raza del pastor catalán (*gos d'atura*). Su nombre está basado en las siglas del Comité Organizador de las Olimpiadas de Barcelona (COOB).

[813] Vid, *Vitis vinifera* tiene el tronco retorcido, llamado cepa y vástagos nudosos y flexibles, llamados sarmientos.

RICA/O

Estar más rica que un billete de lotería la víspera del sorteo.
Ser más rico que Heredia[814].
Ser más rico que Verdejo[815].

RIDÍCULO

Ser más ridículo que la peseta cotizando frente al marco[816].

RÍGIDO

Ser más rígido que el pensamiento.

RIGUROSO

Ser más riguroso que un penalti desde el centro del campo.

ROJO

Estar más rojo que la grana.
Estar más rojo que un pimiento/tomate.
Ser más rojo que Lenin[817].

ROMANCE

Haber más romance que en las obras completas de García Lorca[818].

ROMÁNTICO

Ser menos romántico que un bocadillo de mortadela.
Ser tan romántico como un bocadillo de calamares.

---

[814] Hace referencia a un rico capitalista malagueño.

[815] Esta frase se empleaba en Granada a finales del siglo XVIII, aludiendo a D. Manuel Martínez Verdejo, persona muy importante en aquellos tiempos, caballero de Carlos III, que disfrutaba de tan espléndida situación pecuniaria que dio origen a esta frase. (G. M. Vergara, Op. Cit.)

[816] Marco, moneda alemana anterior al euro.

[817] Ver nota 199.

[818] Federico García Lorca (Fuente Vaqueros, Granada, 5 de junio de 1898 – entre Víznar y Alfacar, *ibídem*, 18 de agosto de 1936) fue un poeta, dramaturgo y prosista español, también conocido por su destreza en muchas otras artes. Adscrito a la llamada Generación del 27, es el poeta de mayor influencia y popularidad de la literatura española del siglo XX. Como dramaturgo, se le considera una de las cimas del teatro español del siglo XX, junto con Valle-Inclán y Buero Vallejo.

RONCAR

Roncar como un terremoto de grado nueve.
Roncar como una fiera corrupia[819].
Roncar como una motosierra.
Roncar más que un marinero borracho.

ROSCAS

Comerse menos roscas que Los Roper[820].

RUBIO

Ser más rubio que las pesetas[821].

RUIDO

Ser más el ruido que las nueces.

RUIN

Ser cada día más ruin, como los potros de Gaeta[822].

RUMBOSO

Ser más rumboso que Pedro Lacambra[823].

---

[819] Se trata de un monstruo legendario cuyo origen se encuentra en la cultura pagana de los pueblos bárbaros asentados en Galicia y León. La tradición popular lo presentaba como una especie de dragón al que se le imputaban grandes crímenes y matanzas y cuya sola mención provocaba pavor entre los oyentes. Su nombre ha pasado a designar a personas irritables en extremo por asimilación a la proverbial fiereza del monstruo.

[820] *George y Mildred* fue una afamada *sitcom* británica de los años 70, producida por la Thames Television, sobre un matrimonio mal avenido, George y Mildred Roper, interpretados por los actores Brian Murphy y Yootha Joyce. Ambos personajes aparecieron inicialmente en la comedia *Un hombre en casa*, también de la Thames Television, de la cual *George y Mildred* fue un exitoso *spin-off*.

[821] A las monedas de una peseta popularmente se las llamaba *rubias*. Antes de 1982, en que pasaron a hacerse de aluminio, estaban acuñadas en una aleación de cuproníquel que les daba ese aspecto *rubio*.

[822] Ver nota 207.

[823] Parece ser que entre los más famosos contrabandistas andaluces, hubo este legendario Pedro Lacambra de quien hablan los romances y las coplas. Pedro Lacambra entró en el flamenco grande por una copla que ha servido de *macho* a la "seguiriya gitana". El *macho* es una especie de estribillo. El *macho* de Pedro Lacambra, a quien algunos consideran inventor, dice así:

> *¿De quién son estos machos*
> *con tanto rumbo?*
> *Son de Pedro Lacambra:*
> *Van a Bollullos.*   Sigue...

S

SABER
Saber más que Briján[824].
Saber más que el diablo.
Saber más que el maestro Ciruelo[825].
Saber más que Juan de Esperaendiós[826].
Saber más que Lepe[827].
Saber más que Lepe, Lepijo y su hijo[828].
Saber más que los ratones colorados.
Saber más que Merlín.
Saber más que un ratón de biblioteca.
Saber menos que Rambo[829] de puericultura.
Saber menos que un caballo de cartón.
Saber un punto más que el diablo.

SACAR
Sacar menos que a las huchas del Domund[830].

Recordemos que Bollullos del Condado, provincia de Huelva, fue un lugar apropiado para el contrabando con Portugal.

[824] No hay datos que confirmen quien era este tal Briján. Pancracio Celdrán aporta datos en los que parece que pudiera haber sido una mula o un buey con este nombre, en las tierras de Andalucía o Extremadura, y que tendría el conocimiento o la intuición para poder volver a su establo desde distancias importantes.

[825] Pedro Ciruelo. Humanista y matemático que vivió en la primera mitad del siglo XVI y alcanzó gran renombre en su tiempo.

[826] Sabio religioso y escritor mozárabe, abad de Córdoba, que floreció en el siglo IX y cuyos conocimientos fueron vastísimos, hasta el punto de que San Eulogio y Álvaro Cordobés oían con respeto sus enseñanzas. Es más conocido con el nombre latinizado del abad *Speraindeo*. (Sbarbi, Op. Cit.)

[827] D. Pedro de Lepe y Didantes, obispo de Calahorra y la Calzada fue un sabio prelado a quien debemos, entre otras obras, el Catecismo Católico que igualó en fama al archiconocido del padre Astete. Sin embargo, se perdió la memoria del obispo y sólo quedó la frase incluso con variantes como *"Saber más que Lepe, Lepijo y su hijo"*, siempre con el mismo significado.

[828] Ver nota 827.

[829] Ver nota 652.

[830] El Domingo Mundial de las Misiones (conocido también por el acrónimo Domund) es una jornada anual en la que Iglesia católica promueve el espíritu misionero. Se celebra el penúltimo domingo de octubre.

SALADO
Estar más salado que calzoncillo de pescador.
Estar más salado que un bacalao.
Ser más salado que un ripio[831].

SALIDA/O
Estar más salida que el logotipo de El Corte Inglés[832].
Estar más salido que el pico de una mesa.
Estar más salido que el pico de una piragua.
Estar más salido que el pico de una plancha.
Estar más salido que la perra de Botes[833].
Estar más salido que la proa de un petrolero.
Estar más salido que un chepa en un columpio.

SALIR
No salir ni con agua caliente.
Salir menos que el Cachorro[834] de procesión.

SALTAR
Saltar como granizo en albarda[835].

SANGRAR
Sangrar como un cerdo.
Sangrar como un Nazareno.

---

[831] El DRAE, en su cuarta acepción dice así: Palabra o frase inútil o superflua que se emplea viciosamente con el solo objeto de completar el verso, o de darle la consonancia o asonancia requerida.

[832] Ver nota 515.

[833] Existió en Cuenca, cerca de la parroquia de El Salvador, en la segunda mitad de los años 70 del siglo XX, una taberna de vinos llamada Botes. En este lugar, frecuentado por jóvenes, corrió el dicho, haciendo alusión a una perra que debía pertenecer al dueño del establecimiento y que estaba continuamente preñada.

[834] La Pontificia, Real e Ilustre Hermandad y Cofradía de Nazarenos del Santísimo Cristo de la Expiración y Nuestra Madre y Señora del Patrocinio en su Dolor y Gloria, es una hermandad de la Semana Santa de Sevilla, que hace procesión el Viernes Santo. Este Crucificado es conocido popularmente como "El Cachorro". Una leyenda dice que se llama así porque el imaginero escogió como modelo el rostro de un gitano, que tenía ese apodo, en el preciso momento de expirar tras una reyerta, y su parecido fue excepcional.

[835] Se refiere a una persona que esta hablando y otra se ofende y responde de manera agresiva. Ver nota 367.

SANGRE
Tener menos sangre que un vampiro hemofílico[836].

SANO
Estar más sano que un roble.
Estar más sano que una pera.
Ser más sano que los pensamientos de Heidi[837].

SATISFECHO
Quedar más satisfecho que un obispo después de una invitación a comer.

SECO
Estar más seco que el coño de una momia.
Estar más seco que el chocho de una abuela.
Estar más seco que el negro de Bañolas[838].
Estar más seco que el ojo de Millán Astray[839].
Estar más seco que el ojo de Moshé Dayán.[840]
Estar más seco que el ojo de un tuerto.
Estar más seco que la alpargata de un beduino.
Estar más seco que la mojama[841].

---

[836] La característica principal de la Hemofilia A y B es la hemartrosis y el sangrado prolongado espontáneo. Las hemorragias más graves son las que se producen en articulaciones, cerebro, ojo, lengua, garganta, riñones, hemorragias digestivas, genitales, etc. La manifestación clínica más frecuente en los hemofílicos es la hemartrosis, sangrado intraarticular que afecta especialmente a las articulaciones de un solo eje como la rodilla, el codo o el tobillo. Si se produce una hemartrosis en repetidas ocasiones en una articulación, se origina una deformidad y atrofia muscular llamada Artropatía hemofílica.

[837] Ver nota 91.

[838] Ver nota 377.

[839] José Millán-Astray y Terreros (La Coruña, Galicia, España, 5 de julio de 1879 - Madrid, España, 1 de enero de 1954) fue un militar español, fundador de la Legión Española y de Radio Nacional de España. Procurador en las Cortes Españolas en las cuatro primeras legislaturas del período franquista. Tuerto del ojo derecho.

[840] Moshé Dayán (Degania Álef, Imperio otomano, 20 de mayo de 1915 - Tel Aviv, Israel, 16 de octubre de 1981), fue un político y militar israelí. Con una brillante carrera dentro del ejército, participó en la Segunda Guerra Mundial, la guerra de independencia israelí, la Guerra de los Seis Días y la Guerra de Yom Kippur, actuando en las dos últimas como Comandante en Jefe del ejército israelí y Ministro de Defensa. Tuerto del ojo izquierdo.

[841] La mojama (del árabe clásico *mušamma*', 'hecho cera') es una salazón muy apreciada del atún, hecha con los lomos del descargamento y el descargado (bajo los lomos, simétricos) tras sufrir un

Estar más seco que un esparto.
Estar más seco que una tagarnina[842].
Ser más seco que el cepillo de un carpintero.
Ser más seco que una pasa.

SECRETOS
Tener más secretos que conchas un galápago.
Tener más secretos que un confesor.
Ser más secreto que una tumba egipcia.

SEGURO
Estar más seguro que el agua en una cesta.
Estar tan seguro como en una caja de galletas.
Estar tan seguro como que hay Dios.
Estar tan seguro como que hay que morirse.
Ser más seguro que el lavabo del Pentágono[843].

SEGUÍO
Ser más *seguío* que una gotera.

SEMBRADO
Estar tan mal sembrado como olivas de capellanía.

SENSIBILIDAD
Tener menos sensibilidad que una almeja.

SENTAR
Sentar como a un cristo/cura/santo dos pistolas.
Sentar como un guante.
Sentar como un jarro de agua fría.
Sentar como un tiro.

---

proceso de curación en salazón y oreo. Es un producto típico de la costa atlántica andaluza (especialmente de los municipios costeros de La Janda, provincia de Cádiz y en Ayamonte e Isla Cristina, provincia de Huelva), y en menor medida de la Región de Murcia y de la Comunidad Valenciana. En Andalucía, Isla Cristina y Barbate suman el 75 % de la producción total.

[842] La tagarnina o cardillo espinoso o simplemente cardillo (*Scolymus hispanicus*) es una planta herbácea de la Familia de las *Asteraceae* nativa del sur de Europa.

[843] El Pentágono es la sede del Departamento de Defensa de los Estados Unidos de America.

Sentar como una patada en los cojones/huevos.

Sentar peor que una patada en los cojones/huevos.

SENTIDO

Tener más sentido que un toro.

Tener menos sentido que un bote de pintura vacío.

SENTIRSE

Sentirse como en casa de Dios.

Sentirse como un millón de dólares.

SER

Ser como el abad de Compostela[844], que se comió el cocido y aun quiso la cazuela.

Ser como el abad de La Magdalena[845], si bien come mejor cena.

Ser como el agua de Loja[846], que por donde pasa moja.

Ser como el alcalde de Ciudad Real, que sabía prender pero no sabía soltar.

Ser como el alcalde de Dos Hermanas[847].

Ser como el alcalde de Totana[848], que se murió de sentimiento porque a un vecino le sacaron un chaleco corto[849].

Ser como el baturro de Ricla[850], para quien todo eran dificultades.

---

[844] Santiago de Compostela es una población de la provincia de La Coruña.

[845] La Magdalena es una población de la provincia de Oviedo, Asturias.

[846] Loja es una población de la provincia de Granada.

[847] Se aplica a los individuos que, abusando de su autoridad, son capaces de cometer los mayores atropellos sin hacer caso de las leyes positivas o naturales. Luis Montoto la explica de la siguiente manera: "parece que en Dos Hermanas, pueblo inmediato a Sevilla, en los días primeros de la revolución llamada *la Gloriosa* (la de septiembre de 1868), un "monterilla", encumbrado "por arte de birlibirloque", protegía los amores de unos novios, con oposición del padre de la muchacha; y no pudiendo lograr que éste consintiera en la boda, ante sí los dio por unidos en matrimonio. Fuéronse a vivir juntos..., diciendo ella a su padre que eran marido y mujer, porque el señor alcalde los había casado. No pudiendo creer el hombre tamaño desatino, fue a ver al "monterilla", el cual le dijo que, era cierto, los había casado. El padre, no tan ayuno de ciencia como su interlocutor, le replicó que no había más matrimonio que el que Dios instituyó y el Santo Concilio de Trento reguló... El alcalde, entonces, muy lleno de autoridad, exclamó: *Pues si eso es así, sepa usted que desde este instante queda derogado el Concilio de Trento.*" (J. M. Sbarbi, Op. Cit.)

[848] Totana es un municipio de la Región de Murcia situado en la comarca del Bajo Guadalentín. Cabeza del partido judicial del mismo nombre. Cuenta con 29.333 habitantes (INE 2010).

[849] Ver nota 859.

Ser como el beneficiado de Churriana[851].

Ser como el bobo de Coria[852], que empeñó a su madre y a sus hermanas, y preguntaba si era pecado.

Ser como el bobo de Perales[853].

Ser como el bobo de Plasencia[854].

Ser como el caballo de Atila[855] que por donde pasaba no crecía la hierba.

Ser como el caballo de Pavía[856].

Ser como el cabrero de Mairena, cabra fuera, peso duro a la montera[857].

Ser como el cimborrio de El Escorial[858].

Ser como el corregidor de Almagro[859].

---

[850] Ricla es una población de la provincia de Zaragoza.

[851] De quien se dice que nadie le conoció ama, moza ni anciana, hasta el día que se ordenó de mayores (G. M. Vergara, Op. Cit.). Churriana es una población de la provincia de Málaga.

[852] Coria es una población de la provincia de Cáceres.

[853] Perales del Puerto es una población de la provincia e Cáceres

[854] Según nos cuenta G. M. Vergara, parece ser que habiéndole escondido una dama bajo la cama, cuando vio llegar a un galán en la habitación, salió raudo y gritó -ya estamos todos-. Plaxencia es una población de la provincia de Cáceres.

[855] Atila (395 llanuras danubianas - Valle de Tisza, 453) fue el último y más poderoso caudillo de los hunos, tribu procedente probablemente de Asia, aunque sus orígenes exactos son desconocidos. Atila gobernó el mayor imperio europeo de su tiempo, desde el 434 hasta su muerte en 453. Conocido en Occidente como *El azote de Dios*. Sus posesiones se extendían desde la Europa Central hasta el Mar Negro, y desde el río Danubio hasta el mar Báltico. Durante su reinado fue uno de los más acérrimos enemigos del Imperio Romano. Invadió dos veces los Balcanes, estuvo a punto de tomar la ciudad de Roma y llegó a sitiar Constantinopla. Marchó a través de Francia hasta llegar incluso a Orleans, hasta que el general romano Aecio le obligó a retroceder en la batalla de los Campos Cataláunicos en el 451 (Châlons-en-Champagne). Logró hacer huir al emperador de Occidente Valentiniano III de su capital, Rávena, en el 452. Su caballo se llamaba Othar.

[856] Manuel Pavía y Rodríguez de Alburquerque (Cádiz, 2 de agosto de 1827 - Madrid, 4 de enero de 1895). General español cuyo golpe de Estado acabó en la práctica con la Primera República Española. En el imaginario colectivo ha quedado que entró en el Congreso a lomos de su caballo, el "caballo de Pavía". Sin embargo, este hecho en realidad no ocurrió.

[857] Parece ser que en Mairena, provincia de Granada, había un cabrero en extremo desconfiado y, cuando iba a vender sus cabras, las iba soltando del redil una a una según iba recibiendo el importe de cada una de ellas.

[858] Se refiere al tamaño de la cabeza de alguien. Ver nota 272.

[859] Gabriel María Vergara en su curioso *Diccionario Geográfico Popular* explica: "Se dice que es así la persona que se preocupa demasiado de los asuntos de los demás sin que le interesen; porque se supone que el citado Corregidor se murió de pena al saber que le sacaron corto un chaleco a su vecino".

Ser como el corregidor/cura de Trebujena[860], que se murió de una pesadumbre ajena[861].

Ser como el Cristo de Bargas, que tiene tres pares de cojones[862].

Ser como el Cristo de El Pardo[863].

Ser como el cura de Almogía[864], que quería casorio y capellanía.

Ser como el cura de Medina, que quitaba y ponía reyes en Castilla[865].

Ser como el cura del Berrocal[866], que no sabía leer más que en su misal[867].

Ser como el doctor Vara, ni obra buena ni palabra mala.

Ser como el dómine de Jalón, que por decir *"Dominus vobiscum"*, dijo: *"De oros es el juego"*.

Ser como el dulero de Calandra, que por hacerse famoso despeñó la dula[868].

Ser como el embajador de Inglaterra, que ni truena ni suena.

Ser como el enfermo de Rute[869] que se comía los pollos piando[870].

Ser como el escudero de Guadalajara, de lo que dice por la noche no hay nada por la mañana.

---

[860] Trebujena (hasta 1857, Trebugena) es un municipio de la provincia de Cádiz.

[861] Ver nota 859.

[862] Dicho muy usado en la provincia de Toledo, a la que pertenece Bargas, para indicar que uno es muy valiente, y alude a la costumbre que tenían algunos de los que venían de lejanas tierras, de traer como ofrendas a las imágenes más veneradas de sus pueblos, huevos de avestruz. (G.M. Vergara, Op. Cit.)

[863] Persona grave e impasible. El Pardo es una población de la provincia de Madrid.

[864] Almogía, población perteneciente a la provincia de Málaga.

[865] Este cura, famoso en tiempos de los Comuneros, en Medina del Campo, provincia de Valladolid, era tenido por medio loco, y, según las circunstancias, tan pronto mandaba rezar a sus feligreses por la salud del rey D. Juan de Padilla y la reina María de Padilla como por la de los reyes Carlos y Juana.

[866] Berrocal, población de la provincia de Segovia.

[867] Ver nota 451.

[868] Dula es el conjunto de las cabezas de ganado de los vecinos de un pueblo, que se envían a pastar juntas a un terreno comunal. Se usa especialmente hablando del ganado caballar.

[869] Rute es un municipio de la provincia de Córdoba.

[870] Parece ser que se refiere a un supuesto sujeto de esa localidad cordobesa que, estando enfermo, rechazaba caldos y papillas, pero que, a espaldas de todos, se zampaba hasta los pollos vivos. (Sbarbi, Op. Cit.)

Ser como el gaitero de Bujalance, un maravedí por que empiece y diez por que acabe[871].

Ser como el galgo de Lucas que cuando veía salir la liebre se ponía a cagar.

Ser como el gallo de Morón[872], cacareando y sin plumas.

Ser como el guitarrero del tajamar, que todo se le iba en puntear y más puntear.

Ser como el herrero de Arganda, que él se lo fuella, y el se lo lleva a vender a la plaza [873].

Ser como el herrero de Fuentes que a fuerza de machacar se le olvidó el oficio[874].

Ser como el hidalgo de Fuenlabrada[875], que vendió el caballo para comprar la cebada.

Ser como el huevo de Juanelo[876].

Ser como el imán.

---

[871] Se zahiere a los que son pesados y molestos en su trato y conversación, y por otra parte difíciles de entrar en ella, haciéndose rogar mucho, como ocurría con el personaje citado, que jamás quería tocar; pero cuando empezaba no dejaba la gaita hasta que veía que se había quedado solo. (Sbarbi, Op. Cit.).

[872] Ver nota 783.

[873] Se trata de un supuesto herrero de la citada localidad madrileña que además de forjar las piezas las vendía en el mercado del pueblo, es decir, que hacía él todo por sí mismo.

[874] Se refiere a un supuesto herrero que trabajó en Fuentes de la Alcarria, Guadalajara, del que se contaba que con el tiempo peor y peor herraba.

[875] Fuenlabrada es una población de la provincia de Madrid.

[876] Expresión que se aplica a todo aquello que tiene al parecer mucha dificultad, pero que es asunto facilísimo después de sabido en qué consiste su mecanismo o secreto. Trae su origen esta frase del famoso arquitecto Juanelo Turriano, constructor de cierto curioso aparato o artificio con el que consiguió subir en Toledo las aguas desde el Tajo al Alcázar, con el motivo que indican los siguientes versos de Calderón en *La Dama duende*, jornada II:

«... Ahora, ¿sabes
lo del huevo de Juanelo,
que los ingenios más grandes
trabajaron en hacer
que en un bufete de jaspe
se tuviese en pie, y Juanelo
con sólo llegar y darle
un golpecito le tuvo?
Las grandes dificultades,
hasta saberse, lo son;
que sabido, todo es fácil.» (Sbarbi, Op. Cit.)

Ser como el jaquetón de Jadraque[877], que al acostarse mataba el candil de un trabucazo.

Ser como el maestro Ciruela, que no sabía leer y puso escuela.

Ser como el médico de Chodes[878].

Ser como el médico de Orgaz[879], que tomaba el pulso en el hombro.

Ser como el molino de Celada[880], o mucho, mucho, o nada, nada.

Ser como el pan de Astorga, mucho en la mano y poco en la andorga[881].

Ser como el Papamoscas de Burgos[882].

Ser como el *papo* de la tonta donde todo el que llega moja.

Ser como el pato de Pitiegua[883], que en cada casa caga manteca.

Ser como el perro de Alba[884].

Ser como el perro de Bécquer[885], que en todas partes se mete.

Ser como el perro de Escoriaza, que huía en Carnaval, y volvía el Miércoles de Ceniza[886].

---

[877] Jadraque es una población de la provincia de Guadalajara.

[878] Frase que se aplica al médico poco docto, que diagnostica y prescribe de oídas y a voleo. Alude, supuestamente, a un caso ocurrido en un pueblo aragonés, Chodes, donde, en cierta ocasión, un labrador sufría un fuerte dolor de muelas, por lo que se metió en la cama y mandó a buscar al médico. El galeno acudió a casa del labrador sin preguntar el motivo de la llamada, y como sabía que la mujer del labriego estaba a punto de parir, supuso que el aviso se debía a esa circunstancia por lo que nada más entrar en casa mandó avisar a la comadrona. (J. M. Sbarbi, Op. Cit.)

[879] Orgaz es una población de la provincia de Toledo, Castilla-La Mancha.

[880] Celada es una población de la provincia de León. Castilla y León.

[881] Andorga es como se conoce coloquialmente al vientre. Astorga, población de la provincia de León.

[882] Embobado, distraido.

[883] Pitiegua es una población de la provincia de Salamanca.

[884] Cosa de poca importancia, de momento. Las *Coplas del perro de Alba*, de la que se han conservado varias ediciones en el siglo XVI e incluso en el XVII. El texto narra el pleito interpuesto por los judíos de Alba de Tormes contra un perro en dicha localidad salmantina. Se trata de una burla, una sátira, o mejor, de "una broma despiadada contra los judíos en Alba de Tormes" (María Sánchez Pérez, ver bibliografía.)

[885] Gustavo Adolfo Domínguez Bastida (Sevilla, 17 de febrero de 1836 – Madrid, 22 de diciembre de 1870), más conocido como Gustavo Adolfo Bécquer, fue un poeta y narrador español, perteneciente al movimiento del Romanticismo, aunque escribió en una etapa literaria perteneciente al Realismo. Por ser un romántico tardío, ha sido asociado igualmente con el movimiento posromántico. Aunque, mientras vivió, fue moderadamente conocido, sólo comenzó a ganar verdadero prestigio cuando, tras su muerte, fueron publicadas muchas de sus obras. Sus más conocidos trabajos son sus *Rimas y Leyendas*.

Ser como el perro y el gato, todo el día peleando.

Ser como el pobre de Calatayud[887], que le faltó dinero y le sobró salud.

Ser como el potro de Gaeta[888], que valía menos cada feria.

Ser como el puerto de Pajares[889].

Ser como el que tiene un tío en Alcalá[890], que no tiene tío ni tiene *ná*.

Ser como el río de Malaga, que va por donde le da la gana[891].

Ser como el sable de Pedro Machuca[892], que parte y no corta.

Ser como el sacristán de Partaloa[893], que cantaba mal y porfiaba.

Ser como el sacristán de Peraleja[894], que no canta ni deja.

Ser como el sastre de Cigüeñuela, que ponía la costa y hacía de balde la obra[895].

Ser como el sastre de Navares[896], que ponía la tela, el hilo y los pulgares.

Ser como el sastre del Campillo y la costurera de Miera, que el uno ponía las manos y la otra trabajo y seda[897].

Ser como el sastre del Campillo, coser de balde y poner el hilo[898].

---

[886] Tiene el mismo sentido que *el perro de Alba*, ver nota 884. También el que hace las cosas al revés de como le conviene ejecutarlas. Escoriaza es una población de la provincia de Guipúzcoa.

[887] Calatayud es una población de la provincia de Zaragoza.

[888] Ver nota 207.

[889] Muy frío.

[890] Alcalá de Henares, provincia de Madrid.

[891] El río Guadalhorce. Antiguamente, antes de canalizarlo, provocaba inundaciones a menudo.

[892] Pedro Machuca (Toledo, ca. ¿? - 1550) fue un pintor y arquitecto renacentista español. Junto con Pedro Berruguete, Diego de Siloé y Bartolomé Ordóñez, Machuca es uno de los cuatro artistas a los que el pintor Francisco de Holanda llamó las *águilas* del Renacimiento en España, responsables de la introducción del estilo renacentista a la manera de Italia en suelo español. Se formó en Italia, estimándose que podría ser el *Pedro Spagnuolo* que algunos documentos mencionan como discípulo de Miguel Ángel.

[893] Partaloa es una población de la provincia de Almería.

[894] La Peraleja es una población de la provincia de Cuenca.

[895] Ver nota 898.

[896] Navares es una población de la provincia de Segovia. Ver nota 898.

[897] Ver nota 898.

[898] Persona que además de hacer un favor, compromete, para hacerlo, su trabajo o su dinero, o al que, en general, se excede en hacer favores. Puede referirse a un proverbial costurero de este pueblo de la provincia de Valladolid, o más probablemente al sastre del "cantillo", es decir, la encrucijada o el cruce de calles donde antiguamente se pusieran a coser.

Ser como el sermón del cura de Chaorna[899].

Ser como el socorro de Escalona, que cuando llega el agua ya esta quemada la villa[900].

Ser como el *sordico* de la Mora, que oía los cuartos, pero no las horas[901].

Ser como el tonto del Cerezo[902], que quería que helara para que luciera el sol.

Ser como el tren de Arganda[903] que pita más que anda.

Ser como el viejo de Triana[904], que no había visto Sevilla.

Ser como en Albatera[905], que la que no es tuerta es ciega.

Ser como Guzmán El Bueno[906].

Ser como Juan de Aracena, que no tenía ni palabra mala ni obra buena.

Ser como Juan Palomo, yo me lo guiso, yo me lo como.

Ser como la aseada de Burguillos[907].

Ser como la bruja de Lanjarón[908].

Ser como la casa de Astrearena, mucha fachada y poca vivienda[909].

---

[899] Muy pesado e insoportable. Chaorna es una población de la provincia de Soria.

[900] Al que llega tarde. Su origen fue que habiendo ocurrido un incendio en Escalona, Toledo, situada en un alto de la ribera del Alberche, y bajado sus habitantes al río en busca de agua para apagar el fuego, cuando subieron se encontraron con que éste había abrasado ya cuanto tenía que devorar.

[901] Se aplica a los que son sordos de conveniencia y no oyen lo que no les interesa oír. Alude a un murciano anónimo, vecino de este pueblo, que tenía muy buen oído para escuchar el sonido de "los cuartos", es decir, el dinero, pero en cambio no oía las campanas cuando anunciaban la hora de comenzar a trabajar. (Sbarbi, Op. Cit.)

[902] Cerezo es una población de la provincia de Guadalajara.

[903] Ver nota 873.

[904] Ver nota 802.

[905] Albatera, población de la provincia de Alicante.

[906] Aplícase a la persona que ha dado pruebas del mayor heroísmo, aludiendo a la abnegación de aquel renombrado gobernador de Tarifa que prefirió entregar su hijo a la crueldad de los moros sitiadores, antes que abrirles las puertas de la plaza cuya custodia le había sido confiada. (J. M. Sbarbi, Op. Cit.)

[907] Se dice de la mujer sucia y desaseada, pero que aparenta ser pulcra y estar muy limpia. Se cuenta de esta señora que lavaba los huevos por limpios que estuviesen y que escupía en la sartén para comprobar la temperatura del aceite. Esta aseada era natural de ese pueblo sevillano hermana de padre y madre de *Mari-Gargajo*, la *Relimpia del Horcajo*, *Mari-Comino* y la *Señorita del pan pringado*. De la *Relimpia del Horcajo* se dice que "lavaba las patas al asno"; esto también lo hacía la *Relimpia de Rivas*. El escrúpulo de *Mari-Gargajo* lo define el DRAE como "algo infundado, extravagante y ajeno a la razón". Y de la *señorita del pan pringado* se dice que "echa los mocos en el guisado".

[908] Lanjarón es una población de la provincia de Granada.

Ser como la cesta de la tía Calzona[910].

Ser como la copa de un pino.

Ser como la dehesa de Tocenaque, que promete y no da[911].

Ser como la delicada de Gandía[912].

Ser como la espada de Bernardo, que ni pincha ni corta.

Ser como la familia de San Basilio, que hasta el aguador era santo.

Ser como la feria de amor, el que más gasta sale peor.

Ser como la feria de Nambroca[913], que lo que no se hace en esta semana, se hace en la otra.

Ser como la feria de Villaverde, el que más pone más pierde.

Ser como la gata de Mari-Ramos, que halaga con la cola y araña con las manos.

Ser como la gata Flora que si se la meten grita y si se la sacan llora.

Ser como la hebra de Mari Moco, que cosió siete camisas y le sobró un poco.

Ser como la jaca de Velasquillo.

Ser como la judía de Zaragoza que cegó llorando duelos ajenos[914].

Ser como la juncia de Alcalá, que llegó tres días después de la función[915].

Ser como la justicia de Peralbillo, que después de asaetado el hombre, le fulminan el proceso[916].

---

[909] Según nos dice Gabriel María Vergara en su *Diccionario geográfico popular*, este dicho se refiere a las personas y a las cosas con mucha apariencia y poco fondo, comparándolas con la casa que D. Pedro de Astrearena, marqués de Murillo, construyó con tres fachadas, una a la red de San Luís, otra a la calle Fuencarral y otra a la de Hortaleza, en Madrid. La citada casa se derribó en 1913 para continuar la Gran Vía.

[910] Según G. M. Vergara, se dice de uno de quien abusan todos, refiriéndose a la tía Calzona, que de Bargas iba a Toledo a vender cacahuetes y los muchachos le robaban la mercancía con gran frecuencia.

[911] Se refiere a todo aquello que tiene más apariencia que realidad. Tocenaque es un despoblado de la provincia de Toledo, perteneciente al partido judicial de Illescas y término de Cedillo.

[912] Gandía es una población de la provincia de Valencia.

[913] Nambroca es una población de la provincia de Toledo en Castilla-La Mancha.

[914] Hace referencia a aquellas personas amigas de entretenerse en negocios extraños con perjuicio de los propios aunque su indelicadeza se deba a buena voluntad. Esta judía viene citada por muchos autores y sería probablemente una de aquellas plañideras que se asalariaban antiguamente para acompañar el entierro de los difuntos.

[915] Se refiere a Alcalá la Real, provincia de Jaén. Según nos dice Gabriel María Vergara, moteja todo aquello que viene o se dice, tarde y fuera de tiempo. Se llama juncia a una planta medicinal y olorosa que abunda en los sitios húmedos.

Ser como la lanza de Aquiles, que hiere y sana.

Ser como la Libori de Hornachos[917].

Ser como la Maratona de Segovia[918].

Ser como la maza de Fraga, que sacaba polvo de debajo del agua[919].

Ser como la mora de Barajas, que busca el virgo entre las pajas.

Ser como la moza de Verganzones[920], que tiraba claras y yemas y guardaba los cascarones.

Ser como la niebla de Bercero, que salían los gatos ahogados por las buhardillas[921].

Ser como la Perejila de Avila[922].

Ser como la procesión de Villamanrique[923], que detrás del último no va nadie.

Ser como la purga de Benito.

Ser como la purga de Hernando, que desde la botica se estaba cagando.

Ser como la rosca de Pedraza[924], gran agujero y poca masa.

Ser como la tonta de Marbella[925], lo mismo le da que salga el sol como que llueva.

---

[916] Modo con que se moteja a un Tribunal o autoridad de haber procedido con suma ligereza en su determinación. También se dice metafóricamente a los que empiezan cualquier negocio por donde debían acabarlo. Trae su origen de la asombrosa actividad con que procedía el Tribunal de la Santa Hermandad contra los delincuentes de su jurisdicción, asaeteándolos en Peralbillo, pueblo inmediato a Ciudad Real, camino de Toledo, luego de justificado sumariamente el delito cometido en despoblado. Quevedo llamó *Peralvillo de las bolsas* en la *Fortuna con seso* al estudio de un abogado ignorante y embrollón, porque en el bufete de aquel letrado daban fin las bolsas de los litigantes, como en Peralbillo lo encontraban a su existencia los ladrones y malhechores. (Sbarbi, Op. Cit.)

[917] Bruja, celestina. Hornachos es una población de la provincia de Badajoz.

[918] G. M. Vergara, nos dice que esta tal Maratona era una chismosa y celestina. Parece ser que fue una de las que tuvieron más fama de brujas y hechiceras en su tiempo.

[919] Alude a la enorme maza que tenían los de Fraga, provincia de Huesca, destinada a recomponer el puente de madera hecho sobre el Cinca, sustituido posteriormente por uno colgante de hierro; pero la maza la conservaron como recuerdo en la iglesia de San Pedro de aquella villa. Este modismo se usa en Aragón para indicar lo imposible que es hacer una cosa. (G. M. Vergara, Op. Cit.)

[920] Verganzones es una población de la provincia de Segovia.

[921] Bercero es una población de la provincia de Valladolid. Alude a lo exagerados que son en este pueblo.

[922] La Perejila era una bruja muy chismosa, muy popular en Avila en tiempos remotos.

[923] Villamanrique es una población de la provincia de Ciudad Real.

[924] Pedraza es una población de la provincia de Segovia.

[925] Ver nota 537.

Ser como la tripera de Jaén[926].
Ser como la vieja honrada de Alcubillas[927].
Ser como la yesca de Triana[928], que arde cuando le da la gana.
Ser como la yunta de Pedraja[929], que el uno tira y el otro desgaja.
Ser como las alforjas de Collado[930], mucha porra y poco recado.
Ser como las bodas de Camacho[931].
Ser como las bolas del puente de Segovia[932].
Ser como las gallinas del tío Alambre, que las despertaba el hambre.
Ser como las gallinas del tío Rincón, que saltaban siete corrales por buscar conversación.
Ser como las mozas de Galisteo[933], buena vista y mal aseo.
Ser como las mujeres de San Román de la Hornija[934].
Ser como las obras de El Escorial[935].
Ser como las Tetas de Viana[936], que muchos las ven pero pocos las maman.
Ser como los amantes de Durango[937].

---

[926] Muy gordo.

[927] Alcubillas, provincia de Ciudad Real. Equivale a llamarla borracha.

[928] Ver nota 802.

[929] Pedraja es una población de la provincia de Soria.

[930] Collado Hermoso es una población de la provincia de Segovia.

[931] Esta expresión se aplica para definir aquellas situaciones o actos sociales que sobresalen por su esplendidez y abundancia. Alude a un episodio narrado en *Don Quijote de La Mancha* de Miguel de Cervantes y que se puede leer en los capítulos XX y XXI de la segunda parte. En estos capítulos, el ingenioso hidalgo, acompañado de Sancho Panza, asiste al convite de boda de un rico labrador llamado Camacho. En la boda, sirviéndose de ciertas tretas, el mucho más pobre que Camacho, Basilio, logra casarse con Quiteria, la novia de Camacho. Pero lo que hizo proverbial la expresión para significar cualquier festín opíparo y fastuoso es el relato que hace Cervantes de la exquisitez y abundancia del convite, a cuyo disfrute no es ajeno Sancho Panza.

[932] Hace referencia a las bolas que adornan el puente de Segovia de Madrid. Son exageradamente grandes para como deberían ser en proporción.

[933] Galisteo, población de la provincia de Cáceres.

[934] San Román de la Hornija es una población de la provincia de Valladolid.

[935] Referido a algo que dura mucho tiempo, es muy costoso o requiere mucho trabajo. Ver nota 272.

[936] Viana de Mondéjar es una población de la provincia de Guadalajara. Las Tetas son dos cerros cercanos a la población que parecen dos pechos femeninos.

[937] Gabriel M. Vergara nos dice que se aplica a los amantes que, por su gran pobreza o tacañería, viven siempre en pendencias, y de ellos dice Henríquez Gómez, en *El siglo pitagórico y vida de D.*

Ser como los amantes de Teruel, que siempre se quisieron bien.

Ser como los amantes de Teruel, tonta ella y tonto él.

Ser como los borregos de Panurgo[938].

Ser como los de Colmenar[939], mucha alforja y poco pan.

Ser como los de Doñinos, pocos y mal avenidos[940].

Ser como los de Fuenteovejuna, todos a una[941].

Ser como los de la Nava[942], que metieron la viga atravesada.

Ser como los desposados de Hornachuelos, ella fea y el más feo[943].

Ser como los dictados de don Crispín, que no tenían fin.

Ser como los gaiteros de Lumpiaque[944], que amanecieron templando.

Ser como los gatos de El Paular[945], que cuando les dicen ¡zape!, vienen, y cuando ¡miz!, se van.

Ser como los granaderos de Murcia, que para coger tomates se tienen que subir a una escalera[946].

Ser como los hermanos de Trujillo[947], el uno bellaco y el otro ladroncillo.

Ser como los hidalgos de Ledesma[948], el candil seco y de lana la mecha.

Gregoria Guadaña, que son buenos para vivir en Valdeinfierno. Durango es una población de la provincia de Vizcaya.

[938] Gentes que hacen lo que ven hacer, que siguen dócilmente a los demás, únicamente por espíritu de imitación.

[939] Colmenar Viejo es una población de la provincia de Madrid.

[940] Se refiere a aquellas personas de familia no muy numerosa que jamás son del mismo parecer. Seguramente la alusión a este pueblo salmantino obedece no sólo al sonsonete, sino a su exigua población.

[941] La Orden de Calatrava nombró regidor de esta villa cordobesa al comendador D. Fernando Gómez de Guzmán, que trataba tan mal a sus moradores, que desesperados, se amotinaron el 23 de abril de 1476. Asaltaron su casa, le mataron, matando también a catorce criados que lo defendían, y arrojaron su cadáver por la ventana. Las mujeres y los niños lo llevaron arrastrándole a la plaza, en donde lo despedazaron. Los Reyes Católicos, al saberlo, enviaron a un juez para castigar a los culpables, pero no se descubrieron, aunque para lograrlo se empleó el tormento, porque todos se atribuyeron la responsabilidad del hecho. De ahí la frase *¿Quién mató al comendador? Fuenteovejuna, señor*, que inspiró a Lope de Verga su comedia titulada *Fuenteovejuna*.

[942] Nava del Rey es una población de la provincia de Valladolid, Castilla-León.

[943] Ver nota 951.

[944] Ver nota 949.

[945] El Paular es una población de la provincia de Madrid. Hacerlo todo al revés.

[946] Ser muy bajito.

[947] Trujillo es una población de la provincia de Cáceres.

Ser como los músicos de Lumpiaque, que se pasaron templando toda la noche[949].

Ser como los músicos de Mallén, que tocan poco y cobran bien[950].

Ser como los novios de Hornachuelos[951], que el lloraba por no llevarla y ella por no ir con el.

Ser como los novios de Olías[952].

Ser como los potros de Corbacera[953], que donde han de medrar, desmedran.

Ser como los siete niños de Écija[954].

Ser como Manolito que en vez de mover la mano mueve el culito.

Ser como Marta la piadosa, que mascaba la miel a los enfermos[955].

Ser como un aragonés[956].

Ser como un cabestro.

Ser como un gallego[957].

Ser como un libro abierto.

Ser como un piano, siempre dando la tabarra.

Ser como un remolino, todo se mueve pero nada cambia.

---

[948] Ledesma es una población de la provincia de Salamanca.

[949] Según la tradición esto sucedió en un pueblo zaragozano, donde había una banda de gaiteros que fue llamada por los habitantes de un pueblo vecino para que les animasen las fiestas. Llegado el día, desplegaron los instrumentos ante el expectante público y comenzaron a templar sus gaitas. Así fue pasando el rato, hasta que todos los que esperaban oírlos comenzaron a aburrirse a se fueron yendo a dormir sin que los gaiteros comenzasen siquiera a tocar.

[950] De tales músicos se dice que *"no sabían tocar andando"*. Esta frase se aplica al que tiene aprendida una cosa sólo de modo parcial, o al que es especialmente inhábil en alguna materia. La banda de músicos de esta localidad, también zaragozana, fue contratada para hacer un pasacalle en una población vecina; llegado el momento de actuar, los músicos tuvieron que confesar que no sabían tocar andando, puesto que siempre ensayaban sentados. Afortunadamente, al listo del pueblo se le ocurrió hacerlos desfilar sentados a bordo de un carro y así pudieron salvar la situación.

[951] Hornachuelos es una población de la provincia de Córdoba.

[952] Parece ser que en la localidad de Olías, provincia de Toledo, hubo unos novios que en la noche de bodas no quisieron acostarse juntos; cuando después llamaba el novio a la novia no quería acudir ella al llamamiento y cuando era ella la que le llamaba a él, tampoco éste le hacía caso. (G. M. Vergara, Op. Cit.).

[953] Corbacera es una población de la provincia de Salamanca.

[954] Los *siete niños de Écija* fueron unos famosos bandoleros e principios del siglo XIX. Ni eran siete, ni eran niños, ni eran de Écija. Écija es una población de la provincia de Sevilla.

[955] *Don Quijote de La Mancha.* Parte II, Capitulo LIX.

[956] Terco y obstinado.

[957] Tacaño, miserable. (G. M. Vergara, Op, Cit.).

198

Ser como un saco de patatas, por pesado y por gordo.
Ser como una lapa.
Ser jarabe de pico.
Ser la madre del cordero[958].
Ser más que Dios.
Ser más que los de Rojas[959].
Ser un infierno.
Ser un Iris[960].
Ser un jeroglífico.
Ser una jarra sin asa.
Ser una lumbrera.

SERIO
Ser más serio que un buñuelo.
Ser más serio que un carajo.
Ser más serio que un funeral de Estado.
Ser más serio que un ocho.
Ser más serio que un plato de habas.
Ser más serio que un puesto de ajos.
Ser más serio que una petaca de corcho.

SESO
Tener menos seso que un mosquito.

SEXO
Haber menos sexo que en la comunión de Tintín[961].

SEXY
Ser menos sexy que el hermano de Espinete[962] con un ojo de cristal.

---

[958] Lo fundamental.

[959] Rojas es una población de la provincia de Burgos.

[960] Se dice de aquel que establece la paz entre los que están discordes o desavenidos. Alúdese a una deidad de la mitología griega, así llamada, mensajera de Juno, cuyo destino era ser portadora desde el cielo a la tierra de noticias favorables y lisonjeras, describiendo en su marcha un arco luminoso, que tomó en lo sucesivo, del nombre suyo, el de arco iris. (Sbarbi, Op. Cit.)

[961] Ver nota 378.

[962] Ver nota 3

SIESO
Ser tan *sieso* que no le invitan ni a los velatorios.

SILENCIOSO
Ser más silencioso que un gato en una jaula de pájaros.
Ser más silencioso que una mosca budista.

SIMPÁTICO
Ser más simpático que un koala[963] vestido de payasito.
Ser más simpático que una soprano[964] tartamuda.

SIMPLE
Ser más simple que el asa de un cubo.
Ser más simple que el mecanismo de un botijo.
Ser más simple que el mecanismo de una cuchara.
Ser más simple que el mecanismo de un chupete.
Ser más simple que el motor de un Seiscientos[965].
Ser más simple que la sopa de ajo.

SITIO
Haber más sitio que en la Gloria.

SOBADA/O
Estar más sobada que la barandilla del metro.
Estar más sobado que el culo de una tonta.
Estar más sobado que la lámpara de Aladino[966].

---

[963] El koala (o, menos frecuente, coala) (*Phascolarctos cinereus*) es una especie de marsupial cuyo aspecto recuerda al de un oso de peluche, con hábitos tranquilos, parecidos a los de un perezoso.

[964] Soprano es el término musical con el que se denomina en español a la voz más aguda de entre las que forman el registro vocal humano. La voz de soprano posee un timbre claro y brillante. En contextos corales y operísticos, la línea de soprano suele llevar la melodía. El término en español fue tomado del italiano *soprano* (que significa "soberano, superior"). Éste a su vez proviene del latín *súper, supra:* "sobre, por encima de". A este tipo de voz también se le denomina tiple.

[965] Ver nota 221.

[966] *Aladino* (corrupción del nombre árabe *'Alā 'ad-Dīn*, literalmente "nobleza o gloria de la fe") es una de las historias de origen sirio de *Las mil y una noches* y una de las más famosas en la cultura occidental. La historia trata de un joven pobre en una ciudad de China llamado Aladino, que es reclutado por un mago del Magreb, haciéndose pasar por hermano de su fallecido padre, para que le ayude a recuperar una lámpara de aceite maravillosa de una cueva mágica que apresa a quien entra en ella. Después de que el mago intente traicionarle, Aladino se queda con la lámpara y

Estar más sobado que un misal[967] viejo.

SOFISTICADO
Ser más sofisticado que un canapé de Whiskas[968].

SOLICITADO
Estar más solicitado que La Chelito[969].
Estar más solicitado que Sharon Stone[970] en la Ciudad de los Muchachos[971].

SOLO
Estar más solo que la una.
Estar más solo que la una menos cuarto.
Estar más solo que las ratas.
Estar más solo que político en desgracia.
Estar más solo que un Danone[972] sin un pack de seis.
Estar más solo que un hongo.
Estar más solo que un ministerio a la hora del café.

---

descubre que puede invocar a un hosco genio que está obligado a servir a la persona que posea la "lámpara maravillosa". Con su ayuda, Aladino se hace rico y poderoso y se casa con la princesa Badrulbudur. El mago vuelve y logra hacerse con la lámpara engañando a la esposa de Aladino, quien ignora la importancia de la misma. Aladino descubre entonces que un genio menor y educado puede ser invocado con un anillo que le había prestado el mago pero olvidó durante su traición inicial. Ayudado por él, Aladino recupera a su esposa y la lámpara.

[967] Ver nota 451.

[968] Ver nota 644.

[969] Consuelo Portela, conocida artísticamente como *La Chelito* (Cuba, 1885 - Madrid, 20 de noviembre de 1959) fue una popular cantante española de cuplé, de principios del siglo XX.

[970] Sharon Vonne Stone (Meadville, Pensilvania, 10 de marzo de 1958) es una actriz y productora estadounidense. Desde que protagonizó junto a Michael Douglas en 1992 la película dirigida por Paul Verhoeven *Basic Instinct*, ocupa un lugar de privilegio en la industria cinematográfica de Hollywood, además de estar considerada una de las actrices más bellas y atractivas del cine.

[971] La Ciudadescuela Muchachos (CEMU) fue fundada en el año 1970 por el arquitecto Alberto Muñiz Sánchez -Tío Alberto-, en Leganés, Madrid. Como su propio nombre indica es una ciudad (un lugar para vivir), y una escuela (un lugar para aprender a vivir), abierta, desde sus orígenes, a cualquier muchacho o muchacha que por cualquier razón *personal* (problemática o vocacional) *familiar o social* necesite de ella.

[972] Grupo Danone (en francés: *Groupe Danone SA*), más conocido como Danone (o *Dannon* en los Estados Unidos) es una multinacional de productos alimenticios que tiene su sede en París, Francia. Está especializada en productos lácteos, en especial en su famoso yogur.

SOLTERA

Estar más soltera que La Cibeles[973].

SONADO

Estar más sonado que el pecho de King Kong[974].
Estar más sonado que la campana de Huesca[975].
Estar más sonado que la canción del verano.
Estar más sonado que las maracas de Machín[976].
Estar más sonado que un boxeador sin brazos.

SORDO

Estar más sordo que una tapia.
Ser sordo como una campana.
Ser tan sordo que no oye ni lo que le conviene.

SOSO

Ser más sordo que Butragueño[977] contando chistes.
Ser más soso que un pastel de aire comprimido.
Ser más soso que un yogur de agua.

SOSPECHOSO

Ser más sospechoso que la relación entre Batman[978] y Robin.

---

[973] Ver nota 565.

[974] *King Kong* es el nombre de un gigantesco gorila ficticio que habita en la Isla Calavera, y que ha sido el protagonista de varias películas, además de haber aparecido en otros medios, como series de televisión, libros, videojuegos o cómics, habiéndose convertido por ello en uno de los iconos de la cultura popular moderna. King Kong es una de las primeras y más famosas Películas de Monstruos.

[975] La leyenda de la campana de Huesca cuenta cómo Ramiro II el Monje, rey de Aragón, decapitó a doce nobles que se opusieron a su voluntad. La historia es parte del acervo popular en Aragón, especialmente en la ciudad de Huesca.

[976] Ver nota 511.

[977] Emilio Butragueño Santos, deportivamente conocido como *Butragueño* (Madrid, España, 22 de julio de 1963) es un ex futbolista internacional español. Jugaba como delantero y se formó en las categorías inferiores del Real Madrid CF, donde abanderó un generación de futbolistas conocida como la *Quinta del Buitre*, en alusión a su apodo. Desarrolló casi toda su vida deportiva en el club madridista, hasta que 1995 se marchó al Atlético Celaya de México, donde se retiró en 1998.

[978] *Batman* (conocido inicialmente como *The Bat-man*) es un personaje creado por los estadounidenses Bob Kane y Bill Finger (aunque sólo se reconoce la autoría al primero) y propiedad de DC Comics. Su primera aparición fue en la historia titulada *El caso del sindicato químico* de la revista Detective Comics nº 27, lanzada por la editorial National Publications en mayo de

Ser más sospechoso que un gitano haciendo footing.

SUAVE
Estar más suave que un guante.
Estar más suave que una malva[979].
Ser más suave que la glicerina de un supositorio.

SUCIO
Estar más sucio que el palo de un churrero/de un gallinero.
Estar más sucio que el rabo de un cerdo.
Estar más sucio que el sobaco de un moro.
Estar más sucio que las orejas de un confesor.
Estar más sucio que un escarabajo pelotero.

SUDAR
Sudar como un botijo.
Sudar más que un pollo en agosto.
Sudar más que un venado en celo.
Sudar tanto los pies que cuando se quita los calcetines parece que le quita el papel a una magdalena.

SUELTO
Ir más suelto que las burras *caldorras*[980].
Ir más suelto que un marido de *rodríguez*.

1939. Desde entonces, la identidad secreta de Batman ha sido siempre Bruce Wayne (renombrado antiguamente como Bruno Díaz en algunos países de habla hispana) un empresario multimillonario y filántropo. Después de ser testigo en su niñez de la muerte de sus padres, jura venganza y, tras someterse a un riguroso entrenamiento físico y mental, se dedica a combatir la delincuencia en Gotham City. En todas sus apariciones como Batman, Wayne se disfraza de murciélago. A diferencia de otros superhéroes, no posee superpoderes sino que utiliza el intelecto junto a aplicaciones científicas y tecnológicas para crear armas y herramientas con las cuales atrapar a los criminales. Reside en la mansión Wayne (en cuyos subterráneos se encuentra la *Batcave* o Batcueva), y es asistido regularmente por aliados y empleados, entre los que destacan *Robin, Batgirl, Nightwing*, el oficial *James Gordon* y el mayordomo *Alfred Pennyworth*.

[979] Malva es un género de unas 25 especies de plantas herbáceas en la familia *Malvaceae*. Este género se encuentra localizado en las zonas templadas, subtropicales y tropicales de África, Asia y Europa.

[980] Ver nota 506.

SUEÑO
Tener más sueño que un oso en invierno.

SUERTE
Tener más suerte que si fuera bueno.
Tener más suerte que una/siete/once viejas.
Tener más suerte que un quebrado.
Tener menos suerte que El Enano, que se fue a cagar y se cagó en la mano.

SUFRIDO
Ser más sufrido que el caballo Imperioso, que soporta el peso de Gil y Gil[981].

SUFRIR
Sufrir más que un *emparentau*[982].
Sufrir como un *emparentau*[983].
Sufrir una *cachilada*[984].

SUPERSTICIOSO
Ser más supersticioso que el gato de Curro Romero[985].

SURREALISTA
Ser más surrealista que hacer la manicura a un ladrillo.

SURTIDA
Esta más surtida que El Corte Inglés[986].

---

[981] Ver nota 224.

[982] En Asturias: pariente

[983] Ver nota 982.

[984] Ver nota 146.

[985] Ver nota 59.

[986] Ver nota 515.

T

TABLAS
Tener más tablas que la cabaña del Tío Tom[987].
Tener más tablas que Moisés[988].
Tener más tablas que un fuerte.
Tener más tablas que un galeón pirata.

TACOS
Decir más tacos que el loro de Stoichkov[989].
Decir unos tacos que tiembla el Misterio[990].

TACTO
Tener menos tacto que una excavadora.
Tener menos tacto que un cirujano con manoplas.

TALENTO
Tener más talento que un estornudo de Einstein[991].

TARDAR
Tardar más que intentar rebobinar el contestador automático de El Fugitivo[992].

---

[987] *El Tío Tom* es el personaje protagonista de la novela de Harriet Beecher Stowe *La cabaña del tío Tom* (*Uncle Tom's Cabin*), en la que se narra la triste historia de un esclavo bueno y su familia, quienes a pesar de las múltiples desgracias que les acontecen siguen siendo buenos cristianos y aceptan su destino y su situación con respecto a los blancos.

[988] Ver nota 107.

[989] Ver nota 136.

[990] Misterio pascual designa la Pasión, Muerte, Resurrección y Ascensión a los cielos de Jesucristo. Por Misterio Pascual se entiende este conjunto de acontecimientos, históricos y meta-históricos, entendidos como una unidad inseparable en sus diversos elementos. Para la teología cristiana, el Misterio Pascual es el principal artículo de fe y el contenido esencial de la predicación y misión de la Iglesia. En verdad, para los cristianos, fue por el Misterio Pascual de Cristo que se consumó la salvación de todos los hombres y se inauguró el tiempo nuevo de la Redención. Es por el Misterio Pascual que todos los hombres son salvos y participan de la vida divina. Luego, se puede entender el Misterio Pascual el supremo sacrificio, de valor infinito, que Jesús ofreció a Dios Padre a favor de la salvación de todos los hombres.

[991] Ver nota 10.

[992] Ver nota 286.

Tardar menos que se santigua un cura loco.

TEMBLAR
Temblar como un azogado[993].
Temblar como una hoja.

TEMER
Temer como a un nublado.

TEMERARIO
Ser más temerario que quien le hace la manicura a Freddy Krueger[994].

TEMIBLE
Ser más temible que el ejército de Atila[995].

TEMIDO
Ser más temido que un nublado.

TENAZ
Ser más tenaz que un bulldog[996].

TENSIÓN
Haber más tensión que en la yugular de un levantador de piedras.

TENSO
Estar más tenso que el arco de Orzowey[997].
Estar más tenso que el sujetador de Rocío Jurado[998].

---

[993] Enfermedad producida por la absorción de los vapores de azogue, mercurio, cuyo síntoma más visible es un temblor continuado.

[994] Ver nota 248.

[995] Ver nota 855.

[996] El bulldog o bulldog inglés es una raza de perro originaria de Gran Bretaña. Esta raza fue inicialmente usada para apuestas en peleas de perros, durante el siglo XVII (en 1835 esta práctica fue prohibida en Inglaterra). En la actualidad, este perro es uno de los símbolos de Inglaterra.

[997] Ver nota 143.

[998] María del Rocío Trinidad Mohedano Jurado, conocida artísticamente como *Rocío Jurado* (Chipiona, Cádiz, España; 18 de septiembre de 1946 - Alcobendas, Madrid, España; 1 de junio de 2006) fue una cantante de reconocida fama, que se especializó en géneros musicales genuinamente

Estar más tenso que la cuerda de una guitarra.
Estar más tenso que Mr. T[999] en un F-16[1000].

TERCO
Ser más terco que mulo manchego.

TETAS
Tener más tetas que un calendario de Samantha Fox[1001].
Tener unas tetas como para romper los rombos[1002].

TIC
Tener más tics que un mono comiendo limones.

TIEMPO
Estar más tiempo que el clavo del almanaque.

TIESO
Estar más tieso que el palo de la bandera.
Estar más tieso que el pellejo de un tambor.
Estar más tieso que el rabo de un novio.
Estar más tieso que la mojama[1003].
Estar más tieso que la nariz de Pinocho[1004].
Estar más tieso que la pata de Perico.
Estar más tieso que las tetas de una Barbie[1005] en un iglú.

---

españoles (copla, flamenco) así como en la balada romántica, faceta con la que alcanzó relevancia en todo el mundo. En sus últimos años experimentó con ritmos latinos y gospel.

[999] Ver nota 140.

[1000] Ver nota 682.

[1001] Samantha Fox es una modelo, actriz y cantante británica nacida en Londres el 15 de abril de 1966 que obtuvo gran fama a nivel mundial a finales de los años 80. Considerada una de las *tit-stars* de aquella época, junto con la italiana Sabrina Salerno y con la polaca Danuta Lato, es de las tres la más conocida dentro del mundo anglosajón.

[1002] El Código de Regulación de Contenidos por Rombos (llamado así por ser el símbolo de control un rombo) fue un sistema usado por TVE de 1962 a 1985 aproximadamente para regular los contenidos en televisión. Tenía dos niveles: un rombo *(mayores de 14 años)* y dos rombos *(mayores de 18 años)*.

[1003] Ver nota 841.

[1004] Ver nota 612.

[1005] Ver nota 219.

Estar más tieso que un ajo.
Estar más tieso que un clavo nuevo.
Estar más tieso que un huso[1006] (de Guadarrama)
Estar más tieso que un muerto.
Estar más tieso que un palo/garrote.
Estar más tieso que una cuerda de madera.
Estar más tieso que una escoba/estaca/llave/vela/tranca.

TIPO
Tener peor tipo que un luchador de sumo[1007].

TIRAR
Tirar más que un par de tetas.

TIRARSE
Tirarse menos que el portero de un futbolín[1008].

TIROS
Haber más *tiros*[1009] que en una fiesta de Maradona[1010].
Tener más tiros que la persiana de un bosnio[1011]/yugoslavo/afgano/iraquí.
Tener más tiros que un conejo viejo.

TOCADO
Estar más tocado que un salchichón.

TONTERIA
Tener más tontería que el ropero de un indio.
Tener más tontería que el salpicadero de El Coche Fantástico[1012].

[1006] Ver nota 231.

[1007] El sumo o lucha sumo es un tipo de lucha libre donde dos luchadores contrincantes o *rikishi* se enfrentan en un área circular. Es de origen japonés y mantiene gran parte de la tradición sintoísta antigua.

[1008] Ver nota 254.

[1009] Aquí, *tiros*, hace referencia a rayas de cocaina.

[1010] Ver nota 648.

[1011] Ver nota 31.

Tener más tontería que la mesita de noche de una gitana.
Tener más tontería que un mueble bar.

TONTO

Ser más tonto que Abundio[1013].
Ser más tonto que aliñar una ensalada con gasolina.
Ser más tonto que Carracuca[1014].
Ser más tonto que el asa de un cubo.
Ser más tonto que el chándal de Torrebruno[1015].
Ser más tonto que el estilo de vida de los Action Man[1016].
Ser más tonto que el pastor de Lobinillas[1017].
Ser más tonto que el protagonista del anuncio del turrón El Almendro, que hace la *mili* todos los años.
Ser más tonto que el que asó la manteca.
Ser más tonto que el que cebó al pichón por el culo.
Ser más tonto que el que se fue a Colombia a por coca y se trajo Pepsi[1018].
Ser más tonto que el que se fue a vendimiar y se llevó un racimo de uvas para merendar[1019].
Ser más tonto que el que se la pisó meando.
Ser más tonto que el que vendió el coche para comprar gasolina.
Ser más tonto que hacerle la permanente a un calvo.
Ser más tonto que hacerle una paja a un muerto.
Ser más tonto que hacerse trampas jugando al solitario.

[1012] Ver nota 159.

[1013] *Ser más tonto que Abundio* surge en Navarra, donde vivía el tal Abundio. La expresión coloquial le asocia la cantinela de *"cuando iba a vendimiar se llevaba uvas de postre"*.

[1014] Ver nota 345.

[1015] Ver nota 781.

[1016] *Action Man* es un juguete producido por dos compañías, Hasbro y Palitoy, que ha dado origen a una serie de productos derivados. El personaje es especialista en desafíos y exhibiciones de deportes extremos y a la vez es agente Secreto.

[1017] Lobinillas fue una población de la provincia de Cuenca. Es un despoblado desde hace más de cien años.

[1018] Pepsi Cola, conocida normalmente como Pepsi, es una bebida carbonatada de cola originaria de Estados Unidos y producida por la compañía PepsiCo. Su mayor competidora es la también estadounidense Coca-Cola.

[1019] Ver nota 1013.

Ser más tonto que hecho de encargo.

Ser más tonto que ir al París-Dakar[1020] en Vespino[1021].

Ser más tonto que la madre que lo parió.

Ser más tonto que la tía Joaquina, que no sabe si se mea o se orina.

Ser más tonto que los cojones, que llevan toda la vida juntos y no se saludan.

Ser más tonto que los pelos del culo, que ven caer la mierda y no se apartan.

Ser más tonto que los perros de Buitrones[1022].

Ser más tonto que mamarla de canto.

Ser más tonto que mandado hacer de encargo.

Ser más tonto que mear contra el viento/por barlovento.

Ser más tonto que mear para arriba.

Ser más tonto que mis narices.

Ser más tonto que mojar pan en la sopa de ajo.

Ser más tonto que Perico, el de los palotes.

Ser más tonto que Pichote.

Ser más tonto que Snoopy[1023], que duerme encima de la caseta.

Ser más tonto que tirarle de los pelos a un calvo.

Ser más tonto que un bocado en los cojones/huevos/polla.

Ser más tonto que un mosquito lobotomizado[1024].

Ser más tonto que un pato con chubasquero.

Ser más tonto que una lata de mejillones con cremallera.

Ser más tonto que una mata de habas.

Ser más tonto que una naranja con tirantes.

Ser más tonto que una pared.

Ser más tonto que una patada en los cojones.

[1020] Ver nota 389.

[1021] Ver nota 83.

[1022] Buitrones es el lugar donde existía una fundición de azogue, en Almadén, provincia de Ciudad Real. Antiguamente había unos perros que guardaban la fundición y sufrían los efectos del azogue, quedándose como tontos. Ver nota 993.

[1023] Creado por Charles Schulz, es uno de los personajes principales de la tira cómica *Peanuts* conocida en castellano como *"Carlitos"*, *"Charlie Brown y Snoopy"* o *"Rabanitos"*. La respuesta más aceptada es que *Snoopy* es un beagle, aunque no se parezca ni una pizca a esta raza. Algunos se refieren a él como un bull terrier inglés, pero tampoco coincide con todas las particularidades. Su amo es *Charlie Brown*.

[1024] La lobotomía es la destrucción total o parcial de los lóbulos frontales del cerebro sin ablación, en cuyo caso hablaríamos de lobectomía.

Ser tan tonto que corta el papel higiénico con tijeras.
Ser tan tonto que iría a una discoteca con walkman[1025].
Ser tan tonto que para ganar dinero apuesta haciendo solitarios.
Ser tan tonto que si se cae de culo se rompe las narices.

TORCIDO
Estar más torcido que el rabo de un cerdo.
Estar más torcido que la carretera de Las Navas.

TOSER
Toser más que la dama de las camelias.

TOZUDO
Ser más tozudo que una mula.

TRABAJAR
Trabajar como un buey/cabrón/mulo/negro.
Trabajar más que el butanero de Hitler[1026].
Trabajar más que la paloma de la paz en una conferencia de desarme.
Trabajar más que las cartucheras de Billy el Niño[1027].
Trabajar más que un chino.
Trabajar más que un negro.

[1025] El walkman era un reproductor de audio estéreo portátil lanzado al mercado por la compañía japonesa Sony en 1979. El primer modelo fue el TPS-L2. De este modelo y sus posteriores revisiones, Sony vendió millones de unidades, aunque cuando apareció, pocos podían permitirse uno debido a su elevado precio. El walkman permitía obtener calidad de sonido similar a la de un equipo casero, sin ser tan voluminoso. La amplia difusión del walkman también cambió radicalmente el negocio de los tocadiscos y le dio el primer golpe al disco de vinilo, ya que el casete era más fácil de reproducir y más barato. El walkman es todo un símbolo de los años 80. El 24 de octubre 2010 después de 31 años en el mercado Sony anunció el cese de producción de walkman por lo que solo podrán seguirse comprando en China.

[1026] Adolf Hitler (Braunau am Inn, Imperio austrohúngaro; 20 de abril de 1889 – Berlín, Alemania; 30 de abril de 1945) fue presidente y canciller de Alemania. Líder, ideólogo y miembro original del Partido Nacionalsocialista Alemán de los Trabajadores, el partido nazi, dirigió un régimen totalitario en su país entre 1933 y 1945 conocido como Tercer Reich o Alemania nazi. Por motivos raciales, Hitler, fue causa de la muerte de 17 millones de personas, incluyendo seis millones de judíos y entre 500.000 y 1.500.000 de gitanos. La mayoría murieron en cámaras de gas.

[1027] William H. Bonney mejor conocido como *Billy the Kid* o *Billy el Niño* en España (23 de noviembre de 1859 - 14 de julio de 1881) fue un vaquero estadounidense que acabó convirtiéndose en un forajido, creando una leyenda. A lo largo de su corta vida utilizó distintos nombres: Henry Antrim y/o Henry McCarty.

Trabajar más que una hormiga.

Trabajar menos que el ángel de la guarda.

Trabajar menos que el chapista de El Coche Fantástico[1028].

Trabajar menos que el chapista de Mazinger Z[1029].

Trabajar menos que el forense del Equipo A[1030].

Trabajar menos que el fotógrafo del BOE[1031].

Trabajar menos que el ginecólogo de Gloria Fuertes[1032].

Trabajar menos que el informativo de una reserva india.

Trabajar menos que el letrista de Luis Cobos[1033].

Trabajar menos que el peluquero de Ronaldo[1034].

Trabajar menos que el Ratoncito Pérez[1035] en un asilo de ancianos.

Trabajar menos que el sastre de Tarzán[1036].

Trabajar menos que el sobaco de un churrero.

Trabajar menos que el suplente de los Reyes Magos[1037].

[1028] Ver nota 159.

[1029] Ver nota 150.

[1030] Ver nota 140.

[1031] La Gaceta de Madrid, fundada en el año 1661, sería la que se afianzaría con fuerza como publicación periódica que daría a conocer las noticias del reino con prontitud y regularidad. Con distintos cambios en su cabecera, trató de mantener su periodicidad mensual con el rótulo en cabecera de "*Gazeta nueva...*", convirtiéndose en la primera publicación de información general que aparece en España. Con el nombre de *La Gaceta ordinaria de Madrid* se publicó el domingo 4 de julio de 1667, y pasó a salir los martes de cada semana. No obstante en 1690 se vetaron las Gacetas, que se autorizarían otra vez en noviembre de 1683; volviéndose a prohibir al año siguiente, para salir de nuevo un año más tarde. En 1690 salió bajo el título de *Noticias ordinarias*, y así se llamó hasta el 2 de abril de 1697, fecha en que cambió su cabecera por la de *La Gaceta de Madrid*, y a partir de 1936 fue titulada también como *Boletín Oficial del Estado*.

[1032] Gloria Fuertes (Madrid, 28 de julio de 1917 – Madrid, 27 de noviembre de 1998) fue una poeta (no le gustaba que la llamaran *poetisa*) española.

[1033] Luis Cobos (nacido en Campo de Criptana, Ciudad Real) es un músico, compositor y director de orquesta español, con un gran reconocimiento nacional e internacional.

[1034] Ronaldo Luís Nazário de Lima (Río de Janeiro, 22 de septiembre de 1976), más conocido como *Ronaldo*, es un exfutbolista brasileño. Es considerado como uno de los mejores futbolistas de la historia y especialmente como uno de los mejores delanteros.

[1035] El *Ratoncito Pérez* es un personaje de leyenda muy popular entre los niños españoles e hispanoamericanos. Al igual que el *hada de los dientes* de los países de habla inglesa, cuando a un niño se le cae un diente lo coloca debajo de la almohada mientras duerme y, según la tradición, este personaje se lo cambia por un pequeño regalo o por monedas.

[1036] Ver nota 418.

[1037] Ver nota 307.

212

Trabajar menos que la barriga de una mula.
Trabajar menos que la Guardia Civil en Barrio Sésamo[1038].
Trabajar menos que la jefa de Ambrosio.
Trabajar menos que la polla de un cura.
Trabajar menos que los guionistas de la Carta de Ajuste[1039].
Trabajar menos que los Reyes Magos[1040], que sólo trabajan una noche al año y encima es mentira.
Trabajar menos que un espía sordo.
Trabajar menos que un funcionario en viernes.
Trabajar menos que un instalador de ceniceros de motos.
Trabajar menos que un Tampax[1041] en un asilo.
Trabajar menos que una heladería en el Polo Norte.

TRABAJO
Tener más trabajo que el otorrino de Dumbo[1042].
Tener más trabajo que el veterinario de los 101 dálmatas[1043].
Tener más trabajo que la asistenta de la niña de El Exorcista[1044].
Tener más trabajo que los guantes del portero del Logroñés.
Tener menos trabajo que un espía sordo.
Tener tan buen trabajo como el Cristo de El Pardo[1045].

[1038] Ver nota 108.

[1039] Ver nota 498.

[1040] Ver nota 307.

[1041] Tampax es una marca de tampón higiénico. En 1929, el doctor Earle C. Haas diseñó el primer tampón moderno, consiguiendo la primera patente en 1931 y empezando a comercializarlo con el nombre de Tampax.

[1042] Ver nota 622.

[1043] *101 dálmatas* (*One Hundred and One Dalmatians* en su título original en inglés) es la decimoséptima película animada de Walt Disney Pictures. Dirigida por Clyde Geronimi, Hamilton Luske y Wolfgang Reitherman, producida por Walt Disney y basada en la historia inglesa, *The Hundred and One Dalmatians* de Dodie Smith, la película fue producida por Walt Disney Productions y lanzada en los Estados Unidos el 25 de enero de 1961. La película cuenta la historia de *Pongo*, un perro dálmata que forma una familia con *Perdy*, una perra de clase de su misma raza, al mismo tiempo uniendo a sus dos amos, *Roger* y *Anita*. Poco después, la pareja canina trae al mundo a un grupo de 15 cachorros que se convierten en el objetivo de la malvada *Cruella de Vil* ya que con ellos tendrá los 99 que quiere para hacer de los perritos montones de abrigos de piel.

[1044] Ver nota 235.

[1045] Ver nota 863.

TRAER
Traer como un dominguillo[1046].

TRAGAR
Tragar más que una alcantarilla.

TRAMPAS
Tener más trampas que pelos tiene en la cabeza.
Tener más trampas que una película de chinos.

TRANQUILO
Estar más tranquilo que agua de pozo.
Estar más tranquilo que la cafetería de Fama[1047] el día del examen.
Estar más tranquilo que Sánchez Dragó[1048] insultando al personal.
Estar más tranquilo que un niño en brazos.

TRANSPARENTE
Ser más transparente que un camaleón.

TRIPA
Tener más tripa que un conejo casero.

TRISTE
Estar más triste que Adán[1049] el día de la madre.
Estar más triste que un cangrejo ermitaño desahuciado por impago del inmueble.

[1046] Se refiere a quien mandan hacer muchas cosas en diferentes partes y con urgencia. El origen de esta frase incide en la semejanza de la persona calificada, con el juguete infantil consistente en un muñeco de materia muy ligera, o hueco, que teniendo por base una semiesfera de plomo, siempre queda derecho, aunque se le haga girar en todas direcciones. Tentempié. (Sbarbi, Op. Cit.)

[1047] *Fama* (*Fame*, en su título original), fue una serie de televisión estadounidense emitida entre 1982 y 1987. La serie es una continuación para la pequeña pantalla de la película *Fama*, dirigida por Alan Parker en 1979. La serie contó con buena parte del reparto de la versión cinematográfica. Se narraban las peripecias, desventuras, esfuerzos, éxitos y frustraciones de los profesores y los alumnos de la Escuela de Arte de Nueva York (*New York City High School for the Performing Arts*). Los jóvenes aspirantes a artistas debían formarse en las más variadas disciplinas: danza, canto, literatura, interpretación hasta conseguir el éxito ansiado.

[1048] Fernando Sánchez Dragó (Madrid, 2 de octubre de 1936) es un escritor español.

[1049] Ver nota 249.

Ser más triste que una corbata negra.

TRIUNFAR
Triunfar más que la Coca Cola[1050].
Triunfar más que un reloj de pulsera con aire acondicionado.

TRUCO/S
Tener más truco que el neceser de Tamariz[1051].
Tener más trucos que Houdini[1052].
Tener más truco que un dado cargado.

[1050] Ver nota 329.

[1051] Ver nota 584.

[1052] *Harry Houdini* (Budapest, Hungría; 24 de marzo de 1874 – Detroit, Míchigan, Estados Unidos; 31 de octubre de 1926), de verdadero nombre Erik Weisz (cambiado después por *Erich Weiss* al emigrar a Estados Unidos), fue un ilusionista y escapista húngaro de origen judío. Concebía la magia como un espectáculo en sí misma y demostró gran habilidad para liberarse del interior de cajas fuertes arrojadas al mar, de camisas de fuerza colgado boca abajo de rascacielos, y de toda suerte de esposas, cuerdas, baúles cerrados con candados y cadenas de cualquier tipo.

U

UNIDO
Estar más unido que los cojones a la polla.

UNTAR
Estar más untado que un banquero/político.

V

VACIO
Estar más vacío que una cerveza después de una fiesta.

VAGO
Ser más vago que la chaqueta de un guardia/peón caminero.
Ser más vago que un avión de mármol.

VALIENTE
Ser más valiente que Barceló[1053] por la mar.
Ser más valiente que El Espartero[1054].
Ser más valiente que la abuela que rompió la cincha[1055] a pedos.

VALOR
Tener más valor que El Cid Campeador[1056].
Tener más valor que El Espartero[1057].

VANIDAD
Tener más vanidad que Don Rodrigo[1058]/Periquillo en la horca.

VANIDOSO
Ser vanidoso como la ignorancia.

VARICES
Tener unas varices como autopistas.

VELAS
Tener más velas que el Vaticano[1059].

[1053] Ver nota 70.

[1054] Ver nota 469.

[1055] Las cinchas son una especie de fajas, comúnmente de tela de cáñamo y ribeteadas de cordobán o de badana, que abrazan y sujetan la silla del caballo sobre su lomo. Ver nota 605.

[1056] Ver nota 166.

[1057] Ver nota 469.

[1058] Ver nota 624.

VENA

Tener una vena que parece una bajante.

VENAS

Tener más venas que la garganta de un *cantaor* flamenco.
Tener más venas que una caja de huevas.
Tener unas venas como bolígrafos BIC[1060].
Tener unas venas como chistorras.

VENDERSE

Venderse como churros/rosquillas.

VENDIDO

Estar más vendido que Torrebruno[1061] en una pelea de gladiadores.

VENIR

Venir como agua de mayo.
Venir como anillo al dedo[1062].
Venir como caído del cielo.
Venir como el agua de Robles[1063], que ni sobró, ni faltó, ni hubo
    bastante.
Venir como pedrada en ojo de boticario.
Venir como pedrada en ojo de tuerto.
Venir como un guante.

VENTURA

Tener más ventura que un cornudo.

VER

Tener más que ver que una corrida de toros.
Ver mejor que el hombre que tenía rayos X en los ojos.

[1059] Ver nota 72.

[1060] El Bic Cristal (también conocido como bolígrafo Bic) es un bolígrafo económico y desechable producido a gran escala y vendido por la compañía francesa *Société Bic* con sede en Clichy.

[1061] Ver nota 781.

[1062] *Don Quijote de La Mancha*, Parte II, Capítulo LXVII.

[1063] Robles es una pedanía que del ayuntamiento de Matallana de Torio, provincia de León.

Ver mejor que un águila culebrera con prismáticos.
Ver menos que Pepe Leches.
Ver menos que un gato de escayola/porcelana/yeso.
Ver menos que un guardia por la espalda.
Ver menos que un muerto boca abajo.
Ver menos que un pez frito.
Ver menos que un pez por el recto.
Ver menos que un rabo vendado.
Ver menos que una picha vendada.
Ver menos que una polla con flequillo.
Ver menos que una polla liada en un trapo.

VERDAD
Ser una verdad como un templo.

VERDADES
Decir unas verdades como arrobas/puños/templos.

VERDE
Estar más verde que una lechuga/perejil.
Ser más verde que una postal del Amazonas.

VERGONZOSO
Ser más vergonzoso que un ganador de quinielas/primitiva.

VERGÜENZA
Tener menos vergüenza que el dentista de Ronaldo[1064].
Tener menos vergüenza que un gato en una matanza.
Tener menos vergüenza que una gaviota en puerto pesquero.

VESTIR
Vestir peor que un maniquí de Simago[1065].

VETERANO
Ser más veterano que un cóndor prehistórico.

[1064] Ver nota 1034.

[1065] Ver nota 134.

VIAJAR

Viajar más que el baúl de la Piquer[1066].
Viajar más que la maleta de un torero.
Viajar más que Marco Polo[1067].

VICIO

Tener más vicio que el Duque de Feria[1068] en Euro Disney[1069].
Tener más vicio que una puerta vieja.

VIDA

Tener mejor vida que el Papa[1070].

VIEJO

Ser más viejo que cagar.
Ser más viejo que cagar agachado.
Ser más viejo que Carracuca[1071].
Ser más viejo que el canalillo.
Ser más viejo que el Cristo de la Luz[1072].
Ser más viejo que el mear.
Ser más viejo que el mear de pie.
Ser más viejo que el palmar de Niebla[1073].
Ser más viejo que el Salado por Gamarra[1074].
Ser más viejo que el Seiscientos[1075] descapotable.

[1066] Ver nota 510.

[1067] Marco Polo (15 de septiembre de 1254 – 8 de enero de 1324) fue un mercader y explorador veneciano que, junto con su padre y su tío, estuvo entre los primeros occidentales que viajaron por la ruta de la seda a China. Se dice que introdujo la pólvora en Europa, aunque la primera vez que se utilizó en Occidente acaeció en la batalla de Niebla (Huelva) en 1262.

[1068] Ver nota 653.

[1069] Ver nota 192.

[1070] Ver nota 5.

[1071] Ver nota 345.

[1072] Antiguo y muy conocido Cristo toledano.

[1073] Niebla (antiguamente Niebla del Condado) es una población de la provincia de Huelva.

[1074] El Salado es un arroyo que pasa junto a Osuna, y Gamarra, provincia de Sevilla, es uno de los partidos del término de esa villa, por donde siempre ha pasado el citado arroyo.

[1075] Ver nota 221.

Ser más viejo que el tranvía.
Ser más viejo que la Cuesta de la Vega[1076].
Ser más viejo que la era del coño.
Ser más viejo que la orilla del río.
Ser más viejo que Lola Flores[1077].
Ser más viejo que Maricastaña.
Ser más viejo que Matusalén[1078].
Ser más viejo que mear *p'alante*.
Ser más viejo que un solar.

VIENTO
Tener más viento que vela.

VIOLENTO
Ser más violento que un luchador de Mortal Kombat[1079].

[1076] La Cuesta de la Vega es una actual calle de Madrid.

[1077] María Dolores Flores Ruiz, más conocida por el nombre artístico de *Lola Flores* (Jerez de la Frontera, España, 21 de enero de 1923 - Alcobendas (Madrid), 16 de mayo de 1995) fue una cantante de copla, flamenco, *bailaora* y actriz española, artísticamente apodada "*La Faraona*". Algunos de los calificativos que durante décadas se han utilizado para definir la personalidad de Lola Flores han sido los de racial, temperamental, genuina, pasional, arrolladora, o genial. Se ha llegado a decir que «*Lola Flores es casi una religión*». Algunas de sus peripecias y declaraciones a lo largo de su vida, que han quedado grabadas en el imaginario colectivo de los españoles de varias generaciones, así lo confirman. Una de sus anécdotas más recordadas tuvo lugar en 1977 durante la grabación en directo y ante público de una de sus actuaciones para el programa de Televisión española *Esta noche, fiesta*, conducido por José María Íñigo. En un giro brusco del baile, Lola Flores perdió un pendiente, y en lugar de seguir cantando, detuvo la actuación para clamar ante el micrófono: «*Perdón, pero se me ha caído un pendiente enorme. Bueno, ustedes me lo vais a devolver porque mi trabajito me costó. Muchas gracias de todo corazón pero el pendiente, Íñigo, no lo quiero perder, eh, por favor*». Años más tarde, con motivo de la boda de su hija Lolita el 25 de agosto de 1983, un gentío de en torno a cinco mil personas abarrotaron la iglesia y su contorno para seguir en directo el enlace. La desaforada concentración de personas impedía la celebración de la ceremonia y ante la desesperada situación, Lola Flores, micrófono en mano, imploró a los congregados: «*Si me queréis, irse*». La expresión pasó como frase hecha al lenguaje popular y décadas más tarde seguía utilizándose. Finalmente, otro episodio que da muestra del peculiar carácter de la conocida popularmente como *La Faraona*, fue el acaecido en 1989 cuando la artista fue llamada a declarar judicialmente acusada de fraude fiscal durante cinco años consecutivos. Tras excusarse alegando su desconocimiento de la obligación de tributar y reconocer que no sabía que no hacerlo tenía «*tanto castigo*», imploró ante las cámaras: «*Si una peseta me diera cada español, podría pagar*», momento que igualmente pasó a la posteridad en la historia de la televisión.

[1078] Ver nota 53.

[1079] *Mortal Kombat* (comúnmente abreviado *MK*) es una exitosa serie de videojuegos de lucha creada por John Tobias y Ed Boon. Inicialmente desarrollada por la empresa Midway Games, y por Warner Bros. desde 2009.

VIRGEN

Ser más virgen que la Macarena.
Estar tan virgen como la madre que la parió.

VISERA

Tener más visera que el Pájaro Loco[1080].

VISITA

Tener más visitas que un ministro.

VISTA

Tener más puntos de vista que un bizco en un espejo.
Tener menos vista que el ángel de la guarda de los Kennedy[1081].

VISTO

Estar más visto que el Museo de El Prado[1082].
Estar más visto que el tebeo.
Estar más visto que el reloj de la Carta de Ajuste[1083].
Estar más visto que los goles del España-Malta[1084].
Estar más visto que mear para adelante.
Estar más visto que una bolsa de El Corte Inglés[1085].
No estar visto ni en una película porno húngara.

[1080] Ver nota 655.

[1081] El clan Kennedy es una familia de origen irlandés, prominente en la política y el gobierno de Estados Unidos que desciende del matrimonio de Joseph P. Kennedy y Rose Fitzgerald Kennedy. La familia, predominantemente demócrata, es conocida por su liberalismo político y por la cantidad de miembros de la familia que han muerto en circunstancias violentas o por accidentes. El Kennedy más conocido es el que fue Presidente de los Estados Unidos, John F. Kennedy.

[1082] Ver nota 62.

[1083] Ver nota 498.

[1084] El partido de fútbol celebrado el 21 de diciembre de 1983 entre las selecciones de España y Malta, que concluyó con un resultado de 12-1 a favor de los locales, supuso la clasificación de España para la Eurocopa de 1984 y está considerado como uno de los encuentros más importantes en la historia del fútbol español. El encuentro se celebró en el estadio Benito Villamarín de Sevilla, ante 30.000 espectadores.

[1085] Ver nota 515.

VIVIR

Vivir como Dios/un cura/un emperador/un general/maharajá[1086]/ obispo/pachá[1087]/príncipe/rey.

VOLTEADA

Estar más volteada que las aguas del Ebro.

VOLUBLE

Ser tan voluble que se parece al escudero de Guadalajara, que de lo que promete a la noche, no hay nada a la mañana.

VUELTAS

Dar más vueltas que la bicicleta de Perico.

Dar más vueltas que la bola de un chiflo.

Dar más vueltas que el Demonio de Tasmania[1088].

Dar más vueltas que el Mena[1089].

Dar más vueltas que un manco en una barca.

Dar más vueltas que un marica en una rebaja de bragas.

Dar más vueltas que un tiovivo.

Dar más vueltas que un trompo.

Dar más vueltas que una almendra en la boca de una vieja.

[1086] Ver nota 182.

[1087] Ver nota 183.

[1088] *Taz*, o el *Demonio de Tasmania*, es un dibujo animado creado por la Warner Brothers y presentado en la serie Looney Tunes. Robert McKimson basó el personaje en el animal llamado demonio de Tasmania (*Sarcophilus harrisii*), pero la más notable semejanza del personaje con el animal de verdad es el apetito feroz que tiene. Girando como un tornado, suena como si hubiera muchos motores sonando al mismo tiempo, El demonio devora todo, animado o inanimado, y sus esfuerzos por encontrar siempre más comida son la idea central de sus caricaturas.

[1089] Río muy tortuoso cerca de Segura de Teruel.

WAGNERIANO

Ser más wagneriano que Hitler[1090].

Y

YANQUI

Ser más yanqui que el general Custer[1091].

YODO

Tener más yodo que un saco de percebes.

YOGA

Hacer más yoga que un santón hindú.

[1091] George Armstrong Custer (New Rumley, Ohio, 5 de diciembre de 1839 - Little Big Horn, Montana, 25 de junio de 1876) fue un oficial de caballería del Ejército de los Estados Unidos que participó en la Guerra de Secesión y en las Guerras Indias. Aunque durante toda su vida tuvo varios motes más, era conocido por los cheyenne como *Tséhe'ésta'éhe* o *Háa'ésta'éhe*, "el de los cabellos largos", a causa de su melena de color pajizo. Fue un militar orgulloso y considerado por sus detractores como un buscaglorias. Sin embargo, los soldados que lo tuvieron como comandante lo consideraban un gran líder, llegando a ser un héroe.

Z

ZAPATEAR
Zapatear como un gerifalte[1092].

ZUMBADO
Estar más zumbado que el pandero de un indio.
Estar más zumbado que las maracas de Machín[1093].
Estar más zumbado que un pandero en Navidad.
Estar más zumbado que una abeja en un calcetín.
Estar más zumbado que una pandereta.

[1092] Ver nota 421.

[1093] Ver nota 511.

BIBLIOGRAFÍA

Ayala, Henri; *La hipérbole popular: los más y los menos*, Universidad de Rennes 2, Haute Bretagne.

Cervantes Saavedra, Miguel de; *El ingenioso hidalgo Don Quijote de la Mancha*. Parte I y II.

Diccionario de la Lengua Española; Real Academia de la Lengua; Vigésima segunda edición. Espasa Calpe.

Sánchez Pérez, María; Revista de Literatura, 2010, julio-diciembre, vol. LXXII, nº 144, págs. 531-553; *Un libelo antijudío en la literatura popular impresa del siglo XVI*.

Sbarbi y Osuna, José María; *Diccionario de refranes, adagios y locuciones proverbiales*.

Vergara Martín, Gabriel María; *Diccionario geográfico popular de cantares, refranes, adagios y proverbios españoles*, Librería de los sucesores de Hernnando, 1923.

INTERNET

http://es.wikipedia.org
http://iesalagon.juntaextremadura.net
http://tesoroseneldesvan.blogspot.com.es
http://www.1de3.es
http://www.historiasdelahistoria.com
http://www.ideal.es
http://www.johnsonwax.es
http://www.lamasia.es
http://www.mistol.es
http://www.museodeljamon.com
http://www.significadode.org
http://www.suybalen.com

www.ingramcontent.com/pod-product-compliance
Lightning Source LLC
Chambersburg PA
CBHW060246290526
45789CB00001B/212